Reihe Hanser 263
Benjamin Henrichs
Beruf: Kritiker

Dieses Buch will ein Lesebuch sein: die sehr persönliche
Auswahl eines Kritikers, eines Zeitungsschreibers aus seiner
Arbeit der letzten fünf Jahre. Sein Ziel kann es nicht sein,
alle aktuellen Theaterentwicklungen getreu zu dokumentie-
ren – obwohl sie stets in und hinter diesen Texten zu erkennen sind. Dargestellt werden sollen: die Schreibweisen, die
Entwicklungen und Widersprüche, die Zu- und Abneigun-
gen eines Journalisten, der sich mit dem Theater intensiv
beschäftigt – und nicht nur mit dem Theater. »Beruf Kritiker« – das ist auch das Porträt eines fragwürdigen, aber bestimmt nicht langweiligen Gewerbes.

Benjamin Henrichs ist Theaterkritiker und Redakteur der
Wochenzeitung »DIE ZEIT«.

Beruf: Kritiker

Von Benjamin Henrichs

Rezensionen, Polemiken, Liebeserklärungen

Carl Hanser Verlag

Reihe Hanser 263
ISBN 3-446-12629-5
Alle Rechte vorbehalten
© 1978 Carl Hanser Verlag München Wien
Umschlag: Klaus Detjen
Gesamtherstellung: Appl, Wemding
Printed in Germany

Inhalt

IV. Verrisse und Polemiken

V. Kolumnen für »Theater heute«

VI. Büchermacher, Filmemacher

Epilog

I. Schauspieler

Lob der Dialektik: Therese Giehse

So lustig war noch keine Witwe – so lustig wie die Dame Olympia, Händlerin in Salz und Tabak, am Todestage ihres Mannes. Kaum ist der Verblichene unter der Erde, legt Olympia los: jauchzend, krähend, röchelnd lacht sie sich durch alle Oktaven hindurch, gackert wie eine lüsterne Glucke, meckert hexenhaft fahl, wird zum blökenden Bock, zum keifenden Papagei. Eine Explosion, die vielleicht zwei Minuten dauert – Zeit genug für Therese Giehse, allein mit ihrer Stimme ein komplettes Bestiarium, einen Gelächter-zoo, eine grotesk-obszöne Fauna auf die Bühne zu holen.

Dann kommt die Giehse zur Sache. Das Stimmenkonzert, die Gelächterarie: das hätten gewöhnliche Virtuosinnen vielleicht auch noch geschafft, doch mehr als eine Explosion der Effekte wäre aus »Salz und Tabak«, aus Aldo Nicolajs Mo-nodrama, kaum geworden. Bei der Giehse folgt auf die Ex-plosion die Exposition; es beginnt, nur noch gelegentlich von einem kurzen, schnaubenden Lachen unterbrochen, die la-konische Entwicklung und Begründung einer Figur.

Weg ist die jubelnde Schadenfreude des Anfangs, nun refe-riert die Giehse. Eine Lebensgeschichte wird rekapituliert, so sachlich und so zynisch, als gebe sie einen Geschäftsbe-richt: die Geschichte von Amadeo, dem Verstorbenen. Der hatte eines Tages Olympia, sein angetrautes Weib, verlassen und war auf die andere Straßenseite hinübergezogen, zur Apothekerin; weil dort größere Profite lockten als in Olym-pias Salz- und Tabakhandel. Die Apothekerin hatte, um den schönen Amadeo zu halten, ihm ihren gesamten Besitz über-schrieben. Und weil Amadeo vergaß, ein Testament zu ma-chen, war, als er sich mit dem Auto zu Tode rannte, seine verlassene Gattin plötzlich zur Erbin der Apotheke gewor-den. Daher also der Frohsinn der Dame.

Eine harmlose schwarze Schnurre, ein böser Witwenwitz, möchte man meinen. Doch die Giehse macht aus der schein-bar simplen Clownerie die minuziöse Beschreibung eines kläglichen Lebens und Liebens. Zu sehen ist: wie schöne Gefühle an guten Geschäften krepieren. Und, komplizierter:

wie ein gutes Geschäft noch einmal die Gefühle wachrüttelt, wie Geld geil macht. Denn als Olympia begreift, was ihr Amadeos Untreue schließlich eingebracht hat, beginnt die Giehse einen grotesken Hochzeitsgesang. »Amadeo!« ruft sie immer wieder, und daraus werden zärtliche, balzende Jubeltöne, zuletzt regelrechte Lustschreie. Kein Zweifel: da feiert die alte Dame zum letztenmal Vermählung mit ihrem Amadeo, in einer Kopulation aus Gelächter und Wörtern. Mit einer obszönen Apotheose krönt die Giehse ein dialektisches Kunstwerk: die Verbindung von Rachegesang und Reflexion.

»Sie erregt widersprechende Gefühle beim Zuschauer« – Brecht hat die kürzeste Formel für die Giehse gefunden. Hinzuzufügen ist: aus Widersprüchen lebt die Kunst dieser Schauspielerin, und aus Widersprüchen scheint ihre Biographie gemacht. Sie hat die Schreckensweiber gespielt und die tapferen Mütter, die Kröten und die Buddhas. Sie ist eine intellektuelle Volksschauspielerin, eine sachliche Hedonistin. Das Brechtische und das Bayerische, die Lust an der Bosheit und die Liebe zur Vernunft: das ist die Giehse-Dialektik. Noch einmal Brecht (»Das Sinnliche in Galilei«): »Galilei ist natürlich kein Falstaff – als überzeugter Materialist besteht er auf physischen Freuden. Bei der Arbeit würde er zwar nicht trinken; wichtig ist, daß er auf sinnliche Weise *arbeitet*. Es bereitet ihm Genuß, seine Instrumente mit Eleganz zu handhaben. Ein großer Teil seiner Sinnlichkeit ist geistiger Natur.« Man ersetze Galilei durch Giehse – auch dann stimmt der Text.

Die Theaterlust, die böse Genauigkeit, die sich die Giehse bei den Horror-Damen holt, die bewahrt sie sich auch bei den Brecht-Müttern, die hält ihre Schauspielerei auch hier noch frei von allem falsch-optimistischen Schwung. Mit Märchenfeen und Bilderbuchomas (wie Hochhuths Hebamme oder Fassbinders flotter Großmutter), mit Figuren, die ihr Leben allein der guten Gesinnung oder dem schlechten Gewissen ihres Autors verdanken, hat sie nichts zu tun. Die Giehse hat kein schlechtes Gewissen, deshalb kann sie gerecht sein, kann zugeben, daß es Bosheit und List nicht nur bei der herrschenden Klasse gibt. Nie fielen dieser Schauspielerin Haltungen ein, die Mitleid erbetteln, die fürs Lesebuch taugten. Man schaue sich nur die Fotos an, die Abisag Tüllmann in der Berliner »Mutter«-Inszenierung gemacht hat: kein Jammerbild zum Einrahmen (arme, alte Frau, ihr Süppchen löffelnd), sondern eine höchst komplizierte Studie aus Pedanterie und Gier (wie die Giehse auf den Löffel beißt!), aus Armut und fröhlicher Freßsucht. Sie »besteht aus physischen Freuden« – auch in der physischen Not. Deshalb ist das Theater der Giehse Theater ohne Wehleidigkeit.

Utopien (die großen, zu großen, über Einzelheiten hinwegsehenden Lösungen) mißachtet sie. Sie verweigert sich der Verklärung des Proletariats und betreibt statt dessen die Erklärung des Proletariats. Ob sie als O'Caseys Juno lieb mit den Augen klimpert, verlegen das Mäulchen spitzt, den Kopf schief legt oder ob sie im ersten Bild der »Mutter« über die Bühne huscht wie ein verschrecktes Huhn: Niemals vergißt die Giehse, daß zur wahrhaftigen Beschreibung einer Figur auch die Grenzbeschreibung gehört – die Beschreibung der Grenzen eines Gehirns. Und selbst die Wandlung, die »Läuterung« solcher Proletariermütter spielt sie ohne Lüge – da gibt es keinen feierlichen Tusch, keinen melodramatischen Wendepunkt, sondern behutsam werden die Gewichte verschoben zwischen Beschränktheit und Einsicht. »Und das ist euer Streik?« fragt sie zaudernd, als ihr die Fabrikarbeiter die Notwendigkeit des Widerstands erklären – und zur Hälfte klingt das noch gluckenhaft-besserwisserisch, doch zur anderen Hälfte ist sie da schon von der Vernunft bezaubert.

Weil sie Genauigkeit liebt, muß sie das Pathos überlisten. »Ändere die Welt!«: so groß, so feierlich setzt ein Brecht-Gedicht ein. Sprechbar scheint der Satz kaum: höchstens als Aufruf an die versammelte Menschheit, als Ouvertüre zu einer pompösen Predigt. Der Giehse muß es mulmig geworden sein vor einem solchen Satz. Denn plötzlich, bei ihrem letzten Münchner Brecht-Abend, wandte sie sich ganz instinktiv und spontan hinüber zu Peter Fischer, ihrem Begleiter am Klavier, und sagte, als sei das die simpelste, selbstverständlichste Bitte, die man haben kann: »Ändere die Welt!« (Was dann genauso freundlich und konkret klang wie »Ändere das Tempo« oder »Spiel nicht so laut«.)

Oder: »Zweites Gedicht vom unbekannten Soldaten unter dem Triumphbogen«: »*Entfernt wenigstens / Diesen Stein über ihm / Denn dieses Triumphgeheul / Ist doch nicht nötig und macht / Uns Kummer, denn uns / Die wir den Erschlagenen / Schon vergessen hatten, erinnert er / Täglich aufs neue an euch, die ihr noch / Lebt und die ihr / Immer noch nicht erschlagen seid – / Warum denn nicht?*« Dieses »Warum denn nicht?« ist eine der frappierendsten Giehse-Betonungen: kein Schrei, kein pathetischer Schluchzer. Ausgerechnet diesen Satz spricht die Giehse nun wirklich einmal mütterlich, als eine verwunderte, beinahe zärtliche Nachfrage, warum denn das Vernünftige, das Selbstverständliche noch nicht geschehen ist. So beschreibt sie mit einem Satz, einer unerwarteten Betonung das für viele noch nicht Vorstellbare: daß die Revolution freundlich, die Gewalt vernünftig sein kann.

Am Ende ihrer Brecht-Abende sagt sie gerne das Gedicht vom Grabstein, und sie sagt es sehr heiter, sehr endgültig: »*Ich benötige keinen Grabstein, aber / Wenn Ihr einen für mich benötigt / Wünschte ich, es stünde darauf: / Er hat Vorschläge gemacht. Wir / Haben sie angenommen. / Durch eine solche Inschrift wären / Wir alle geehrt.*« Auch wenn sie das Gedicht bestimmt nicht deshalb vorliest: es gibt keine schönere Definition für Therese Giehses Theaterspiel. Was sie zeigt, sind Vorschläge – nie wird man von ihrer Kunst agitatorisch angebrüllt, nie feierlich eingelullt. Nie wird eine Figur begradigt auf zwei bis drei stramme Thesen; die Giehse diskutiert ihre Figuren, und sie diskutieren heißt: die Entfernung zu ihnen wechseln, Identifikation gegen Verhöhnung, Liebe gegen Spott zu setzen. Die Giehse ist sich ihrer Figuren niemals völlig sicher, überprüft ständig ihre Haltung zu ihnen – eine »Unsicherheit«, die Neugier heißt, nicht Nervosität. Es ist dies eine Kunst, die Einspruch duldet, selbst Einspruch übt – oft scheint die Giehse weit weg zu sein von der Welterklärungsgebärde, der Siegeszuversicht der Brechtschen Texte. Man spürt, sie liebt diese Texte, hört ihnen geduldig, bewundernd zu – doch nie hat man das Gefühl, daß sie diesen Texten besinnungslos glaubt. Da bleibt immer ein Rest von stoischer Reserve, ein sehr privater, sehr bayerischer Widerstand gegen alles kollektive Fortschritts-

pathos. Es wehrt sich etwas in ihr gegen zuviel revolutionären Optimismus: in ihr lebt die Zuversicht Brechts, aber
auch ein Stück von Karl Valentin, vom mißtrauischen Wissen, daß dieser Welt nicht zu helfen ist.

(Süddeutsche Zeitung, 3./4. März 1973)

Dem Stumpfsinn die Geisteskappe aufsetzen:
Bernhard Minetti als »Minetti«

Der Schauspieler Minetti hat eine Verabredung: in einem alten, schäbigen Hotel in Oostende wartet er auf den Schauspieldirektor von Flensburg. Minetti ist Schauspieler im Ruhestand – vor dreißig Jahren hat man ihn aus Lübeck (»dieser grauenhaften Stadt«) vertrieben; angeblich, weil er sich »der klassischen Literatur verweigert« hat. Dreißig Jahre lang hat er in Dinkelsbühl den Rentner gespielt. Gemüse gezüchtet. Jetzt soll er, morgen in Flensburg, noch einmal König Lear sein, »in Ensors Maske«. (James Ensor hatte er einst in diesem Hotel am Meer getroffen.) Es ist Silvester, und es schneit in Oostende – und weil der Schauspieldirektor auf sich warten läßt, erzählt, rezitiert, schwadroniert Minetti: über Minetti, die Kunst, die Welt und den Tod. Seine Zuhörer und Opfer sind: der Portier und der Hoteldiener, eine Dame, die sich so konsequent und zerstörerisch betrinkt, wie Minetti konsequent und zerstörerisch redet, ein junges Mädchen, das auf den Liebhaber wartet. Manchmal stürmt eine angetrunken-heitere Silvestergesellschaft durch die Hotelhalle – taub für Minettis Sätze, blind für seine Leiden.
Weil der Schauspieldirektor endgültig nicht kommt, geht Minetti zuletzt hinaus in den Schneesturm; schluckt Tabletten, setzt sich Ensors »Lear«-Maske auf und wartet, bis er einschneit. Dies ungefähr ist die Fabel von »Minetti«, Thomas Bernhards neuem Theaterstück, das Claus Peymann in Stuttgart inszeniert hat und das, Bernhard will es so, nie in einer anderen Inszenierung zu sehen sein wird. Nie wird ein anderer als Bernhard Minetti den Minetti spielen.

*

Am Tage nach der Uraufführung hatte der Schauspieler Minetti eine Verabredung – wir trafen uns in der Halle eines neuen, schönen, ziemlich teuren Hotels in Stuttgart. Und weil der Kontrast so heftig war zwischen dem Theater-Minetti, der an seiner Erfolglosigkeit und Vereinsamung stirbt, und dem leibhaftigen Minetti, der in den letzten Jahren der

erfolgreichste deutsche Schauspieler geworden ist, zwischen
einem Künstler, der vergeblich auf einen einzigen Intendanten wartet, und einem, dem die Intendanten nachlaufen –
weil also Minettis wirkliche und anscheinend heitere Geschichte Bernhards fiktive und scheinbar tragisch-lar-
moyante zu verhöhnen scheint, sprachen wir zunächst über
den Erfolg. »Ich habe viele Mißerfolge gehabt«, sagte Minetti. »Das ist natürlich heute kaum noch bekannt.«
Minetti, 1905 in Kiel geboren, war schon vor dem Krieg ein
sehr bekannter Schauspieler, spielte bei Fehling, bei Jessner,
bei Gründgens – doch anders als viele seiner Kollegen, die
nur im Tremolo von dieser »Berliner Zeit« reden können
und dann sogleich auf die ärmliche Theatergegenwart hin-
weisen, erinnert sich Minetti sachlich: »Ich finde die Qualität
des Theaters heute auf keinen Fall geringer als früher. Kein
Gedanke, daß früher eine größere Zeit gewesen ist; vielleicht waren die Menschen, die das behaupten, damals glück-
licher. Ich bin überhaupt nicht dazu gebaut, viel zurückzu-
denken – weil ich viel zu neugierig bin, auf die Zukunft, auf
neue Aufgaben.«
Nach dem Krieg war Bernhard Minetti noch immer ein sehr
bekannter Schauspieler. Doch aus vielen Kritiken, die damals über ihn erschienen, sprach jene Hochachtung, die ein
bißchen wie Pflichterfüllung klingt: mehr die Verneigung vor
vergangenen Verdiensten als die Hoffnung auf neue Abenteuer. Minetti war ein respektierter Schauspieler, einer von
mehreren seiner Generation. Der späte Triumph begann mit
Arbeiten bei Rudolf Noelte (Strindbergs »Todestanz«) und
Klaus Michael Grüber (Becketts »Das letzte Band«). Heute
ist Minetti ein geliebter Schauspieler, fast eine Kultfigur. Die
von »Theater heute« veranstalteten Umfragen nach dem
»Schauspieler des Jahres« gewinnt er fast in jedem Jahr. Aus
seinen Kritikern wurden Lyriker – wann gab es den letzten
Minetti-Verriß? Und jetzt schrieb Thomas Bernhard für Minetti den »Minetti« – das Stück, die wie immer bitterlichen
Klagen und Anklagen, Beschimpfungen und Haßgesänge
können es nicht verbergen, ist eine Liebeserklärung – an die
Schauspielerei im allgemeinen und an den Schauspieler Minetti im besonderen, den Bernhard, der sonst fast nur Ver-
wünschungen ausstößt, einen »Geisterkopf« genannt hat.

Der Schauspieler und der Dichter, der Komödiant und der Wahnsinnige: es ist eine seltsame Liebesgeschichte, die sich da in aller Öffentlichkeit, inmitten eines rüden Kultur- und Theaterbetriebs ereignet – und wie viele Liebesgeschichten, so könnte auch diese ein Mißverständnis sein. Denn auf den ersten, vorurteilsvollen Blick entdeckt man nur wenig, was die Kunst des Thomas Bernhard mit der Kunst des Bernhard Minetti verbinden könnte. Ein Dramatiker, der nur noch den Stillstand beschreibt (Alter, Tod und Verwesung sind seine liebsten Motive), und ein Schauspieler, in dessen Spiel noch nichts zur Ruhe gekommen ist, der noch keine Summe zieht aus seinen Erfahrungen, sondern immer noch neue Erfahrungen sucht, der, auch wenn er Greise spielt, weniger auf die vertanen als auf die noch möglichen Möglichkeiten hinweist. Ein ewig und monoton verzweifelter Schriftsteller – und ein Schauspieler, der noch gar nicht verzweifelt aussieht, der keine Schlußworte spricht (wie viele feierliche alte Kollegen), sondern immer noch Vorschläge macht. Ein Schriftsteller, der mit Bußprediger-Fanatismus die Sinn- und Trostlosigkeit des Lebens beredet – und ein Schauspieler, der dessen Sinn- und Vergnüglichkeit leibhaftig vorführen kann. Natürlich sind solche Gegensätze, wenn man sie so in Formulierungen verewigen kann, nur Halbwahrheiten – wie ungleich komplizierter, schwerer formulierbar Wirklichkeit ist, gerade das läßt sich an Bernhard Minettis Theaterspiel beinahe Satz für Satz und Geste für Geste beobachten.

Minetti ist ein realistischer Schauspieler. Allein durch Genauigkeit vernichtet er das Rührstück, das »Minetti« auch sein könnte. Er spielt nicht die wehleidige Version der Rolle (den großen, von einem empfindungslosen Publikum verachteten Künstler), sondern die wahrscheinliche: Er zeigt Minettis Kunst als eine zweifelhafte und macht es so mindestens denkbar, daß das Publikum mit seiner Verachtung recht hatte. Wenn er in der Hotelhalle aus dem »Lear« deklamiert, spürt man, wie wenig er dieser Rolle noch gewachsen ist, und fürchtet sich davor, Minetti könnte wirklich in Flensburg noch einmal auftreten. Das kümmerliche Leben in der Provinz hat seine Spuren in Minettis Kunst hinterlassen: Er ist unbeholfen in seinen Mitteln geworden, ein Pensionär der Schauspielkunst.

Doch so eindeutig-bitter (was auch wieder sentimental wäre) läßt Minetti die Figur nicht bleiben. Altmänner-Elend und Grazie, verwegene Gedanken und verworrenes Gerede verbinden sich zu unzähligen Widersprüchen, zu einer immer präzisen, doch niemals völlig definierbaren Figur. Minettis Spiel verhindert eindeutige Gefühle; verhindert, daß man es sich bequem macht beim Zuschauen. »Die Welt will unterhalten sein / aber sie gehört verstört / verstört verstört«: diese Bernhardschen Tiraden spricht er heiser, fast bellend, wie ein streitsüchtiger, rechthaberischer Rentner – und als Zuschauer fühlt man sich belästigt von solchen Sätzen. Ein paar Sekunden später sagt er: »Kopfüber in das Kunstwerk meine Dame / kopfüber / mit dem Geistesgegenstand / gegen den Geistesunrat / mit dem Kunstwerk / gegen die Gesellschaft / gegen den Stumpfsinn / Dem Stumpfsinn / die Geisteskappe aufsetzen« – und macht dazu ein glückliches Zauberergesicht, flüstert und singt und jubelt die Wörter beinahe – und der Zuschauer ist überwältigt von diesen Sätzen, die ihm kurz vorher noch auf die Nerven gingen. Es ist ein ständiges Verwirrspiel, das Minetti mit Thomas Bernhards Sätzen treibt. Ob Bernhards Welt- und Kunstdefinitionen die letzten Weisheiten sind oder die plattesten Plattheiten, oder beides, oder nichts: Minetti schweigt. Und spielt. Er ist kein philosophierender Schauspieler, sondern ein trickreicher; kein Prediger in der Maske des Schauspielers, sondern ein Kunst-Handwerker und Kunst-Kopfwerker.

*

Bernhard nennt die Schauspielerei »die Wissenschaft vom Kopf und von den Beinen«. Minetti kann aus einem einzigen Wort (und wenn es nur »Flensburg« ist) ein Kunststück machen. Ob er, ein bißchen raunend, ein bißchen singend »Flensburg« sagt, so wie ein Magier seine Beschwörungsformeln spricht, ob er »Küste« sagt, und dabei plötzlich eine neue, jüngere, rauhere, seemannshaft-beschwingte Stimme kriegt: ich kenne keinen Schauspieler, der mit einzelnen Wörtern so umgehen kann, als seien es musikalische Motive.
Minetti kann aus Requisiten Lebewesen machen. In »Minetti« kommt er mit einem riesigen alten Koffer auf die

Bühne – in dem Koffer ist Ensors Maske aufbewahrt und viele vergilbende Zeitungsausschnitte, Rezensionen über Minetti. Einen Moment lang redet er zu dem Koffer (der ja wirklich sein einziger Lebensgefährte ist) so zärtlich wie zu etwas Lebendigem, wie zu einem alten, räudigen, treuen Hund. Es ist das nur ein schneller Augenblick, es wird keine Geschichte daraus, nichts Rührseliges; Minetti fällt sofort in seinen monologischen Zustand zurück. Man muß wach sein und schnell hinschauen bei Minetti – denn er baut die Effekte nicht aus, er macht es sich nicht bequem in einer Situation. Alles in seinem Spiel und in seiner Phantasie ist beweglich: beschreibt er eine Gemütsbewegung (Minettis Angst, wenn der Schauspieldirektor ausbleibt), zeigt er sofort auch die Gegenbewegung – nähert sich mit ängstlicher Zudringlichkeit dem jungen Mädchen (Therese Affolter), das ihm zuhört, bekommt sofort wieder Mut, genießt es, ein bißchen kokettieren, ein bißchen angeben zu können. Aufbrüche und Zusammenbrüche, die Lebenslust und die Lust, das Leben wegzuwerfen: an Minetti läßt sich studieren, welch komplizierter Apparat ein Mensch ist.

*

Was reizt diesen unruhigsten, beweglichsten aller Schauspieler an einem Dramatiker, der nur Endzustände beschreibt; einen, der dauernd Gefühle und Situationen umstößt, an einem anderen, der nur Unumstößliches formuliert? Daß die Kunst der Wahnsinn, das Publikum der Stumpfsinn, die Welt eine einzige Katastrophe ist: es sind die alten Thomas-Bernhard-Litaneien, die auch dieses Stück unermüdlich repetiert. Viele, die dem Unheils-Prediger Bernhard lange ergriffen gelauscht haben, weil da endlich mal wieder ein Dichter die allerletzten, die theologischen Fragen stellte, wenden sich heute schon ermüdet von ihm ab.

Vielleicht haben diese Interpreten, gierig auf »Sinn« und tiefere Bedeutung, Bernhard immer falsch gelesen. Vielleicht ist er gar nicht so sehr ein theologischer als ein komödiantischer Autor. Vielleicht sagen Bernhards Stücke gar nicht, daß alles sinnlos ist, sondern nur: daß alles Unsinn ist. So ähnlich klang es bei Raimund und Nestroy auch schon: Mit ihren Stücken haben Thomas Bernhards Texte mehr gemein als mit dem Buch Hiob und der Offenbarung des Johannes.

Warum wurde Minetti aus Lübeck vertrieben? »Weil ich mich der klassischen Kunst verweigert habe.« Er wiederholt das immer wieder, es ist wie ein Tick. Immer wieder betont er, daß er ein Märtyrer ist, so oft, daß man ihm bald mißtraut. Hatte sein Abgang aus Lübeck wirklich so heroische Motive? Oder hat man ihn ganz einfach wegen Unfähigkeit davongejagt?

In Raimunds »Alpenkönig und Menschenfeind« (dessen Hauptfigur, der Herr Rappelkopf, über Welt und Menschheit ähnlich querulantisch schimpft wie Thomas Bernhard) tritt ein Diener auf, Habakuk heißt er. Sicher hundertmal im Stück versichert er seinen Mitmenschen: »Ich war zwei Jahre in Paris.« Und versucht so, seine armselige Dienergegenwart mit einer schöneren Vergangenheit zu vergolden. Könnte Minettis Behauptung (»Weil ich mich der klassischen Kunst verweigert habe«) nicht genau denselben Sinn haben: die dürftige Künstlergegenwart heroisch zu verklären? Habakuk jedenfalls war nie in Paris – nur zwei Jahre in St. Pölten.

Oder ein Bernhard-Satz wie dieser: »Der Geisteskünstler / der sich als Kopfkünstler tödlich verletzt hat / der in die Katastrophe hineingegangen ist«: Ist das wirklich sehr erhaben? Oder ist es nicht vor allem Rhetorik, Akrobatik? Der Überdruß am Leben und der Genuß an den Wörtern: jedes Nestroy-Stück handelt davon. Und daß die Verzweiflung ein Zustand ist, in dem man sich ziemlich wohl fühlen kann, daß der Weltuntergang ein amüsantes Ereignis sein kann – auch das hat nicht erst Bernhard in die österreichische Literatur eingeführt. »De Wöld is unhamlich schiach!« erkannte Wolfgang Bauer. Dasselbe, in feierlicher, rhythmisierter Prosa behauptet Thomas Bernhard auch. Jetzt, da seine Texte nahezu leerinterpretiert sind, könnte man sie endlich begrifflos, also aufmerksam erleben – mit dem Vergnügen, das man an Musik hat, an mathematischen Formeln, an Clownerien.

*

»In meinem Fall habe ich das Publikum / immer abgestoßen / je größer der Schauspieler / und je höher die Kunst des Schauspielers / desto heftiger ist das Publikum abgestoßen.«

So spricht Minetti, und dabei denkt man mehr an Schauspieler wie Wildgruber oder Kinski als an Bernhard Minetti. Könnte es sein, daß Minetti, der vielgeliebte, als Minetti fehlbesetzt ist? Unser Gespräch, einen Tag nach der Uraufführung, wurde zu einer Fortsetzung der Aufführung unter anderen Vorzeichen – zu einer Liebeserklärung Minettis an Thomas Bernhard:

»Ich habe mein Publikum schon verletzt und entsetzt, habe Furcht und Mitleid ausgelöst. Das Verhältnis zum Publikum: da ist nicht alles lieb und nett. Drama ist ein Kampf, ein Kampf mit dem Publikum. Es hat ja keinen Sinn zu sagen: Das sind nette Leute, vor denen ich heute spiele, da will ich mal schön nett und vorsichtig sein. Um ein Publikum hinzureißen, um es zu entsetzen, gehört schon ein übermäßiger Einsatz, auch an Unheimlichem.

Bei der ›Macht der Gewohnheit‹, auf der Tournee, gab es viele böse Zwischenrufe – und da stellte sich dann die Bernhardsche Beobachtung als treffend heraus, daß dann die Kräfte innerhalb einer Sekunde wachsen – im Sinne eines noch intensiveren, realistischeren Spiels, das dann das Publikum einfach zum Zuhören zwingt. Als gestern in der ›Minetti‹-Premiere der Zwischenruf kam (»morgen in Augsburg«), da spürte ich sofort einen Ruck des Wachseins – wie ein Urwaldtier, das plötzlich etwas hört und sofort bereit ist, sich dem Angriff zu stellen. Ich empfand es als Eingriff, als Angriff. Aber ich bin gar nicht fürs Behütet-Sein, es muß nicht alles brav sein, es ist herrlich, wenn die Leute sich balgen. In Berlin, bei Moritz Seelers Junger Bühne, wo neue Dramatiker vorgestellt wurden, gab es Ohrfeigen im Parkett – die Leute haben sich um Kunst und über Kunst geschlagen. Das sind doch alles Bestätigungen für Bernhard, der (nicht in Dinkelsbühl, aber in seinem Ohlsdorf) über die Dinge grübelt: ›Der größte Feind des Schauspielers ist sein Publikum.‹

Ich lese Bernhard anders, ich lese ihn gar nicht unbeweglich. Da gibt es eine große seelische Bewegtheit in den Figuren, in der Satzfolge. Ich empfinde jeden Satz mit einer anderen Tendenz, auch die Wiederholungen haben ständig eine Variante. Es ist diese ungewöhnliche Verletzlichkeit, und daß Bernhard sie so vor sich herträgt: Das ist ganz ungewöhnlich

in seiner Direktheit. Er schreibt immer von sich selber –
Tolstoij hat das in die Figuren hineingebracht, in objektive
Handlung.

›Die Ursache‹ ist eines der erschütterndsten Bücher, das ich
gelesen habe in den letzten Jahren. Aber ich sehe auch das
Optimistische. Minetti sagt: ›So ein Verrückter wie ich.‹
Diese Fähigkeit, sich selber als verrückt zu bezeichnen, ist
eine typisch Bernhardsche Eigenschaft, auch seine private.
Diese Fähigkeit zur Selbstverspottung. Vom Theater her ist
er ein ungeheuer erregender Autor und unterscheidet sich
schon dadurch von seinen Generationsgenossen. Von Weiss
oder Hochhuth kann man gar nicht sprechen in diesem Zusammenhang. Ich empfinde diesen Bernhardschen Text als
blühend. Er blüht. Nicht ›blühen‹ im euphemistischen Sinne,
sondern wie eine schöne Blume blüht oder eine häßliche
Blume, oder wie Unkraut blüht. Für mich ist dieser Text
ganz körperlich. Und man kann ihn zitieren – man kann sich
stundenlang in Bernhardschen Sätzen unterhalten. Man
kann mit den Sätzen leben.«

*

Noch eine Huldigung: Minetti ist ein Schauspieler, der zu-
versichtlich macht. Er überträgt auf die Figuren, die er spielt,
seine eigene Zukunftslust; er spielt die Furcht, daß alles vorbei ist, und gleich darauf die verwegene Hoffnung, daß noch
alles anders werden könnte. Seine Schauspielerei hat ein
utopisches Moment: So wie Minetti sind alte Männer gewöhnlich nicht, so wie Minetti könnten sie vielleicht sein;
wenn sie nicht müde wären, sondern entdeckerisch, wenn sie
die Nachtmütze absetzten und die Geisteskappe auf.

(DIE ZEIT, 10. September 1976)

II. Regisseure

Die Augen werden arbeitslos:
Über Konzeptionswut und
Stilisierungskrampf bei jungen deutschen
Regisseuren

Oft genügt eine einzige Rezension – und der junge Regisseur ist ein gemachter Mann. Sie muß gar nicht besonders überschwenglich sein, diese eine Kritik. Es reicht, wenn sie halbwegs positiv klingt und in einer halbwegs seriösen Zeitung erscheint: noch am gleichen Tag wird der junge Regisseur von Anrufern überfallen werden – von den deutschen Theaterintendanten. Deren panische Suche nach Regietalenten hat mittlerweile groteske Züge angenommen: Die Hochbegabten werden mit Fabelgagen umworben, abgeworben; und weil es soviele Hochbegabte nicht gibt, wird auch den Halbbegabten heftig der Hof gemacht.

Die Theaterkritik hat bei diesem Ritual leichtfertig lange mitgespielt, hat Denkmäler errichtet und gestürzt, Genies entdeckt und wieder verworfen. Unermüdlich reist sie den »großen Regisseuren« zu ihren »großen Premieren« nach und liefert nachher jedesmal ein Stück (positiver oder negativer) Hagiographie. Ungeübt oder unwillens, Theater genau anzuschauen, differenziert zu beschreiben, ermüdet in der eigenen Routine, giert sie nach der Provokation: der »neue Tschechow« muß es sein, der »ganz neue Sommernachtstraum«. Kein Wunder, wenn dann Regisseure (halb- wie hochbegabte) Nerven und Augen verlieren. Sie, die Mächtigen des Theaters, werden neurotisch – weil sie dauernd unter dem Zwang stehen, ihre Macht zu beweisen, ihre Macht zu behaupten.

So bewegt sich ein beträchtlicher Teil des subventionierten deutschen Theaters gegenwärtig in zwei entgegengesetzte Sackgassen hinein: während man an einigen Bühnen (prominentestes Beispiel: das Münchner Residenztheater) dabei ist, Regie und Dramaturgie (verstanden als kritische Befragung von Theatertexten) wieder abzuschaffen, zurückzufallen in die Anarchie der vielen (Schauspieler-) Eitelkeiten, schreitet das (zum Nachdenken entschlossene) Regisseurs-Theater heftig voran zum Terror der einen, der Regisseurs-Eitelkeit. Die Torheit bei den Ambitionslosen und die Verkrampfung bei den Ambitionierten: so trübselig sähe die Alternative aus, gäbe es nicht die wenigen trostreichen Ausnahmen – Stein und Noelte, Palitzsch und Zadek und wohl noch ein paar andere mehr.

Regisseurs-Kult und Konkurrenzneid haben gerade einige der besten, ernsthaftesten jüngeren Regisseure in ein merkwürdiges Fieber getrieben: in die Konzeptionswut. Jede Inszenierung wird überschattet vom Zwang zum großen Wurf, von der Verpflichtung, einen Beitrag zur Theatergeschichte liefern zu müssen. Regisseure wie Claus Peymann oder Hans Neuenfels geraten offenbar schon in Panik, wenn ihnen nicht spätestens beim zweiten Durchlesen des Stückes der *eine* entscheidende Einfall, der Durchbruch zur Konzeption gelingt. Pure Angst, Angst vor dem Scheitern treibt sie zu frühen, viel zu frühen Resultaten; der geduldige, forschende Dialog mit einem Text wird aufgegeben, und der Regisseur beginnt ein monströses Selbstgespräch. Inszenieren, doch eigentlich eine empirische Arbeit, wird zum Hochleistungssport: Eine Konzeption wird nicht mehr bezweifelt, sondern nur noch trainiert – bis sie zur artistischen Perfektion gebracht ist.

Das Resultat ist Theater, das sich selbst zur Blindheit verurteilt, sind Aufführungen, die gestorben sind, bevor noch die erste Probe begonnen hat. Claus Peymann hatte, als er am Deutschen Schauspielhaus in Hamburg Strindbergs »Pelikan« inszenierte, einen durchaus einleuchtenden Einfall: er hat in diesem bürgerlichen Schauerspiel ein Horrorstück, ein Vampirdrama entdeckt. Doch statt nun szenisch nachzudenken über den Vampirismus der Bourgeoisie, über ihre armselig-groteske Dämonie, ihre sexuellen Verkrüppelungen, ihre Macht- und Geldgeilheit, statt also seinen Einfall zu belegen, hat ihn Peymann nur harmlos bebildert. Statt Argumenten sieht man optische Aphorismen. Leblos, restlos fertigerzählt, als schiefe, geisterbleiche Schattenwesen wehen die Figuren auf die Bühne, turnen und gestikulieren sich zwei Stunden lang durch allerlei erlesene Stilisierungen hindurch, absolvieren eine große Gespensteretüde und gehen als Gespenster zugrunde.

Statt der Attacke auf die Bourgeoisie: eine Stilübung, eine Reminiszenz an den Expressionismus. Statt der Diskussion eines Stücks: die Exkursion ins Theatermuseum. Böse weite Welt – weit weg von uns. Nicht Menschen oder wenigstens menschenähnliche Wesen sind in solchen Inszenierungen zu besichtigen, sondern: Gespenster, Halbleichen, Zitate. In zwei anderen Premieren (in Jürgen Flimms Thalia-Theater-Inszenierung von Horváths »Geschichten aus dem Wienerwald«, dann in Hansgünther Heymes Kölner »Nibelungen«-Versuch) ahnte ich den Grund für soviel Nekrophilie: Das junge Regisseurs-Theater ist ungeheuer gebildet und belesen. Kein Zweifel, Peymann und Flimm haben bei Stumm- und Horrorfilm wie beim expressionistischen Theater heftig gelernt, haben ihre Frankenstein- und Caligari-Studien betrieben; Heyme hat sich vor seiner »Nibelungen«-Arbeit mit den ästhetischen Zeremonien von Oper und Ritterschauspiel beschäftigt und hat sich (bei den Kostümentwürfen) vom Symbolisten Gustave Moreau inspirieren lassen. Doch in allen drei Aufführungen bleiben Forscherfleiß und Eklektizismus ziemlich unproduktiv; weil das Zitat nicht zum Material wird für die eigene Erfindung, sondern die Erfindung ersetzt; weil die Ästhetik einer Aufführung nicht entdeckt, sondern bei der Theater- und Filmhistorie ausgeliehen wird.

Heymes Kölner Unternehmen tritt an mit einer wahrhaft schizophrenen Ambition. Da ließ man sich vom Germanisten Emrich eine ziemlich halsbrecherische Hebbel-Interpretation liefern, welche die »Nibelungen« kurzerhand zur hellsichtigen, ungeschönten Studie über Bürgertum, Kapitalismus und »moderne Welt« verklärt, und druckte sie im Programmheft ab. (Überschrift: »Konzeptionsansatz«). Und auf der Programmheftseite gegenüber behauptet Dramaturg P. K. (in den »Anmerkungen zur Ästhetik der Inszenierung«) geradewegs das Gegenteil: Hebbels Ästhetik würde »den als übel verworfenen Teil der Wirklichkeit negieren oder in Schönheit überführen«.

Die Aufführung scherte sich dann überhaupt nicht um diesen Widerspruch, entkam der selbst-verschuldeten Schizophrenie durch die entschlossene Flucht in ein manieristisches Ritter- und Heldenschauspiel – das dann ungefähr so aussah, als sei Felsensteins Hoftheater-»Wallenstein« von Hans Neuenfels surrealistisch überarbeitet worden. Über Bert Kistners Prunkbühne (ein Kuppelbau aus Glas und Eisen überwölbt ein großes, leeres Halbrund, das sich ganz herrlich ausschreiten, austanzen ließ) zogen Gespenster – germanisch-rabiate Gespenster. Die Schauspieler gingen wie auf Kothurnen, brüllten Verse wie durchs Megaphon. Im zweiten Teil fiel dann Trance über dies mühsam verfremdete Hoftheater; immer häufiger schlugen die Künstler lange Teppiche um ihre Leiber oder verbogen ihre Körper zu gefällig-gewagten Ornamenten. Was da eigentlich gemeint war, decouvriert werden sollte (wenn nicht wieder mal, schön pauschal: das neunzehnte Jahrhundert oder das Bürgertum schlechthin), war aus dem dreistündigen, sinn- und sinnenlosen Spektakel nicht abzulesen. Am schlagkräftigsten noch, was der Darsteller des Siegfried trieb: der reckte ständig die Hände zum Himmel, lächelte, wie nur ein deutscher Jüngling lächeln kann, emphatisch und blöde, tänzelte wie ein schlechter Tänzer, deklamierte wie ein schlechter Sänger. Das war doch wohl die Denunziation eines deutschen Heldenmenschen – ich fürchte bloß, mit einer so vulgären Attacke (bei der zwei bis drei »kühne« Körper- und Sprechhaltungen stundenlang rücksichtslos ausgeplündert werden) ist das Heldentum nicht zu treffen; so lassen sich nicht einmal schlechte Heldendarsteller denunzieren.

Am groteskesten die Reaktion des Kölner Publikums: es gab heulende Proteste und tumultuarischen Beifall – zu sehen war, wie prachtvoll Heymes simple Provokationsstrategie funktioniert: man spielte sich das rührend-provinzielle Schauspiel vor, hier in Köln werde die Entscheidungsschlacht um das moderne Theater geschlagen.

Sicher ist es ungerecht, eine Aufführung, die ihre Absichten so scharf und so brillant formuliert wie Flimms Hamburger Horváth-Inszenierung, mit Heymes düsterem Gestammel in Zusammenhang zu bringen. Doch auch in Hamburg sah man (auf weit höherem Niveau) mehr dem Ehrgeiz und der Einfallssucht eines Regisseurs zu als einem Stück. Und auch in Hamburg gab es wieder Gespenstertheater. Gespenster aus

Wien: ein dämonischer Metzgermeister mit Teiggesicht und sein blutdurstiger Geselle; ein Liebhaber (Heinz Trixner), der seinen Körper immer wieder zu großen Kinoposen hochstemmte, der, sobald er gefühlvoll wurde, greinte und wimmerte wie ein fahler Säugling; ein mordlustiges Großmütterchen, das zirpte und krächzte wie ein Totenvogel. Glanzvolle Zurichtungen von Figuren, höhnische Abrichtungen: Theater, bei dem die Augen des Zuschauers arbeitslos werden, weil gar nichts als Schrecken und Lüge durchschaut werden muß, weil jede Geste, jeder Tonfall bereits übergroß als Schrecken und Lüge maskiert ist. Mit der Lust am Bösen erspart sich solches Theater die Last zu sehen.

Jede Sekunde in dieser Aufführung ist pedantisch kalkuliert: Theater, das einen dauernd zur Bewunderung seiner Kräfte nötigen will, das ständig unter dem Zwang zur Pointe steht. So ist aus dem Horváth bei Flimm schwarzer Boulevard geworden: auf kompliziertere Einsichten wird verzichtet, überreicht wird ein Strauß böse leuchtender Formulierungen.
Den Theaterfiguren wird nicht beim Leben zugeschaut – sie werden als leblose Fertigprodukte präsentiert. Psychische und körperliche Verkrüppelungen werden (mit heftigem gestischen Aufwand) abgebildet – kaum aber der Weg eines Menschen in solche Verkrüppelungen oder sein Widerstand gegen sie. Wie in Körpern kindliche Schönheit, pubertäre Not und klerikale Moral gegeneinander kämpfen, hat Peter Stein in seiner Inszenierung von Marieluise Fleißers »Fegefeuer in Ingolstadt« unvergleichlich differenziert vorgeführt. Und hat gezeigt: das Theater kann mit dem Körper denken. Bei Peymann wird mondän gescherzt, bei Flimm (immerhin) grell und simpel formuliert, bei Heyme sieht man die Körper der Schauspieler nur noch schuften und schwitzen – nach Schwerarbeit (auch körperlicher Schwerarbeit) sehen alle drei Aufführungen aus. Und so wünscht man sich plötzlich, die Inszenierungen würden nicht soviel Kraft in angestrengtambitioniertes Kunstgewerbe investieren, sondern in den Theaterspaß explodieren. Im Krampf aller drei Aufführungen nämlich verbergen sich heimliche Lüste: Heymes Sehnsucht nach dem Ritterspektakel, Peymanns und Flimms Begeisterung für Vampirspaß und Horrordrama. Warum nur

müssen sich all diese schönen Theater- und Kinderträume hinter aufklärerischen Attitüden verstecken?

Merkwürdig: gerade in einem Moment, da so viele junge Regisseure in Krampf und Kunstanstrengung leerlaufen, hat in Bochum ein Regisseur Abschied genommen vom Radau, der bisher geradezu als Prototyp des Parforce-Regisseurs galt. Peter Zadeks »Möwe«: das ist nun gewiß nicht, wie mancherorts behauptet, »der neue Tschechow«, also wieder mal eine Provokation; denn daß man Tschechow nicht mehr wie Stanislawskij inszenieren kann, ist in den letzten Jahren immer wieder demonstriert worden – von Noelte bis Axer, von Kacer bis Krejca. Aber ein neuer Zadek ist dies ganz gewiß: ein Regisseur, der seine Unsicherheiten nicht mehr mit theatralischer Angeberei kompensieren muß, der Mut gefunden hat auch zu Leere und Langeweile (dort, wo das Stück von Leere und Langeweile unter Menschen erzählt), der keine glanzvollen Ergebnisse sammelt, sondern glanzlosen Leuten ohne Trauer und ohne Haß und ohne Eitelkeit zusieht. Zadek, der immer so lustvoll die Rolle des Provokateurs spielte (eine Rolle, in der ihn nun die Jung-Regisseure keuchend imitieren), ist diesmal die Provokation nicht gelungen. Dafür etwas viel Besseres: Theater ohne Phrasen.

(DIE ZEIT, 12. Oktober 1973)

Die Ungeduldigen sterben aus:
Peter Stein probiert Peter Handke

20. März: Ein immer noch unbekanntes Stück

Ein schmuddeliges, leergeräumtes Kino im hintersten Win-
kel von Kreuzberg, ein paar hundert Meter nur von der
Mauer entfernt. Hier hat die Schaubühne am Halleschen
Ufer ihre Probenbühne; hier wird heute zum erstenmal Peter
Handkes Stück »Die Unvernünftigen sterben aus« probiert.
Auf der leeren Spielfläche sind ein paar Requisiten für den
ersten Akt aufgestellt – rechts ein voluminöses Sofa, links
ein kleiner Schemel. Von der Decke herunter hängt ein
schwerer Sandsack, wie ihn Boxer benutzen.
Es dauert eine halbe Stunde, bevor das erste Wort auf dieser
Probe gesprochen wird. Bruno Ganz, der die Hauptrolle
spielt, den Unternehmer Hermann Quitt, trainiert am Sandsack – er trainiert wirklich, mit totalem physischen Einsatz.
Da werden keine Bewegungsabläufe für eine Theaternum-
mer einstudiert, da versucht ein Schauspieler, eine Erfahrung zu machen – über die physischen Strapazen und die
psychischen Vorgänge beim Boxen. So trainiert man die
Vernichtung eines Gegners: Exposition und Kontrast zu
dem, was kommt – zum Empfindsamkeitsmonolog (»Ich bin
heute traurig«), den Herr Quitt gleich nach dem Boxen sprechen wird.
Je heftiger und gehässiger diese drei, vier stummen Anfangs-
minuten aussehen, desto sicherer ist Handkes Text davor
geschützt, nur ein Stück verschlüsselter Autobiographie zu
sein. Quitt, ein fanatischer Selbstbeobachter, der redet,
fühlt, auf Einzelheiten starrt, vor Einzelheiten sich ekelt wie
sein Erfinder Handke: Aus dieser Figur soll weder das Double
ihres Autors werden noch (dies die andere Simpel-Lösung)
die Karikatur eines Unternehmers. Sondern eine höchst
komplizierte Figur, gemischt aus kaltem Geschäftssinn und
zärtlicher Selbstbetrachtung, kapitalistischer Vernichtungswut und spätzeitlicher Sensibilität.

»Wir müssen«, sagt der Regisseur Peter Stein zu Bruno
Ganz, »deine physische Erschöpfung ausnützen als Folie für
den Stratosphärentext danach.« Damit beginnt die zweite
Phase dieser ersten Probe – und nun wird sehr viel geredet.
In immer neuen Anläufen interpretiert Stein das Stück.
»Quitt befindet sich dauernd in einer apologetischen Posi-
tion; dauernd muß er sein Recht, so zu denken, wie er denkt,
verteidigen, nach rechts wie nach links. Darin gleichen
Quitts Texte Handkes eigenen Texten: Auch in Handkes
Texten spürt man den Stolz über das, was er geschrieben hat,
und das gleiche Insistieren auf materiellen Details. Handke
schlägt sich in dem Stück selber ins Gesicht.«
Ganz' Boxen, Steins Reden – das sind die beiden wichtigen
Erfahrungen in dieser Probe. Sichtbar werden darin schon
Ziel und Methode der Inszenierung. Das Ziel: ein Text, der
vor allem aus Handke-Sätzen, aus narzißtischer Rhetorik besteht, soll körperlich gemacht werden, theatralisch, lustig.
Und die Methode: Steins Erklärungsversuche machen deutlich, daß es vor Probenbeginn eine Fülle konzeptioneller
Überlegungen gegeben hat, daß es aber eine sogenannte
Konzeption (also ein System fester theoretischer Überlegungen) nicht gibt.
»Ich finde den Text unheimlich gut, aber ich weiß nicht, wie
ich da rankommen soll.« Nach zwei Probenstunden zeigt es
sich, daß so ein Geständnis nicht Koketterie war. Plötzlich
nämlich bricht die Probe regelrecht zusammen. Bruno Ganz
weiß (oder will) nicht weiter.
Fünf Minuten Schweigen, Warten, Beobachten. Stein greift
nicht ein, ja er genießt die Situation. Und das wird sympto-
matisch sein für diese Probenarbeit: sie setzt sich Krisen,
Leeregefühlen aus, sucht nicht sofort nach Erklärungen und
raschen Therapien. Man probiert ein noch immer unbekann-
tes Stück.

21. bis 23. März: Der Leib und das Gequatsche

In der Züricher Uraufführung des Stücks (Regie Horst
Zankl) waren den Unternehmern weiße Masken aufs Gesicht gemalt worden. Stein verfremdet, stilisiert, formalisiert

überhaupt nicht. Er probt das Stück, als sei es ein realistisches. Er scheint überhaupt keine formalen Erfindungen fertig zu haben (oder er sagt sie den Schauspielern nicht) – die Arbeit gleicht einem Erkundungs- mehr als einem Inszenierungsvorgang.

Stein redet, theoretisiert nun viel weniger als auf der ersten Probe. Sein Hauptinteresse ist es jetzt, »physische Äquivalente für die Situationen« zu finden. Denn die Gefahr ist jetzt schon massiv spürbar geworden: daß der Abend zur Rezitation schön formulierter Sätze wird.

Genau dies ist auch der Grund, warum ich selber das Stück nicht mag: weil es so wenig Phantasie für die Erfindung von Figuren hat, weil es höchst künstlich und gewaltsam Prosasätze in Figurenhülsen stopft. Handke hat sein Dilemma als Dramatiker so formuliert: »Es fällt mir schwer, Rollen zu schreiben. Wenn ich jemanden charakterisiere, kommt es mir vor, als ob ich ihn damit entwürdige. Aus allem Besonderen an einer Figur wird dann ein Tick. Ich spüre, daß ich anderen nicht so gerecht werden kann wie mir selber. Wenn ich Leute auf der Bühne reden lasse, schnappen sie mir schon nach den ersten Sätzen zu und sind für immer auf einen Begriff gebracht. Deswegen werde ich vielleicht lieber Geschichten schreiben« (»Der kurze Brief zum langen Abschied«).

Das Problem der Inszenierung wird also sein: wie man aus poetischen Sololäufen physische Aktionen macht. Nach Quitts Abgang wagt der Diener Hans eine Geste der Revolte: »Er ballt die Faust, schiebt sie aber mit der anderen Hand gleich wieder herunter.« Stein: »Das Fäusteballen muß ein Naturereignis sein, wie eine Erektion. Es ist wichtig, daß du diese Geste ganz deutlich und groß machst, damit man ein Interesse an deinem Leib bekommt – bei so viel Gequatsche in dem Stück.«

28. bis 30. März: Karikatur ist leicht, Kritik ist kompliziert

Die Proben sind vorangeschritten bis zum Auftritt der Herren Lutz (Werner Rehm), Koerber-Kent (Rüdiger Hacker) und Wullnow – Quitts Unternehmerkollegen. Stein: »Ihr müßt, wenn ihr hereinkommt, vollkommen lässig, vollkommen frei sein; jeder von euch eine Super-Festung, sein eigener Konzern.« Stein argumentiert nun heftig gegen eine mögliche Verflachung des Stücks, gegen seinen Mißbrauch als antikapitalistisches Kabarett: »Ihr müßt die Sache ernst nehmen, nicht in Anführungszeichen setzen, sonst wird es langweilig.«

Immer wieder beschwört Stein die Schauspieler, ihre Figuren nicht mit denunzierender Kälte, aus allwissendem Abstand zu spielen. Zur gewollten Unsicherheit dieser Probenarbeit gehört auch, daß die Schauspieler sich ihrer Rollen nicht banal sicher werden, sie kritisch (also kompliziert) spielen, sie nicht karikierend abwerten: »Ich möchte um jeden Preis verhindern, daß da vier Unternehmer auf der Bühne sitzen und pseudoentlarvendes Zeug sagen – vorfabrizierte theatralische Antworten geben auf vorfabrizierte Sätze. Unser Publikum soll seine eigenen Sätze in dem Text wiedererkennen. Das heißt, wir müssen möglichst viele Unternehmer-Sätze ins Bekannte retten, sie nicht ins Monströse verzerren. Auf keinen Fall sollen die Leute sagen: Aha, jetzt wird's gesellschaftskritisch; jetzt wissen wir, warum der Stein den Handke macht.«

Warum der Stein den Handke macht, scheint freilich auch in der Schaubühne selbst mancher nicht zu begreifen. Eine Minderheit hat bei der Vollversammlung heftig gegen die Annahme des Textes agitiert. Das ist jene Fraktion im Theater, der die Theaterwege Steins zu kompliziert, zu ästhetisch-esoterisch geworden sind; das sind jene Leute, die darunter leiden, daß die Schaubühne zum Prunkstück des bürgerlichen deutschen Theaters geworden ist.

Für diese Fraktion (vielleicht auch nur zu ihrer Beschwichtigung) findet eine Parallel-Veranstaltung statt: Frank Patrick Steckel probt mit einem anderen Teil des Ensembles Heiner Müllers »Der Lohndrücker« – ein Stück über sozialistischen Alltag, nicht (wie die »Unvernünftigen«) eines über spätbürgerliche Neurosen. Dieser Prinzipien-Konflikt innerhalb der Schaubühne wird weiterbestehen – obwohl er durch die Theaterinteressen Steins und vor allem durch die Arbeiten Klaus Michael Grübers eigentlich längst entschieden ist: ge-

gen eine enge Festlegung auf Veranstaltungen des Sozialistischen Realismus.

9. bis 11. Mai: Lob der Langsamkeit

Fünf Wochen Proben sind vergangen. In drei Wochen schon,
am 30. Mai, soll die Premiere sein. Doch das Klima bei den
Proben, ihre geduldige, angstlose Langsamkeit, ist völlig unverändert geblieben. Während in konventionell organisier-
ten Theatern schon in der zweiten Probenwoche Einfälle und
Ergebnisse festgeschrieben werden, Pointen altern und ver-
steinern, sind die Schaubühnen-Leute frei und selbstbewußt
genug, sich nicht von einem drohenden Premierentermin in
zu frühe Forciertheiten, Verfestigungen treiben zu lassen.
Vor allem, wenn man Bruno Ganz zuschaut, wird das wunderbar deutlich: wieviel Platz da noch ist für Entdeckungen
und Veränderungen; wie hier ein Schauspieler sich frei gemacht hat von allem Darstellungsdruck und Effektzwang.
Ungeformt, unsicher sieht vieles noch aus – Ganz sucht die
Details noch, wirkt fast noch ahnungslos, ist noch mit gar
nichts fertig, geht zögernd, manchmal fast träumerisch-zer-
streut durch seine Rolle. »Sicherheit«, sagt Ganz, »wäre diesem Text gegenüber die verkehrteste Haltung.«
Eine so radikale, vorsätzliche Unsicherheit, so viel Neugier
bis zur letzten Probenwoche können sich freilich nur Theaterleute erlauben, die durch Erfolge sicher geworden sind.
Und wichtiger: die an einem Theater spielen, das die Langsamkeit und die Geduld zum Organisationsprinzip gemacht
hat, das nicht Premiere um Premiere herausboxt, sondern
sich für jedes Projekt einige Monate Zeit lassen kann. An
einem Theater, das sogar nach der Premiere weiterprobt:
Als ich an einem Samstagmorgen zur Handke-Probe gehe,
ist das gesamte Ensemble auf der Probenbühne, trainiert
(viele Wochen nach der Premiere) einen Teil der »Übungen
für Schauspieler«.

Ein Versuch, Eindrücke zu ordnen

Das Handke-Stück ist mir nicht lieber geworden durch diese Proben. Wohl bewundere ich nun noch mehr die überscharfen, geradezu schmerzhaft empfindlichen Sätze und Selbstbeobachtungen Handkes. Aber das ist die Bewunderung für etwas Gemachtes, Synthetisches: weil Handke hier nicht, wie in seinen Prosageschichten, offen von sich selber redet, sondern sich in fremden, zerebral konstruierten Theaterfiguren versteckt.

Viel wichtiger aber ist die andere Erfahrung: daß man bei den Proben der Schaubühne einen doch ziemlich nachhaltigen Eindruck davon bekommt, wie vernünftige Theaterarbeit aussieht und wie nicht. Zwar war es eine zunächst deprimierende Beobachtung, wie eindeutig auch an der Schaubühne (an dem Theater also, das wie kein anderes Mitsprache und Mitbestimmung institutionalisiert hat) die Macht während der Proben verteilt ist; wie sehr auch hier die Phantasie, die Denk- und Redelust monopolisiert ist beim Regisseur. Aber abgesehen davon, daß man ein so hochorganisiertes Stück wie das von Handke sicher nicht auf spontan-anarchische oder kollektiv-demokratische Weise probieren kann: Schon nach ein paar Probentagen merkte ich, daß unter allen mir vertrauten Varianten des Regisseur-Theaters dies die freieste und emanzipierteste ist. Und dies vielleicht gerade deshalb, weil Stein auf den Proben sehr viel redet – und (weil auch er nicht immer in Höchstform ist) manchmal auch herumredet. Er ist ein Regisseur, der seinen Schauspielern dauernd das eigene Nachdenken (und damit auch dessen Unzulänglichkeit, Unfertigkeit) offenlegt. Ein redender Regisseur, und das bedeutet: einer, der sich nicht mit Geheimnis, mit der Magie des Genies umgibt und der sich auch nicht auf das pure virtuose Handwerk zurückzieht.

Ich erinnere mich an Proben bei Rudolf Noelte und daran, wie unfaßbar fertig eine Szene im Kopf dieses Regisseurs ist, bevor er sie zu proben beginnt. Viel Raum für eigene Entdeckungen bleibt da dem Schauspieler nicht – jede Noelte-Probe ist der Versuch, ein vorgedachtes Wunderwerk auf der Bühne zu rekonstruieren. Und eine szenische Erfindung Noeltes sieht aus wie ein ästhetisches Absolutum: nicht wie eine Möglichkeit, sondern wie die (alle Alternativen ausschließende) Notwendigkeit des Theaters.

Steins »Tasso«-Inszenierung, auch noch sein »Prinz von Homburg« waren ähnlich vollendungssüchtige Produkte – auch hier war noch jedes Detail auf seine ästhetische und artistische Höchstform gebracht. Bei den Proben zu den »Unvernünftigen« glaube ich nun eine andere Qualität dieses Regisseurs wiederentdeckt zu haben – jene Offenheit und jene nervöse Unsicherheit aus seiner bisher wohl schönsten Inszenierung, dem »Fegefeuer in Ingolstadt«. Eine Arbeitsweise, die den Schauspieler nicht mehr dem rigorosen Formulierungs- und Formalisierungswillen eines einzelnen unterwirft, in der der Schauspieler wieder mehr Platz und Freiheit hat, selber zu erfinden.

Vielleicht ist das die beste Erfahrung in dieser Theatersaison: Die Zeit der Dressuren ist wohl vorbei. Heymes und Neuenfels' Arbeiten, mit ihren forcierten, den Schauspieler zur Ausdruckspuppe degradierenden Choreographien wirken schon wie Theatergeschichte, wie Relikte eines schon musealen Neuexpressionismus. Und der Triumph von Zadeks »Möwe« ist ein weiteres Symbol: eine Inszenierung, die sich nur noch für spontane Einzelheiten, lebendige Einzelwesen interessiert, die sich wohl am radikalsten von allen Aufführungen dieser Spielzeit von der Vorstellung verabschiedet, eine Inszenierung müsse ein geschlossenes ästhetisches System entwickeln.

28. Mai: Die Woche vor der Premiere

Noch einmal ist verschoben worden, nun auf den 6. Juni. Am Abend findet, schon im Kostüm, aber immer noch auf der Probebühne, zum erstenmal ein Durchlauf des ersten Aktes statt. Fertig ist die Aufführung ganz und gar nicht. Was mit ihr in der letzten Probewoche passieren wird, kann ich nicht voraussehen. Stein sagt: »Wenn ich höre, was in den anderen Aufführungen passiert ist, tut es mir doch für das Stück leid, daß unsere Aufführung nicht die Uraufführung ist. Nun kommen also die Kritiker und wissen schon im voraus, daß es ein langweiliger Abend werden wird. Vielleicht finden sie unsere Aufführung aber auch ganz nett. Dann werden sie wieder schreiben: Der Stein kann auch das Telefonbuch inszenieren.«

Man spricht auf dieser Probe schon sehr viel über technische Probleme: über das (immer noch nicht fertige) Bühnenbild, über Masken, Perücken – und vor allem über die Schlangen, die, wie Handke sich das wünscht, am Ende des Stücks über die Bühne kriechen werden. Die Schlangen (giftlose Ottern) sind bereits engagiert, ein tapferer Theatermensch hat sich gefunden, der sie betreuen und nach ihrem Auftritt einsammeln wird. Überhaupt noch nicht geklärt ist: wie man die Schlangen daran hindern soll, über die Rampe ins Parkett zu kriechen.

(DIE ZEIT, 7. Juni 1974)

Ein Alptraum – was sonst?
Peter Stein inszeniert »Das Sparschwein«, von Labiche

Erster Akt: Ein Leben auf dem Lande

Ein Raum, so eng wie ein Korridor, drei Schritte nur tief, von Petroleumlampen trübe beleuchtet. Auf den Stühlen sitzen, in behaglichem Halbschlaf, ein paar friedliche Leute, Kleinbürger aus der französischen Provinz. Die Zeit ist stehengeblieben in ihrem gemütlichen Käfig: Seit zwanzig Jahren schon treffen sie sich allwöchentlich zum Kartenspiel, ihre Körper sind fett geworden vom ewigen Rumhocken. Eine statische Welt, deren einzige Bewegung das Altern ist. Und so verwelken auch die Sehnsüchte: Tante Léonida (Jutta Lampe) gibt seit drei Jahren heimlich und erfolglos Heiratsinserate auf, und auch das Liebesleben der Jüngsten ist nicht recht viel aufreibender. Felix (Willem Menne), ein junger Notar, fühlt sich bei den kartenspielenden Spießern (Otto Sander, Wolf R. Redl, Werner Rehm) schon sehr viel wohler und sicherer als bei seiner Geliebten. Zwar wagt er noch hin und wieder ein paar elegische, stotternde Annäherungsversuche an das Mädchen Blanche (Elke Petri), doch im Grunde sucht er seit Jahren nur Ausreden für seine Flucht vor Ehe und weiblichem Fleisch – seine Erotik ist schon gealtert, bevor sie sich auch nur einmal hat erfüllen können.
Was hier beschrieben wird? Nein, keine Tschechow-Inszenierung von Noelte, sondern die Exposition zu einem angeblich lustigen, lauten Stück, zu einem Schwank aus der Lustspielfabrik des Eugène Labiche. »Das Sparschwein« ist eine virtuose, hundsgemeine, schadenfrohe Klamotte über die Kläglichkeit der Provinzler – geschrieben mit dem Zynismus eines Theatergeschäftsmanns, der sich Mitleid und Neugier gegenüber seinen Figuren gar nicht erlauben durfte. Peter Stein hat nun versucht, diese von den Konventionen des Schwanks zur Erbärmlichkeit verurteilten Provinzbürger ge-

nauer, zärtlicher (und das heißt auch: kritischer) anzusehen – und zumindest einen Akt lang ist ihm das wunderbar gelungen. Was passiert, ist so lächerlich, wie der Schwank es befiehlt: Das Sparschwein, das die Kartenspieler ein Jahr lang mit Münzen gemästet haben, ist endlich voll. Deshalb wird es feierlich geschlachtet und nach ebenso feierlicher Debatte entschließt man sich, was mit dem Geld finanziert werden soll: ein Tag in Paris. »Als gefeierte Lebenskünstler« will man dann aufs Land zurückkehren. Stein hat diese lächerlichen, rituellen Szenen (die Schlachtung, die Debatte über den Schweineinhalt) sehr langsam, sehr mitleidvoll inszeniert: mit zitternder Euphorie begeht man die Schlachtung, mit staatsmännischer Inbrunst wird debattiert; mit Pathos zelebriert man Lappalien, große Gefühle werden an ein unnützes Leben verschwendet.

Doch schon hier zeigen sich Grenzen, Eitelkeiten der Inszenierung: Jutta Lampe (mit wild gewölbtem, ausgestopftem Busen kostümiert) genoß hemmungslos das Glück, schon als junge Schauspielerin einmal komische Alte sein zu dürfen: glotzte aus Krötenaugen, keifte spitz und schrill und brachte so nur die komischen Verbiegungen eines späten, häßlichen Mädchens ans Licht, erzählte schmerzlich wenig über seine schrille Trauer, seine hoffnungslose Liebeswut.

Zweiter Akt: Die Provinz erobert Paris

Schon am Tag nach der Schlachtung des Sparschweins erreichen die Provinzler die Metropole – überfallen Paris (mit ihrer Kaufwut, ihrer Freßlust) und werden von Paris überfallen: geraten nacheinander in ein Nepp-Lokal, ins Gefängnis, an einen betrügerischen Heiratsvermittler und müssen schließlich, mittellos und hungernd, auf einer Baustelle übernachten. Vier Akte, in denen die Katastrophen immer bizarrer werden. Das Unternehmen mußte mißlingen, weil der Schwank Katastrophen will, natürlich. Doch auch aus tieferen Gründen: Für Leute, in deren Leben sich so lange absolut nichts geändert hat, muß jede Veränderung, jeder Schritt ins Unbekannte – und sei es auch nur eine Reise nach Paris – unweigerlich zum Chaos führen. Im Grunde handelt jeder

Schwank (ob Feydeau, Labiche oder Meilhac/Halévy) von mißglückten Reisen. Reisen für einen Tag: vom Geiz in ein gequältes Lebenskünstlertum, von der sexuellen Tristesse in die triste Bukolik, von der Einehe ins Bordell – das sind (nicht nur in den Schwänken) die trostlosen Expeditionen des Kleinbürgertums.

Die Fahrt in die Illusion und der Absturz in die Kläglichkeit: Karl-Ernst Herrmanns Bühnenbild hat für diesen ewig wiederkehrenden Reiseablauf eine verblüffend schöne optische Nacherzählung gefunden. Wenn sich der Vorhang zum zweiten Akt hebt, gibt es fast einen Aufschrei im Publikum: statt in das enge provinzielle Wohnzimmer blickt man auf ein Stück weltstädtischer Prachtarchitektur – ein riesiger Pavillon (aus Eisen und Milchglasscheiben konstruiert) überdeckt nun die gesamte Bühne. Links ein sündhaft-vornehmes Restaurant, das »elegante Paris«, wie es sich der Kopf eines Provinzlers erträumt. Doch verzaubernd ist dieses Bild nur für eine halbe Minute – rechts nämlich überdacht der Pavillon eine Amtsstube mit gelblichen regenfeuchten Wänden – den Schauplatz des dritten Aktes. Und auch jene Slum-Landschaft hinter dem Pavillon (ein Trümmerbild aus riesigen Pflastersteinen, Bauzäunen, brüchigen Mauern) ist schon zu sehen. Hier wird die Odyssee der Sparschweinbesitzer im fünften Akt zu Ende gehen. Ein kühnes Simultanbild, das sich Akt für Akt verschiebt; das Restaurant, das schöne Paris, wird immer weiter zur Seite gerückt, dem schäbigen Paris gehört am Ende fast die ganze Bühne.

Durchaus nicht alle Schauspieler der Schaubühne hielten Schritt mit der Pracht von Herrmanns Erfindung. Roland Teubner (als großstadtdurstiger, lebenslustiger Sohn eines Bauern von monumentaler Idiotie) brachte lediglich sehr schmächtige komische Mittel in sehr heftige Motorik. Michael König näselte sich öde und anödend durch die Rolle eines snobistischen Kellners. Und am Ende des Aktes hörte sogar die Regie auf, und der Regieeinfall betrat die Bühne. Christine Oesterlein, ein rothaariges, überlebensgroßes Horrorweib, schritt auf Stelzen über die Bühne: eine Alptraumhure mit riesigem, nacktem Pappbusen, ein drittklassiger surrealistischer Scherz. In diesem Moment, zum erstenmal bei Peter Stein, fast ein Schock: Theater, das mehr ausstattet

und ausstopft als nachdenkt, das seine Erfindungen stolz wie
ein Parvenü präsentiert.

Dritter Akt: Eine Spieluhr zerbricht

Trotz solcher Unbegreiflichkeiten wurde dies ein Abend der
Entdeckungen: Stein hat wohl als erster Regisseur konsequent beschrieben, wie viel heimliches Chaos, wie viel Anarchie und Lebensangst im scheinbar perfekten Spielwerk einer solchen Farce aus dem zweiten Kaiserreich versteckt
sind. Labiche, der sich als Autor verkaufen mußte, hat nahezu alles unternommen, um seinem Publikum den Blick auf
solche Ängste zu ersparen. Sein erster Trick: Die Helden
und Opfer aller Katastrophen im »Sparschwein« sind Provinzler. So konnte sich Labiches Zuschauer, der Großstadt-
Bourgeois, pharisäerhaft darüber freuen, daß er nicht so ist
wie seine Klassengenossen vom Lande. Zweiter Trick: Die
lachhafte Konstruktion, Überkonstruktion des Schwanks
schützt das Publikum vor den Schrecken des Wiedererken-
nens – in den hanebüchenen Zufällen und Katastrophen
wird kaum ein Bourgeois das Zerrbild seiner eigenen erotischen Debakel sehen. Dritter Trick: Das Tempo. Das
schöne, hurtige Funktionieren eines Schwanks vertuscht all
seine innere Wildheit, feiert inmitten des Irrsinns unverzagt
die alten bürgerlichen Ideale – die scheinbare Perfektion der
Dramaturgie suggeriert Ordnung, Überschaubarkeit. Chaos
ja, aber hübsch organisiert.
Steins Inszenierung macht all diese Verschleierungstricks
durchschaubar. Seine Methode, Situationen langsam aufzu-
blättern, Figuren anzusehen, statt sie einfach über die Bühne
zu jagen, beweist, daß das ordinäre Schwanktheater immer
nur an Außenseiten entlanggerannt war, hinwegsah aber
über die Leute, mit denen der Schwank gespielt wurde. Und
beim Ansehen der Figuren entdeckt Stein das Chaotische in
diesen Kleinbürgern: Der dritte Akt (Schauplatz: das Poli-
zeibüro) beginnt als höchst ulkige Verhörklamotte und zerbricht dann allmählich in Aggression und Anarchie. Aus der
Leibesvisitation, die die (natürlich völlig schuldlosen) Provinzler über sich ergehen lassen müssen, wird eine gemeine,

geile Plünderung. Und die Befreiungsversuche der schließlich eingesperrten Reisegesellschaft (wie sie ohnmächtig gegen das Gitter rennen, die Wände mit einer Hacke aufschla-
gen) sehen sehr spaßig nicht aus, zeigen, wie viel Lust am
Amoklauf in kleinen, braven Leuten stecken kann.

Vierter Akt: Gastspiel beim Stadttheater

Obwohl ich es zweimal mitangesehen habe, möchte ich es
noch nicht glauben: daß solches auf der Bühne der Schaubühne möglich ist. Ein Heiratsvermittler und sein Bedienter
(Peter Fitz, Otto Mächtlinger) agierten, chargierten wie Wesen aus einer stadttheaterhaften Gombrowicz-Inszenierung.
Fitz näselte, fistelte, klimperte mit den Wimpern, trieb Komik mit dem Monokel; Mächtlinger stakste auf hölzernen
Greisenbeinen durch den Salon und sprach mit launigem
Zitterbaß. Schlimmes Theater und eine noch schlimmere
Mystifikation: denn die alberne, stilisierungssüchtige Ge-
heimnistuerei verbarg den simplen Konflikt des Aktes – wie
hier mit einem trüben Geschlechtsleben trübe Geschäfte ge-
macht werden, wie brave, nahezu noch unschuldige Kleinka-
pitalisten aus der Provinz in die Hände ihrer schon raubtier-
haften großstädtischen Kapitalistenbrüder fallen. Stein und
sein Dramaturg und Übersetzer Botho Strauß, seit dem
»Homburg« in Traumkonzeptionen verliebt, vernebelten die
Soziologie des Aktes gründlich: Die Geschäftsleute vom
Lande fielen nicht großstädtischen Geschäftsgangstern zum
Opfer, sondern verirrten sich in einen fade-grotesken
Theateralptraum. Die Schaubühne sollte diesen vierten Akt
wegschmeißen und neu inszenieren.

Fünfter Akt: Bürgerdämmerung

Mit dem letzten Bild eroberte sich Stein den Triumph – doch
genau besehen war dies ein Triumph des Ausstattungsthea-
ters. Am Morgen nach den Pariser Abenteuern, die nur böse
Abenteuer wurden, sieht man die Reisenden wieder – in
einem ziemlich verwüsteten Zustand, hungrig, übermüdet,

nun schon zur Gewalttätigkeit bereit. Und dann beginnt das tollste aller Theaterspektakel: Die gestern noch Sittsamen verwandeln sich in eine plündernde Meute, Obstkarren kippen um, Eier zerbrechen dutzendweise, Fenster werden zertrümmert, und als Höhepunkt des Spektakels läßt Herrmann eine ganze Hauswand einstürzen. Bereichert wird dies alles noch durch einen sehr kostbaren Effekt: Regen, richtiger Regen, aus feinen Düsen versprüht, näßt Bühne und Schauspieler. Kein Zweifel: die Anarchie des Slapstick, die Materialschlachten des Stummfilms sind hier grandios für das Theater rekonstruiert worden. Doch was bringt diese wildgewordene Opulenz außer einer pompösen, pseudokritischen Metapher über die Selbstzerstörung der Bourgeoisie? Kritisches Ausstattungstheater: Das Bürgertum wird mit einem riesigen Zeigefinger ermordet, doch seine Darstellung im Detail darüber versäumt. Eine Aufführung, die am Anfang bewundernswert genau Figuren beschreibt, verliert diese von Akt zu Akt mehr aus den Augen, erblindet in ihrem Willen zur theatergeschichtlichen Tat. Stein hat sich ein sehr pathetisches Un-Happy-End ausgedacht: Die demolierten Provinzler bauen, nun völlig verwirrt, aus den Trümmern ihrer Schlacht Barrikaden, hinter denen sie sich dann kindisch heulend verstecken.

Das Happy-End, das Botho Strauß in seiner Bearbeitung vorgeschlagen hat, ist freilich weitaus schrecklicher: Nach allen Katastrophen findet sich ein Liebespaar. Nein, es wird eine Finanzgemeinschaft gegründet. Zwei Leute, die sich seit Jahrzehnten kennen und anöden, planen zu heiraten, ihr Kapital zusammenzulegen. Dieses gute Finale hätte eine weit bösere Botschaft gehabt als Steins apokalyptisches Spektakel: denn nicht die Alpträume, in die sie sich verirrt, sind das Schreckliche an der Bourgeoisie, sondern die illusionslose Sachlichkeit, mit der man, kaum ist der Alptraum ausgeträumt, zu den alten, traurigen Geschäften zurückkehrt.

(Süddeutsche Zeitung, 3. September 1973)

Shakespeares Monument: hoffentlich kein Nachruf auf die Berliner Schaubühne

Die Stadt

Es beginnt mit einer Tortur: vierzig Minuten lang stehen die Zuschauer dichtgedrängt, in zum Ersticken schlechter Luft, in einem langen, hohen, klassizistischen Raum. Auf die kahlen, weißen Wände der Halle fällt grauweißes, trübsinnig machendes Licht. Eine Atmosphäre von Enge, Stickigkeit und Mord. Hier, am Hofe, in der »Stadt«, beginnt Shakespeares »Wie es euch gefällt«, eine Komödie fängt an in Finsternis: Geschichten von Verbannung, Bruderhaß, drohendem Totschlag. Auf einem Holzpodest ringt ein schöner, blonder, halbnackter Jüngling (Orlando/Michael König) gegen einen feisten, stiernackigen, halbnackten Catcher (der Ringer Charles/Günter Nordhoff), gegen ein Menschen-Ungetüm, das jedem Horrorfilm Ehre machen würde. Es ist ein stummer, verbissener, lebensbedrohender Kampf: lange Zeit hört man nur das Keuchen der beiden Ringer, die klatschenden Griffe an die schweißnassen Körper. Der Herrscher, in dessen Land dies Schauspiel passiert (Frederick/Otto Sander), ist ein fahler, angstgrauer Mensch mit erloschenem Blick.

In den meisten Aufführungen wird über den Anfang des Stücks schnell und beiläufig weggespielt – damit man schnell bei den Wald- und Liebes- und Schäferszenen des Ardenner Waldes ist. In Peter Steins Inszenierung, in Karl-Ernst Herrmanns Bühnenraum, erlebt der Zuschauer am eigenen Leibe, wie bedrückend eng und finster die Welt ist, in der die Komödie anfängt und in die sie am Ende zurückkehrt – Hamlets fauliges Dänemark, Richards blutiges England sind gar nicht so fern. Und der von schlechter Luft und düsteren Szenen bedrängte Zuschauer bekommt eine Lust, dasselbe zu tun wie einige Figuren des Stücks: davonzulaufen.

Labyrinth und Wald

Es öffnet sich eine Tür des Saales, ein Fluchtweg tut sich auf: die Zuschauer wandern nacheinander durch einen schmalen, windungsreichen Gang. Shakespeares Labyrinth – ein Geisterbahnerlebnis. Man geht durch Plastik-Sträucher, kämpft sich durch grünen Dschungel, geht an Felswänden vorbei, durch Wasserpfützen hindurch. In einer vergitterten Höhle kauert ein (toter?) schwarzer Menschenaffe, in einer anderen Höhle liegt, von welken Blüten bedeckt, der (Gips-) Leichnam eines Hermaphroditen. Plötzlich läuft man in das grelle, warme Licht eines Scheinwerfers hinein, die Windmaschine bläst einem kühle Luft ins Gesicht, aus der Ferne hört man Jagdhörner. Ein paar Kurven noch, und man hat den Hauptschauplatz des Abends erreicht, den »Ardenner Wald«: eine riesige, luftige Halle, in der Karl-Ernst Herrmann aus Bäumen und Wasser, Brücken und Stegen eine einzigartige Theaterlandschaft gebaut hat. Ein Wald, fast natürlich, also monumental künstlich.

Und wieder erlebt man die Geschichte, die das Stück erzählt, am eigenen Körper mit: Der Weg aus der beklemmenden Stadt durch das Labyrinth in die Weite und Heiterkeit der Herrmannschen Wälder ist wie ein Weg aus der Bedrückung in die Freiheit oder (für anspruchsvoller Erlebende) aus der politischen Realität in die Utopie.

Es ist ein großartiger, fast überwältigender, als Überwältigung auch geplanter Anfang einer Inszenierung. Ein Regisseur und ein Bühnenbildner haben sich ihre Sehnsüchte erfüllt, all ihre Theater- und Kinderträume, von Walhall bis Disneyland. Und das Publikum spielt mit, und der Raum und die Geräusche spielen mit. Aber es spielen auch Schauspieler mit, das hatte man bisher kaum bemerkt. Wenn die Wirkung der Schaureize allmählich nachläßt, wenn man auf einer der drei Zuschauertribünen Platz genommen hat, die Augen sich in Herrmanns Zauberwald zurechtgefunden haben, muß, nach so vielen erlesenen Präliminarien, doch das am Theater Übliche und Unvermeidliche beginnen: Schauspieler spielen ein Stück. Eine Shakespeare-Komödie ist kein Western. Im Trivial- und Monumentalkino bin ich ganz damit zufrieden, wenn es schöne Landschaften zu sehen gibt und blutiges Gemetzel – die Schicksale der Helden sind mir eher gleichgültig. Der Blick auf eine Shakespeare-Komödie ist ein anderer: da ist ein Interesse für Figuren, Konflikte, Geschichten. Kein bewundernder Blick auf Kulissen und nachgemachte Natur, sondern ein verwunderter Blick in Gesichter, auf seltsame Individuen. Die Augen kriegen viel zu sehen in »Wie es euch gefällt« – jede tiefere Neugier bleibt unbefriedigt. Peter Steins erste Shakespeare-Inszenierung, ein dreiviertel Jahr nach dem so gelehrten wie strapaziösen Vorspiel »Shakespeares Memory«, ist die reichste Aufführung in der Geschichte der Schaubühne – und die ärmste.

Man könnte natürlich noch lange, im Ton des verzückten Erlebnis-Aufsatzes, über Steins und Herrmanns szenische Erfindungen erzählen. Man könnte die Schauspieler bedauern, weil vieles von ihrem Text in der Riesenhalle gar nicht zu verstehen war; könnte sie loben, weil sie sich artig bewegten, sehr schöne Kostüme (Moidele Bickel) trugen, hübsch zur Laute sangen, gepflegt deklamierten; weil sie eine Inszenierung, mit der sie wenig zu tun hatten, auch nicht weiter störten.

Herrmanns Ardenner Wald, fast halb so groß wie ein Fußballstadion, ist eine Schau-Bühne: eine Bühne gegen die Schauspieler. Das kann, bei so langen Proben, bei soviel Professionalität aller Beteiligten, kein böses Mißgeschick sein: es ist das jüngste, konsequenteste Monument einer Theaterphantasie, die sich vom Schauspieler wegbewegt, zur Oper, zum Kino, zur documenta, wer weiß wohin. Daß daran eine Shakespeare-Komödie kaputtgeht, ist noch zu verschmerzen. Ob aber die Schaubühne, die sich immer als ein Ensemble-Theater verstand (das Wort »Kollektiv« nur vermied, weil es so modisch war und so schneidig klang), die Gigantomanie ihrer leitenden Herrschaften überleben wird, scheint mehr als ungewiß. Schon heute sieht eine Schaubühnen-Inszenierung einer Luxusproduktion in Salzburg, einer Sprechoper von Strehler ähnlicher als einer früheren Schaubühnen-Inszenierung. »Wie es euch gefällt« ist ein Wendepunkt: ob die Schaubühne wirklich ein »zeitgenössisches Theater« bleibt, wie sie sich auf ihrem Briefkopf nennt, oder der erste Festspielbetrieb des Landes wird – das wird davon abhängen, welche Schlußfolgerungen man aus Prunk und

Elend dieser Veranstaltung zieht. Daß die Berliner Zeitungen lokalpatriotisch jubeln, in verbale Verzückung geraten (»Shakespeare für Berlin erobert«, »Wie es uns gefällt«), weil die Schaubühne (ausgerechnet die Schaubühne!) ihre Staatstheater-Sehnsüchte erfüllt, darf niemandem ein Trost sein.

Die Liebenden, die Chargen

Nun ist es keinesfalls so, daß Steins Inszenierung nur vom Mummenschanz, von netten Clownerien und Ausstattungseffekten lebt. Sie nimmt sich, im Gegenteil, sehr viel Zeit gerade für die stilleren Szenen. Zeit auch für Harmlosigkeiten: viele Lieder werden unter den Bäumen und am Ufer des Tümpels gesungen, viele matte Schäferspiel-Scherze umständlich nacherzählt. Das hat durchaus mit dem Stück zu tun, dessen Menschen aus der Stadt geflohen sind, ohne Pflichten jetzt und ohne Ehrgeiz, wie aus der Zeit gefallen: die Liebe und anderer Müßiggang ist ihre einzige Arbeit. »Wie es euch gefällt« ist ja nicht nur eine tiefsinnige, schwermütige Komödie, sondern auch ein theatralisches Quodlibet: voll auch von zahnlosen Witzen, arglosem Entertainment.
Leider monumentalisiert (und sentimentalisiert) Herrmanns Cinemascope-Landschaft jedes Detail: das Naive ist bedroht vom Kitsch, das Erotische von süßlicher Melodramatik. Die Langsamkeit der Aufführung wirkt nur selten wie der Ausdruck eines utopischen, müßiggängerischen Weltgefühls, meist wie eine unter Mühen aufrechterhaltene Kunstanspannung, Dauerintensität. Die Inszenierung wirkt wie ein Film, in dem es nur die Totale gibt und die Großaufnahme; spontanere, weniger monumentale Zwischenformen kommen kaum vor – entweder schaut man bewundernd-ohnmächtig in Herrmanns Waldlandschaft herum, auf malerische Gruppenbilder, effektvolle Auftritte und Abgänge, oder man starrt auf die sehr angestrengt und geziert vorgetragenen Liebesszenen. Der Gesamtfeierlichkeit des Raumes entspricht die Detailfeierlichkeit in der Schauspielerei.
Die Rosalind spielt Jutta Lampe. Sie kann wunderbar großäugig verwundert schauen; sie kann mit ihrer Stimme die

schönsten, leisesten Sprechgesänge machen. Sie kann, sie kann. Sie kann überhaupt alles, beherrscht ihre Mittel wie sonst niemand an der Schaubühne. Und sie setzt diese Mittel ja keineswegs primadonnenhaft eitel ein, sondern mit aller Klugheit. Trotzdem hat das schon mehr mit den virtuosen Auftritten eines Staatstheater-Stars zu tun als mit der Befremdlichkeit und Radikalität, mit der Jutta Lampe einst die Prinzessin im »Tasso«, die Nathalie im »Prinz von Homburg« spielte. Es war immer auch etwas Unzugängliches, Unerklärliches bei dieser Schauspielerin; jetzt ist sie ganz und gar und nur noch zauberhaft, der Liebling ihres Publikums. Wie man aber mit so allwissend virtuosen Mitteln ein verliebtes Mädchen spielen soll, das keine Gewißheit kennt, nur Ahnungen hat; das läßt diese außerordentliche Kunstleistung völlig unbeantwortet.

Während so die Aufführung ihren besten Schauspieler zum Star verklärt, degradiert sie viele andere zu Chargen. Deren lustigste ist noch Probstein, der Narr (Werner Rehm): der Mensch mit dem griesgrämigsten Gesicht der Komödie, ein Dauer-Quengler und -Winsler, aber gleichzeitig die komödiantischste Figur – Rehm wenigstens sieht man es an, wieviel Spaß es macht, ein Spaßmacher zu sein. Über die schauspielerischen Tricks freilich, mit denen hier einer Spaß macht (Fistelstimme und Hinkebein vor allem), kann man geteilter Meinung sein. Im übrigen, vom Jacques des Peter Fitz bis zum Herzog des Günter Lampe, herrscht Fadheit vor, blasse bis süßliche. Ein Märchen ist dieses Stück gewiß – muß man deswegen, wie der ergriffen deklamierende Lampe, gleich in den am Theater üblichsten Märchen- und Märchenonkelton verfallen? Ein paar Figuren hatten ein eigenes Gesicht: die Celia (Tina Engel), Audrey, die Ziegenhirtin (Libgart Schwarz), und vor allem Phebe, die Schäferin (Elke Petri) – die sich am Ende, wenn alle Paare sich finden, ihr aber nur der ungeliebte Schäfer bleibt, plärrend und hemmungslos ausweint – mitten in die angestrengte Glückseligkeit der anderen hinein.

Eine Liebeskomödie. Aber das wichtigste Liebespaar war gar keines, bestand aus zwei sehr mit sich selber beschäftigten, sich kaum mehr als routiniert anschmachtenden Schauspielern. Auch Michael König hat sich weit von seinen Anfängen entfernt. Da sind zwar noch alle Verführungsmittel (der leidenschaftliche, immer auch vom Schmerz gezeichnete Blick, Jünglingscharme, Jünglingseinfalt) – aber seit dem »Peer Gynt« sind diese Mittel doch sehr gealtert, zum Repertoire versteinert, und neue Mittel sind nicht sichtbar. Daß der Orlando auch ein Dandy, die Rosalind auch ein kokettes, maniert formulierendes Fräulein ist, kam schon sehr schön heraus. Nicht aber, daß sie bei all ihrer Altklugheit ahnungslos, tief verletzbar sind. Auch nicht, daß in Shakespeares gewalttätigem Kosmos die Liebe ein gewalttätiger, zerstörerischer Vorgang ist.

Eine Frau, als Mann verkleidet, fordert ihren Geliebten auf, sie »Rosalind« zu nennen und um sie zu werben: irgendwann müßte dieses Spiel über ein bloß kokettes hinausgehen; für die, die es spielen, gefährlich werden. Es dürfte nicht mehr so klar sein, wen Orlando eigentlich liebt, die entschwundene Geliebte oder den schönen Knaben, der die Entschwundene spielt. Von solchen Abgründen war im Zusammenspiel der beiden Hauptdarsteller nichts zu spüren. Weil es kein Zusammenspiel war, sondern die nur vorgetäuschte, manchmal sogar Ufa-haft verlogene Zweisamkeit zweier aneinander herzlich desinteressierter Protagonisten.

Exzesse der Ausstattung

Vor zehn Jahren hat Peter Stein seine erste Inszenierung gezeigt (Bonds »Gerettet« in München), vor sieben Jahren begann er (mit Brecht/Gorkis »Die Mutter«) seine Berliner Arbeit. Was sonst nur eine Phrase ist, hier stimmt es wirklich: er hat Theatergeschichte gemacht. Wie selbstverständlich übernahm die Schaubühne die Pionierrolle, die das damals schon erstarrte Berliner Ensemble nicht mehr spielen konnte. Friedrich Luft ernannte das Ensemble zum »besten der Welt«: das war nicht nur Lokalpatriotismus, sondern wahrscheinlich die Wahrheit. Jetzt geht eine Epoche zu Ende: der Umzug steht bevor vom Halleschen Ufer an den Kurfürstendamm. Dort, in Erich Mendelsohns Universum-Kino von 1928, wird die Schaubühne spielen – wenn der

Senat die inzwischen von 40 auf 63 Millionen gestiegenen Umbaukosten bezahlt.

Die Schaubühne präsentiert sich in einer höchst seltsamen, krisenhaften Verfassung. Böswillig könnte man behaupten: sie ist, gerade vor dem Neuanfang, am Ende. Den Exzessen der Ausstattung, den Ausschweifungen der Dramaturgie steht ein eher kärgliches, zerfallendes Ensemble gegenüber. Das alles hat eine lange Vorgeschichte. Die Schaubühne, auch das ist keine Übertreibung, hat das gesamte deutsche Theater verändert. Jeder, der heute wichtiges Theater macht, hat von ihr gelernt. (Und wenn er sich nur, wie Noelte, wie Zadek, an ihr ärgerte.) Was heute schon manchmal wie Größenwahn aussieht, war einmal ein revolutionärer Vorgang: die Abschaffung des »Bühnenbildes«, die Einführung der Dramaturgie.

Für fast jede Inszenierung baute man das Theater am Halleschen Ufer völlig um; plötzlich sah man dort Landschaften, die mit den Naturkulissen des alten Bühnenbildes nichts mehr zu tun hatten, eine Wüste in »Peer Gynt«, einen Birkenwald in Gorkis »Sommergästen«. Das waren nicht nur Triumphe über die kläglichen Arbeitsbedingungen an einem Notbehelf-Theater, es war auch eine dringend notwendige Korrektur: die Schaubühne bewies, daß ein kritisches Theater kein puritanisches Theater sein muß; daß es sich aller Theatermittel, auch der damals so genannten kulinarischen, bedienen kann, ohne an Genauigkeit und Aggressivität zu verlieren. Karl-Ernst Herrmanns Bühnenräume waren immer auch Riesenspielzeuge, die Überrumpelung des Zuschauers ihr nicht geringster Ehrgeiz. Im »Peer Gynt« erhob sich eine Sphinx aus dem Bühnenboden, im »Sparschwein« sah man erst in eine winzige Bürger-Wohnstube, plötzlich auf einen prächtigen Pariser Hallenbau aus Stahl und Glas. Und am Ende stürzte das ganze Bühnenbild zusammen: Angst vor dem Ausstattungstheater und seinen ideologischen Gegnern hatte die Schaubühne nie; und auch das machte ihren Ruhm. Aber der Bühnenzauber fand immer eine Grenze und einen Widerstand: in den mißlich engen Räumen am Halleschen Ufer. Seit die Schaubühne auch in Riesenhallen produziert (»Antikenprojekt«, »Shakespeares Memory«, »Wie es euch gefällt«), seit die Phantasie fast keine äußeren Grenzen mehr hat, verliert sie allmählich den Verstand – findet nicht mehr für ein Theater und seine Schauspieler, nicht mehr für ein Stück statt, sondern nur noch zum eigenen Ruhm.

Ausschweifungen der Dramaturgie

Noch gründlicher als die Vorstellungen vom Bühnenbild hat die Schaubühne die Probenmethoden des deutschen Theaters verändert. Auch kleinere Theater machen heute »Produktionsdramaturgie«, bemühen sich, Theaterspiel nicht nur als Spiel, sondern auch als eine Form des Nachdenkens zu verstehen – ohne das Berliner Vorbild undenkbar. Die Schaubühne hat, darin treue Erbin Brechts, für die Systematisierung, theoretische Durchdringung, »Verwissenschaftlichung« der Theaterarbeit gekämpft – jede Aufführung, jedes Programmheft waren Zeugnisse für den Wissensdrang des Ensembles. Daß Schauspieler dumm sind, und je dümmer desto besser (wie noch der große Felsenstein meinte mitteilen zu müssen) – die Schaubühne hat, mehr als jedes andere Theater, für die Abschaffung dieses Urteils getan. In »Shakespeares Memory«, dem szenischen Shakespeare-Seminar, hat sich die Schaubühnen-Dramaturgie selbst ein Denkmal gesetzt – zusammen mit der ebenfalls exzessiv tätigen Abteilung »Ausstattung« diktierte sie die beiden Abende; Schauspieler kamen fast nur noch als Kostümträger, Artisten, wissenschaftliche Hilfskräfte zum Zuge.

Die Schaubühne hat einmal die besten, gründlichsten Programmhefte gemacht – auch darin wurde sie imitiert und gelegentlich (etwa vom Stuttgarter Schauspiel) übertroffen. Jetzt werden die Schaubühnenhefte nur noch dicker und teurer – und langweiliger. Und was da neben endlosen Abdrucken aus der Shakespeare-Sekundärliteratur als Selbstgedachtes drinsteht, ist so beängstigend und verräterisch wie die Veranstaltung, die es begleitet.

Da sind etwa im vierten Kapitel Landschaftsbilder gesammelt, Photographien und Gemälde. Eingeleitet wird das Bilderbuch durch eine dramaturgische Reflexion über Natursehnsucht und -schwärmerei. Zitat: »Da wird Natur bewirtschaftet, gehegt und gejagt, man ist auf der Flucht vor ihr und findet in ihr seine Zuflucht, man vertraut sich ihrem Rhythmus an, den man fürchtet, lauscht ihr eine Melodie ab, um sie zu übertönen. Sie wird im wörtlichsten Sinne: beschrieben und selbst gelesen, man beugt sich über sie als über ein Petrefakt, aus dem die Kontemplation den Trost einer Weltchiffre verstehen könnte.«

Das ist mehr als irgendein fragwürdiger Text. Es dokumentiert, wie Intelligenz zum geistreichen, fast schon gegenstandslosen Monologisieren verkommen kann; wie die Gescheitheit zur Gespreiztheit wird, jeden möglichen Adressaten aus dem Auge verliert. Wenn man der Natur eine Melodie ablauscht, um sie zu übertönen: dann ist der Wissensdrang eines Theaters umgeschlagen in die eitle, professorale Attitüde – und auf ein ehemals höchst lebendiges Haus fällt langsam der Staub von tausend Jahren.

Ein Ensemble verkümmert

Noch einmal: beide Entwicklungen (des Raumes und der Dramaturgie) waren notwendig, waren für den Erfolg mindestens so wichtig wie das Genie Peter Steins oder einiger Protagonisten. Traurigerweise aber fanden in der Schauspielerei ähnliche Entwicklungen (und Verfallserscheinungen) nicht statt. Da ist kein Zug ins Monumentale und Wahnhafte, sondern ein verzagter Stillstand, eine langsame Entkräftung. Was in fast allen früheren Unternehmungen zu spüren war (von der »Mutter« über »Peer Gynt« bis zu den »Sommergästen«), ein Gruppenspaß und eine Gruppenaggressivität, gemeinsame Nachdenklichkeit und gemeinsame Reizbarkeit, das ist in »Wie es euch gefällt« wie verschwunden. Man hat im Augenblick nicht das Gefühl, daß dieses Ensemble von starken gemeinsamen Interessen (oder wenigstens von starken gemeinsamen Aversionen) zusammengehalten wird. Man kennt sich sehr lange – und Peter Steins Fluchtbewegungen (zur Oper, zum Kino, ins Märchen- und Monumentaltheater) sind sicher nicht die geeignete Methode, um ein neues Gruppengefühl, einen neuen Enthusiasmus zu stiften.

Es macht melancholisch, so fast schon den Nachruf auf ein großes Theater zu schreiben. Wohlmeinende Ratschläge sind billig zu haben: etwa der, auf den Umzug in das neue Haus am Kurfürstendamm zu verzichten, wieder bescheidener zu werden, wieder mehr zu improvisieren. Kein Zweifel, das Provisorium am Halleschen Ufer hat unfaßbare Kräfte in den Körpern und Köpfen der Theaterleute mobilisiert; gleichzeitig aber hat es Kräfte gekostet, an allen gezehrt. Ein Rückweg dorthin, ins »arme« Theater, scheint nicht mehr möglich: alle sind jetzt etliche Jahre älter, und neugeboren wird man nur im Märchen.

Der andere Weg, blindlings nach vorne, bringt auch nur Schrecken: immer weniger Produktionen, immer teurer ausgestattet, in immer gründlicheren Seminaren präpariert. Die Schaubühne, Erbin des Berliner Ensembles, Nachfolgerin auch von deren Verfall? Das Haus am Kurfürstendamm, eine Weihestätte, die man ein paar Jahre noch andächtig, dann nur noch pflichtschuldig, schließlich gar nicht mehr betritt? Von der unaufhaltsamen »Bayreuthisierung« des Berliner Ensembles hat B. K. Tragelehn, DDR-Regisseur, gesprochen. Die Bayreuthisierung der Schaubühne hat schon begonnen.

Noch sind Auswege denkbar. Wenn es sein müsse, hat Peter Stein einmal gesagt, dann könne er auch in wenigen Wochen ein Stück inszenieren. Hoffentlich muß es bald einmal sein – für seine wahrscheinlich schönste Inszenierung, Marieluise Fleißers »Fegefeuer in Ingolstadt«, hat er auch nur wenige Wochen Zeit gehabt. Und hoffentlich findet die Schaubühne neben ihren Großprojekten auch wieder Lust an spontaneren, weniger ewigkeitlichen Unternehmungen: an politischem Theater, Kindertheater, Kammerspielen, Komödien.

Sieben Jahre Schaubühne: es war eine gute Zeit, vielleicht kommt keine bessere. Doch jetzt steht da ein Tempel in der Landschaft, und auch wir Kritiker haben (mit bescheidenen Kräften, doch emsig) daran mitgebaut. Wie man aus einem Sakralraum wieder ein Theater macht? Tempelschänder werden dringend gesucht.

(DIE ZEIT, 30. September 1977)

Ein Requiem, kein Drama: Rudolf Noelte inszeniert den »Menschenfeind« von Molière

Ein Diener will seinem Herrn einen Brief überreichen, kramt in den Taschen, findet das Papier nicht, fördert nur allerlei Schnupftücher und Geldbörsen zutage: ein kleines, ulkiges Mißgeschick, ein betagter Spaß, eine Komödien-Dutzendszene.

Rudolf Noelte erzählt in seiner Salzburger Molière-Inszenierung die Szene so, daß niemand mehr daran Spaß haben kann – ein Regisseur, der entdeckt hat, daß Komödien aus Katastrophen (Miniatur- und Monumentalkatastrophen) bestehen, und der sich starrsinnig weigert, Katastrophen komisch zu finden. Mit wachsender Panik fahndet der Diener Dubois (Georg Lehn) nach dem verlorenen Papier, hockt sich auf den Boden, wühlt angstvoll in den Koffern und sucht selbst dann noch verzweifelt und fanatisch weiter, als Alceste, sein Herr, der Szene müde, längst weggegangen ist.

Noelte erzählt, wenn er Molière erzählt: von Leuten, die monomanisch und weltblind ihre Katastrophen zu Ende leben, die in ihre Niederlagen vernarrt sind.

Oronte (Henning Schlüter), ein Jammerdichter, trägt sein jämmerliches Sonett vor, gierig nach Lob – eine bewährte, schadenfrohe Szene. Noelte inszeniert sie so, daß einem die Schadenfreude im Halse steckenbleibt: Oronte ist hier nicht der übliche äffische Jüngling, der parfümierte Poet, sondern ein schwammiger, apoplektischer Mann, ein hilfsbedürftiger Koloß, verschwimmend in Selbstmitleid. Seine Dichterlesung (die er mit weicher, fast flennender Stimme absolviert) wirkt wie ein kläglicher Hilferuf; und wenn ihn dann Alceste unwirsch abserviert, ist das für Oronte nicht bloß grausame Literaturkritik, sondern eine regelrechte Exekution, sein endgültiger K. o.

Auch während dieser Szene war Alceste weggegangen, hinaus in den Garten, und auch hier hatte das Opfer nichts gemerkt, hatte unbeirrbar an seiner Katastrophe weitergearbeitet. Flucht und Exekution: das sind zwei Hauptmotive in dieser ungeheuerlichen Komödieninszenierung. Wenn sich die Leute nicht martern, dann laufen sie voreinander davon – so läßt Célimène (Sylvia Manas) den Alceste, den hartnäckigsten ihrer Liebhaber, gleich in der ersten »Liebesszene« stehen, geht ab ins Nebenzimmer, von wo man sie dann leise und demonstrativ singen hört, während Alceste seinen Liebesschmerz ins Leere sprechen muß. Und als sie zurückkommt ins Zimmer, sieht Alceste einen ganzen Dialog lang nur ihren Rücken: Kühl plaudert das Mädchen über Liebe, steckt dabei Blumen in eine Vase und kürzt ihnen vorher mit den Händen die Stiele – so gewalttätig fast, als bräche sie Knochen.

Mit zärtlichem Fanatismus beschreibt Noelte das immer gleiche: Niederlagen. Cletandre und Aceste (Lambert Hamel und Kurt Zips) sehen aus wie ein konventionelles Komikergespann, beinahe wie Karikaturen. Ein Fleischberg der eine, ein zierlicher Zwerg der andere. Doch in Noeltes Kosmos sind sogar die Karikaturen krank, selbst den Gecken gönnt er Melancholie.

Da gibt es eine wunderbar schmerzliche Szene: Der kleine Zips spielt schüchtern auf einem Spinett, und Hamel, der Koloß, tanzt zu dieser vorsichtigen Musik auf schweren Beinen einen trägen Pfauentanz. Dann aber setzt er sich schwer atmend nieder, und während sein Mund noch von Siegen redet (von seiner Schönheit, seinem Geld, seinen Abenteuern), ist sein Körper, zerlaufend, schon ein Bild der Niederlage.

Es dauert sehr lange, mindestens zwei Akte lang, bis man sich dem Sog solcher Einzelheiten, solcher Miniaturwunder entziehen kann; bis man allmählich hinter den reich instrumentierten Details entdeckt, wie eng, ja wie arm Noeltes Blick auf ein Stück, auf eine Figur sein kann. Aus der Célimène, einer der schönsten und kompliziertesten Frauenfiguren Molières, macht Noeltes Pessimismus etwas ganz und gar Konventionelles: eine kalte kokette Puppe, eine fast gefühllose Henkerin – und setzt so voll männlichen Selbstmitleids die von ihr gedemütigten Männer ins Recht. Dabei ließe sich die Figur auch so beschreiben: als ein Geschöpf, eingeklemmt zwischen Alcestes Größenwahn und den kleinen Eitelkeiten der anderen Freier, ein Wesen von Witz und skeptischer Vernunft, dem nur die Wahl bleibt, mit den Männern zu spielen oder sich von ihnen auffressen zu lassen. Von Eigenliebe betrunken sind alle Männer in dieser Komödie; es ist eine Parade der Pfauen – und auch Alceste, der Wahrheitsprediger, ist ein Pfau, ein hochpathetischer freilich. Noelte mag gespürt haben, daß ihm die Figur Célimènes zu eng, zu grell geraten ist; am Ende versucht er, sie reicher zu machen, sie aus ihrer Puppenkälte zu lösen.

Von den Widersprüchen in den Figuren, von ihrer Komik und ihrer Hoffnung, will Noeltes Trauertheater kaum etwas wissen. Die Menschen in seinen Inszenierungen sind fertig, wenn sie auf die Bühne kommen, fast schon gestorben. Ein Nullpunkt wird beschrieben, nie aber der Weg dorthin. Ein Requiem wird aufgeführt, kein Drama. Ganz weit weg rückt Noelte die Figuren (jede in ihre eigene Einsamkeit) und macht sie damit unerreichbar, unangreifbar.

Gewiß ist es fast ein Wunder zu sehen, wie bei Noelte etwa Romuald Pekny, ein oft affektierter, in leeren Wirkungen sich erschöpfender Schauspieler, einen Abend lang posenlos verzweifelt – doch dieses Wunder macht ungefähr sieben Achtel einer möglichen Alceste-Figur unsichtbar. Die dauernden Brüche in Molières »Menschenfeind«, die Gratwanderungen zwischen Wahrheitsfanatismus und Verfolgungswahn, die Wollust an der Niederlage, das groteske Märtyrerglück: all das wird von einer wunderschön zart gezeichneten, doch letztlich pauschalen Traurigkeit weggeschluckt.

Noeltes Figuren sammeln Trauer auf sich, aber sie provozieren keine Einsichten. Auch Alcestes Freund Philinthe (im Stück ein sehr angreifbarer Mann, ein wohltrainierter Opportunist, ein Virtuose des Zwar-Aber) wird bei Werner Kreindl eine abstrakte Studie in Elegie. Und abstrakt, seltsam unberührbar von den Texten, mit denen es sich beschäftigt, kommt mir heute Noeltes Theater vor. Peter Stein, der andere große deutsche Regisseur, geht mit Neugier und Nerven in ein Stück hinein, ist angreifbar, veränderbar durch ein Stück – und auch seine Theatermittel verändern sich ständig, entstehen erst in der Reaktion auf einen Text. Rudolf Noeltes Theater dagegen geht nahezu unverändert, wie gepanzert, aus jeder Inszenierung hervor, zwingt sein Zeichensystem jedem Stück auf. Ein System aus festen Chiffren, ständig wiederkehrenden Ritualen, beinahe eine Theatermythologie: Es sind immer die gleichen Bühnenbilder, in denen Noelte inszeniert – tiefe, sich verengende, schluchtartige Räume.

Es ist wahrscheinlich müßig, darüber zu spekulieren, ob Noelte Tschechow wie Beckett, Strindberg wie Tschechow und nun vielleicht Molière wie Strindberg inszeniert hat. Noelte inszeniert immer nur eines: sein eigenes Theater, seine eigene hoffnungslose Philosophie.

Noeltes Theater ist Mathematik und Metaphysik – die Pausen, die Arrangements (wahre Wunderwerke ästhetischer Kalkulation) sind sakrale Akte. Noeltes Theater zelebriert Stimmungen (die schönsten und ernstesten, die es auf dem Theater derzeit gibt), aber es weigert sich nachzudenken – nachzudenken über eine andere als die eigene Wirklichkeit. Eine ziemlich misanthropische Mythologie also: Theater, das auf die Umwelt nicht mehr reagiert, statt dessen der Welt seine immergleiche Vision präsentiert; Theater, das keine Wege mehr riskiert, nur noch Sackgassen beschreibt. Vielleicht ist es deshalb auf so sensible Weise unsensibel, trotz aller Zartheit inhuman.

(DIE ZEIT, 3. August 1973)

Zadek widerspricht Ibsen: Peter Zadek inszeniert »Die Wildente«

Peter Zadek, Intendant in Bochum, hat für das Deutsche Schauspielhaus in Hamburg Ibsen inszeniert: »Die Wildente« wurde zu einem Höhepunkt der Theaterspielzeit. Aber gerade als eine Folge von Höhepunkten kann man diese Aufführung weder begreifen noch beschreiben.

Ein merkwürdig verwischter Anfang: erst hört man vom Band eine von Peer Rabens schönen Trauermusiken; dann schaut man auf eine tiefe, fast lichtlose Bühne, in den düsteren Salon des Konsuls Werle; sieht einem beiläufigen, fast teilnahmslosen, einem drucklosen, fast ausdruckslosen Theaterspiel zu. Diese Aufführung ist am Anfang auf eine fast forcierte Weise unforciert; beginnt so leise wie eine Inszenierung von Noelte, aber viel weniger absichtsvoll, bleibt ganz fern von Noeltes ästhetischem Absolutismus (jede Geste ein Stück Ewigkeit). Zadek komponiert nicht und definiert nicht (wie Stein in den »Sommergästen«, wie Noelte im »Menschenfeind«) – so sieht der Anfang seiner Inszenierung ähnlich krampflos aus wie der der anderen großen Inszenierungen dieses Jahres, aber gleichzeitig doch verwirrend kunstlos, glanzlos.

Das zweite Szenenbild, das Götz Loepelmann für die »Wildente« erfunden hat (die Wohnung der Familie Ekdal), macht die Methode der Inszenierung dann besser begreifbar. Loepelmanns Bühne ist wie ein Spiegelbild zu Zadeks Inszenierung: kein geschlossener Raum, keine geschlossene Inszenierung ist hier zu besichtigen. Vielmehr: eine Sammlung von Fragmenten. Vorne links, unter einer monumentalen Treppe, eine bürgerliche Sitzecke; in der Bühnenmitte das Mobiliar eines Photoateliers; ganz hinten, ganz weit weg vom Zuschauer, an den kahlen, schwarz und weiß getünchten, von Rohren durchzogenen Mauern des Bühnenhauses, ein Tisch mit einer grünen Lampe, eine kleine Garderobe und eine Eisentür – der Eingang zur Ekdalschen Wohnung. Vorne am Portal, quer über der Bühne, ein Dachboden, in den der Zuschauer hineinsieht: hier ist der Ekdalsche Familienzoo, hier jagt der Großvater Kaninchen, hier haust, zwischen alten, vertrockneten Weihnachtsbäumen, Hedwig Ekdals Wildente, hier wird sich das Mädchen am Ende des Stücks erschießen. Loepelmanns Arrangement sieht einer Probenbühne ähnlicher als einem durchkomponierten, ästhetisch stimmigen Bühnenbild – eine Bühne, die nicht fertig geworden ist, nicht hat fertig werden wollen.

Nicht fertig geworden ist auch diese Inszenierung, wie alle wichtigen Arbeiten Zadeks in den letzten Jahren. Nicht fertig zu werden mit den Stücken, sie nicht einzumauern in einem szenischen Beweis, ist die Methode dieser Arbeiten. Deshalb begegnet man in Zadeks Umgang mit den Figuren der gleichen Offenheit, Vorläufigkeit wie in Loepelmanns Bühne. Das macht es mühsamer und spannender, den Figuren zuzusehen; weil die Menschen auf der Bühne erst einmal so unscheinbar, so uninteressant aussehen wie im sogenannten wirklichen Leben ja auch; weil die Schauspieler erst einmal nur da sind, nicht gleich dem Publikum etwas vorzeigen: keine Kunststückchen und auch keine schnellen, brillanten Umrisse ihrer Rollen.

Zu beobachten ist das unauffällige Leben, das mittelmäßige Glück, das klägliche Unglück einer Kleinbürgerfamilie – der Familie Ekdal. Ulrich Wildgruber, den Zadek aus Bochum mitgebracht hat, spielt Hjalmar Ekdal, den Familienvorstand: einen Schönredner und Lebenslügner; einen gestrandeten, der sein Lebenspech freilich virtuos versteckt, der sein kümmerliches Leben mit bombastischen Phrasen übertönt – der also, wenn man so will, ein Lebenskünstler ist, weil er das Talent hat, sich eine Bedeutsamkeit vorzuspielen, die es gar nicht gibt. Wildgruber beschreibt diese Figur erschreckend monoton und schrecklich richtig – weil er eben nicht komödiantisch darauf aufmerksam macht, wie hier einer dauernd über seine Phrasen stolpert; weil dies Stolpern ein längst vertrauter, fast schon unauffälliger Teil seines Lebens geworden ist. Es werden da nicht (wie in Ibsens Text) ständig die schöne Pose und die häßliche Wahrheit höhnisch nebeneinandergehalten, sondern beides verbindet sich in Wildgrubers ermüdeten Rezitationen zu höchster Selbstverständlichkeit. Die Figur verliert so ihren komischen Glanz und gewinnt etwas viel Wichtigeres hinzu: Glaubwürdigkeit und eine Art mediokrer Würde. Wie Zadek die Kunstunsicherheit des Schauspielers Wildgruber (seinen schiefen, schaukelnden Gang, seine Unfähigkeit oder Unlust, schön artikulierend zu sprechen) in die Beschreibung von Hjalmar Ekdals Lebensunsicherheit einbrachte: eine so riskante, laienhaft-geniale Schauspielerei war am Deutschen Schauspielhaus, wo man noch immer (Minks manchmal ausgenommen) viel zuviel guten Geschmack hat, wohl noch nie zu sehen. Viele waren fassungslos – und so wurde Wildgruber am Ende, als habe er Tempelschänderisches begangen, heftig angebuht.

Ein anderer Schauspieler aus Bochum: Hans Mahnke, der alte Ekdal. Das bestürzende Wrack nur noch eines Menschen: früher war er Bärenjäger in den weiten Wäldern, jetzt jagt er Kaninchen auf dem Dachboden. Früher war er ein Hauptmann, dann kam er wegen dunkler Geschäfte ins Gefängnis, dann wurde er ein Trunkenbold: manchmal, wenn es ihm fidel wird in seinem benebelten Kopf, zieht er die alte Uniform an und stülpt sich eine lächerliche, feuerrote Perücke aufs Haupt. Der alte Ekdal – das ist wieder einer von Mahnkes unvergeßlichen, unsentimentalen Greisen. Mahnke ist ein Schauspieler, den nicht das Tragische an alten Männern interessiert, sondern das Senile. Andere, auch sehr gute alte Schauspieler, spielen fast immer die Trauer mit über den nahenden Tod; Mahnke beschreibt auch den Ekel über ein Leben, das eigentlich schon viel zu lange dauert. Andere alte Schauspieler erzählen von der Würde des Alters: Mag auch der Körper abnehmen, so wächst doch dem Geist so etwas wie Weisheit zu. Mahnke spielt an solchen Tröstungen trostlos-komisch vorbei; zeigt den Verfall von Kopf und Körper.

Eva Mattes spielt Hedwig, die Enkelin des alten Mannes, Hjalmar Ekdals Tochter: mit ganz einfachen, klugen Mitteln, endlich einmal wieder ohne alle Koketterie, ohne alles Kindchengetue – dies Kind Hedwig ist der einzige ernste, erwachsene, denkende Mensch in der Familie. Das vernünftige Kind, der ewig furchtsame, seine Furchtsamkeit ängstlich verbergende Vater und der Greis, der, wenn er Alkohol nur aus der Ferne sieht, gierig saugende Lippen wie ein Säugling kriegt: brutaler noch als Ibsen zeigt Zadek, wie falsches Leben Menschen infantil macht, jeden Lebensernst in ihnen zerstört; wie aus Menschen traurigkomische Figuren werden, aus Leben traurigkomisches Theater.

Ibsens Stück analysiert die Familie Ekdal im Stil eines Plädoyers: selbstgewiß, in seinem Urteil sicher, von allem Anfang an. Zadek, skeptisch gegen alle glanzvolle Rechthaberei, gegen Ibsens Aufklärer- und Analytikerstolz, Zadek, dem das Stück wohl zu klug ist, um wahr zu sein, inszeniert auch einen Widerspruch gegen Ibsen und dessen Dramatikerlüge; gegen ein Theater, das von der Wirklichkeit nur sehen will, was in seine Beweisführungen paßt. Deshalb wird die Selbstsicherheit von Ibsens Stück zerbrochen und seine komplizierte Architektur, wird aus einem Plädoyer eine szenische Erzählung. Deshalb auch zeigt diese Inszenierung den Zerfall der Familie Ekdal nicht triumphierend, wie ein letztes Beweisstück vor, sondern beschreibt ihn mit großer emotionaler Anteilnahme, in einem Ausbruch von Verzweiflung, Mitleid, Komik. Das wohlkalkulierte Lehrstück verschwindet in einem Chaos aus bürgerlicher Tragödie, Schauerdrama und Familienposse.

Hjalmar Ekdal entdeckt, auf wie viele Lügen er sein einfältiges Glück gebaut hat: Da bricht der vorher dumpf in sich gekehrte Wildgruber zu schaurigen Ekstasen auf. Ein schreiender Gefühlsausbruch, ein paar Momente hilfloses Schmierentheater: das eben ist sein Repertoire für »Schicksalsstunden«. Ein Mensch, der jahrelang Lügentheater gespielt hat, kann auch in den wenigen »großen« Momenten seines Lebens nur Theaterlügen, Gefühlsphrasen vorzeigen. Das ist der erste, der analytische Blick auf die Figur. Aber er allein wäre Zadek zu arm – deshalb läßt er Wildgrubers lächerlich-monumentale Theaterposen zusammenstürzen, läßt den Schauspieler einen panischen Amoklauf über die Bühne machen: ein paar Wahrheitsmomente im Leben eines Verstellungskünstlers. Später, als Hjalmar, in einem kurzen, wahnhaften Anflug von Mannesstolz, Frau und Familie verlassen will, riskiert Zadek eine große Possenszene (während gleichzeitig, oben auf dem Dachboden, Hedwigs Sterben beginnt): Kleider fliegen durchs Zimmer, Schubladen werden durchwühlt, ein Versuch Hjalmars, seine Koffer zu packen, endet in einer trostlosen Klamotte. Zadeks Inszenierung gelingt da, weil sie vor keiner Peinlichkeit Angst hat, etwas so Schönes wie Schmerzliches: Sie zeigt, daß bürgerliche Tragödien auf dem Theater nur dann noch ernstzunehmen, noch erschreckend sind, wenn man ihre Lächerlichkeit nicht weglügt. Grotesktheater (oder Schmiere) kann wohl nur ein prüder Zuschauer in diesen schrillen Schlußszenen entdecken – es ist der richtigere (und liebevollere) Realismus, der an der Jämmerlichkeit von Menschen nicht verschämt vorbeisieht.

Am heftigsten treffen die komischen Katastrophen dieses Schlußaktes den, der sie verschuldet hat: Gregers Werle (Hans-Michael Rehberg), den tragikomischen Messias des Stücks – an dessen Versuch, den Ekdals zur höheren Lebenswahrheit zu verhelfen, diese Familie schließlich zerbricht. Gregers leidet an »Rechtschaffenheitsfieber« – so nennt es sein ideologischer Kontrahent, der Doktor Relling. Zadeks eigene Übersetzung verschärft diesen Affront noch – bei Zadek hat Gregers »Aufklärungsfieber«.

Gregers bekommt viel Prügel in dieser Inszenierung, auch ganz handfest-physische: Er rennt sich den Kopf an einem Holzbalken blutig, kriegt von Frau Ekdal (Christa Berndl) eine knallende Ohrfeige und läuft dann auch noch dem verzweifelt fuchtelnden Ekdal in die Fäuste. Zum Schlußakt kommt er in durchnäßten Hosen, aus denen er sich das Wasser quetscht – jammervoller hat noch kein Heiland ausgesehen. Aber, und wieder erzählt Zadek reicher als Ibsen: aus Gregers Werle wird eben nicht nur die triumphierende Abrechnung mit einem Ideologen. Zadek gibt der Figur eine Begründung, die sie in Ibsens Ideologiedrama nicht hat – ihr Bekehrungseifer wird gezeigt als eine seltsame, verbogene Form von sexuellem Eifer: zwischen Hedwig und Gregers Werle gibt es in dieser Aufführung ein paar ganz stille, ganz gehemmte Momente erotischer Nähe. Und auch aus Relling, dem schrecklichsten Rechthaber in Ibsens Stück, wird eine höchst zweifelhafte Figur: Wenn der Vorhang über dem Unglück der Familie Ekdal gefallen ist, kommt Heinz Schubert auf die Bühne, klatscht sich selber zu, reißt triumphierend die kurzen Arme in die Höhe – unendlich zufrieden über die Katastrophe, die seinem Defätismus recht gibt.

Es ist dies, nach den »Sommergästen« der Schaubühne, die zweite entscheidende Inszenierung dieser Saison geworden – viel weniger kunstreich-kompliziert als die Berliner Veranstaltung, dafür von einer rabiaten, kunstverachtenden Ehrlichkeit. Vorbei geht die Zeit, da das kritische Theater Bürger nur deshalb auf die Bühne brachte, um sie dort alsbald zu liquidieren. Die Gefahr dabei ist, daß jetzt einfach die Denunziationen von gestern durch ein resigniertes Einverständnis ersetzt werden. Der Weg ist nur schmal, der das Theater zu einer genaueren, widerspruchsvolleren Anschauung von Menschen bringt. Zadek ist auf diesem Weg weiter als jeder andere.

(DIE ZEIT, 11. April 1975)

Das Chaos ist poetisch: Peter Zadek inszeniert Shakespeares »Othello«

Ein niedriger, knallroter Vorhang versperrt zu Anfang den Blick auf die Bühne. Dann tauchen langsam Hände, Gesichter über dem Vorhang auf, Köpfe, bunt bemalte und bleich geschminkte, dann eine traurige, schwarze Visage: Othello. Wenn der Vorhang aufgeht, schaut man auf eine ärmlich bestückte Bühne (Zadek/Peter Pabst): ein paar nackte Holzkulissen, ein paar bunte Tücher in dem hohen, leeren Bühnenhaus. Ein Gitarrenspieler läuft herum, ein paar ziemlich wahllos kostümierte Schauspieler nehmen an der Seite Platz. Eindruck: eine Theatertruppe fängt mit der Probe an. Die Szene scheint Zadeks Bochumer »Lear«-Inszenierung zu wiederholen, die auch mit dem Auftritt einer Schaustellergruppe begann. Aber es ist kein lärmendes Spektakel diesmal, sondern ein schwermütiges – keine siegesgewisse Tingeltangel-Gruppe geht an die Arbeit, sondern eine ziemlich melancholische.

Nur zögernd, fast beiläufig, zeigt die Inszenierung ihre ersten Erfindungen vor – man spürt, daß Zadek, der oft und mit Lust das Publikum provoziert hat, heute ganz anders mit der Phantasie und mit den Schauspielern umgeht; viel mehr mit der Theaterarbeit selber beschäftigt ist als mit deren skandalösen Wirkungen. Gut, wer bei Klassikern noch immer an schön kostümierte, schön deklamierende Künstler denkt, der wird auch hier schockiert sein: wenn die Desdemona (Eva Mattes) bei ihrem ersten Auftritt eine mondäne weiße Abendrobe trägt, bei ihrem zweiten wie ein Vamp im schwarzen Lackmantel daherkommt und so, in immer neuen Verkleidungen, eine Art Modenschau veranstaltet; schockiert, wenn Othello (Ulrich Wildgruber) flüstert, nuschelt, röhrt und alle Konsonanten vernichtet (wo, bitte, bleibt die Sprechkultur?); schockiert, wenn in einer doch als Tragödie bekannten Dichtung plötzlich ein Rüpelstück passiert, wenn sogar die Boulevardkomödie nicht mehr weit ist (Desdemona im Bikini, Jago in der Badehose). Aber alle diese

Schrecken haben mehr mit einem verschreckten, prüden Zuschauen zu tun als mit vorsätzlicher Provokation. Denn Zadek präsentiert seine Erfindungen (und die seiner Schauspieler) längst nicht mehr als grobe Schocks; die Einfälle passieren fast nebenbei, werden dem Zuschauer nicht mehr stolz und höhnisch aufgedrängt.

Zadek hat vier Monate lang probiert – und man sieht der Aufführung an, was diese Probenarbeit war: der Versuch, ein Stück voraussetzungslos, ohne Wegweiser und ohne vorbestimmtes Ziel, zu erforschen; ein Ergebnis vorzuzeigen, das kein Ergebnis ist – das Abenteuer selbst, keine Nacherzählung, keine Schlußfolgerung. Dies ist die eigentliche Zumutung des Abends, und nicht die nur scheinbar verwegenen, eigentlich ganz unsensationellen Einzelerfindungen: Zadeks Inszenierung räumt das Stück nicht vor den Augen des Zuschauers auf (das wäre die übliche, hilfreiche, didaktische Methode der Regie), sie zertrümmert es auch nicht zur Revue (das wäre die auch schon übliche, provokative Methode); sondern sie erzählt es in Einzelheiten, so gut sie es kann, mit großem Ernst und ernstem Übermut und ohne handfestes Schlußresultat – und überträgt so ihre eigene Verwirrung auf den Zuschauer.

Anarchie wäre ein viel zu martialisches, programmhaftes Wort für das, was auf der Bühne passiert. Auch da ist Zadek noch konsequenter geworden: das Arrangement, die Choreographie interessiert ihn nun fast gar nicht mehr. So herrscht auf der Bühne ständig ein entspanntes Durcheinander (und nicht mehr, wie früher bei Zadek: das wohlkalkulierte Chaos); Lustigkeiten passieren wie von selber, ohne jede Lustigkeits-Dressur. Warum man dies so unprobiert Aussehende so lange probieren muß? Weil in einer Aufführung, die ohne ästhetische und interpretatorische Gewißheiten auskommen will, alle Macht (und Ohnmacht) wieder beim Schauspieler liegt – weil allein dessen Freiheit, Selbstsicherheit, Intensität über Sieg und Untergang einer Aufführung entscheidet. Zadek, der oft so inszeniert hat, als wolle er sich selber Mut machen (und seinem Publikum Angst), ist heute wohl der deutsche Regisseur, der Schauspieler am meisten ermutigt.

Den meisten Mut brauchte natürlich wieder einmal Ulrich

Wildgruber – dessen einzigartige Schauspielerei, in Bochum längst akzeptiert, in Hamburg noch immer auf Unverständnis stößt. Wildgruber hatte sich schwarz angemalt – sich nicht geschminkt, wie es ein Schauspieler tut, sondern eben angemalt, wie ein Kind sich anmalt. Natürlich geht, wenn Othello die Desdemona umarmt, viel von der schwarzen Farbe wieder ab. Wenn er aus der Schlacht kommt, trägt er nicht das elegante Gewand der Opern-Othellos, sondern sieht so aus, wie sich ein kindlicher Mensch einen Sieger träumt: Goldhelm und goldbepanzerte Brust. Wenn er, eifersüchtig geworden, von der Desdemona das ominöse Taschentuch verlangt, tut er es wie ein trotzig-quengelndes Kind. Da er natürlich nicht bekommt, was er will, watschelt er, dick und beleidigt, von der Bühne.

Man kann also viel über den Othello lachen, am meisten, wenn seine Raserei beginnt; wenn der vorher etwas faule und apathische Mensch sich in ein wahres Theaterungeheuer verwandelt, wenn ein schreckliches Nervenzucken sein Gesicht durchläuft, wenn er brüllend die Bühne demoliert und sich, Höhepunkt des Anfalls, wie eine riesige Kasperle-Puppe bäuchlings auf die Vorhangschnur hängt und auf ihr baumelt. Trotzdem wird daraus alles andere als eine Parodie der Figur, als nur King Kong von Venedig. Natürlich haben Wildgrubers Wutanfälle auch etwas Theaterseliges (und werden selig belacht und ausgelacht) – aber erschreckend und ganz ernst sind die Momente danach, wenn er dumpf, wie geprügelt, dahockt und die Angst kommt und ihn wehrlos macht. Wildgruber und Zadek erzählen (kühner noch als vor Jahren Kortner und Rolf Boysen) die Zerstörung eines kindlichen Menschen (und nicht: die Tragödie eines edlen Einfältigen) – daß sie auch kindliche, kindische Theatermittel benützen, macht Othellos Geschichte nur größer und heftiger.

Auch von der Desdemona haben wir ziemlich vordorbene, veroperte Vorstellungen: eine schöne, blonde, keusche Dame hat das zu sein, ein gemordeter Engel. Eva Mattes ist ein eher dickes, sehr kokettes Mädchen; daß sie sich ständig in neue, schicke, schreckliche Kostüme wirft, ist mehr als ein belebender Regieeinfall. Zadek, edlen, unirdischen Liebesbeziehungen mißtrauend, zeigt grausam genau, wie weit

Othello und Desdemona vom Märchenideal schon entfernt sind: Desdemona merkt ernüchtert, daß der fremde Wilde, selbst der Wilde, sie schon ein bißchen langweilt. Wenn sie von ihm redet, kriegt sie gleich einen karitativen Tonfall – ein Zug von Enttäuschung, Herablassung, Mitleid ist in ihren Sätzen. Genauso einleuchtend, daß sie den eifersuchtstollen Othello dann wieder ganz ernst und erschrocken liebt – in seiner Wut (mehr als in seiner Liebe) findet sie das Exotische, Unbegreifliche, Unbürgerliche wieder, das sie, ein verwöhntes Bürgerkind, einmal angelockt hatte.

Die undeutlichste (wenn auch am deutlichsten sprechende) Figur war der Jago von Heinrich Giskes. Konsonanten- und pointenbewußt artikulierend (fast befremdlich in einer so wenig förmlichen Veranstaltung) erfüllte Giskes nur die beiden konventionellen Funktionen: Schurke zu sein und Conférencier. Kaum herauskam, was den Jago zu seiner ungeheuerlichen Intrige treibt: Lüsternheit – die so weit geht, dem Othello detailliert die Art und Weise des Mordes vorzuschlagen. Doch mehr als ein kleines Wunder war es, was Zadek in den Nebenrollen entdeckte, welch klägliche und zarte Menschen er noch in Chargen fand. Lauter Leute, die eigentlich für eine nette, harmlose Komödie geboren sind, denen die Tragödie völlig über die Kräfte geht: der Rodrigo (Dietrich Mattausch), ein elegischer dummer August, der Cassio (Marcel Werner), ein langer, unbeholfener Mensch, der ahnungslos und verträumt bei einer Katastrophe mitspielt und nichts merkt davon; ein alter, sehr zierlicher Herr (Camillo Gadiel), der einmal einen Herold spielt (und die Siegesbotschaft nur flüstern und lispeln kann), ein andermal eine alte, vornehme Dame der zypriotischen Gesellschaft: Keiner von Zadeks Späßen beutet die Schauspieler aus, keiner macht sie lächerlich, jede Figur behält bei aller Kläglichkeit viel rührende Würde. Am großartigsten Christa Berndl als Emilia: eine nervtötende Kleinbürgerin, die sich ständig in gräßliche Gewänder wirft, und doch auch ein liebenswerter, von seinen Gefühlen verwirrter Mensch. Manchmal ist sie sehr erschöpft (weil die Ereignisse ihr doch sehr über den kleinen Verstand gehen), manchmal aber auch hat sie kleine Soubretten-Seligkeiten: Wenn sie das Taschentüchlein findet, das die Tragödie auslösen wird, zeigt sie es mit törichtem

Stolz den Damen im Parkett. Eine von vielen Absurditäten, die die Aufführung aufdeckt: daß ein ganz harmloser Mensch, der eigentlich furchtbar deplaciert wirkt in einer Tragödie, die Tragödie mit auslösen kann und in der Tragödie untergeht.

Zum Schluß, nach vielen glücklich überstandenen Zwischenrufen und Zwischenfällen dann doch noch der Eklat: Zadek hatte, nach einem insgesamt ruhigeren, »ernsteren« zweiten Teil, in der Mordszene ein grausiges, blutrünstiges Spektakel veranstaltet. Er hat sich nicht darauf eingelassen, die beliebte, im Grunde sentimentale Abfolge (vom Spaß zum Ernst, von der Klamotte zur Tragödie) nachzuinszenieren. Er hat, Fanatiker eines immer disharmonischen, gemischten, widersprüchlichen Theaters, beides ins Riesenhafte vergrößert: den Spaß und den Schrecken – hat Klamotte und Schattenspiel, Kasperle-Theater und Grand Guignol herbeigeholt und hat inmitten des tollen Spektakels einen ganz ruhigen, fürchterlichen Moment inszeniert. Othello, plötzlich still geworden, hockt sich auf die Bettkante, neben die tote Desdemona, und fragt verwundert, in seinem arglosesten Kinderton: »Wer hat sie ermordet?« Und man begriff (wenn man begreifen wollte), daß bei einer Tragödie auch die Menschen zuschanden werden, nicht nur das Theater, die Kulissen und der gute Geschmack.

Cassio sprach in Hamburg einen vielbejubelten Satz: »Ich habe eine Menge im Kopf, aber nichts deutlich.« Man könnte gegen die Aufführung sicher hundert Einwände erheben. Wenn Theater so viel erzählt, so viel riskiert, sind Fehler unvermeidlich und eigentlich nicht so wichtig. Jeder, der das Theater mag, sollte sich den »Othello«, ansehen. Er wird alle Fehler mühelos selber finden. Sie werden ihm das Vergnügen bestimmt nicht (hoffentlich nicht) verderben.

(DIE ZEIT, 14. Mai 1976)

Hamlet, ein Abschied: Peter Zadeks letzte Bochumer Inszenierung

Am Ende, nach allem Gemetzel, spricht der neue Herrscher die letzten Worte. Fortinbras, Prinz von Norwegen, befiehlt, daß man Hamlet, dem toten Prinzen von Dänemark, die militärischen Ehren erweise: »Geht, laßt die Soldaten schießen!«
In Bochum, in Peter Zadeks »Hamlet«-Inszenierung, schießt niemand. Statt dessen setzt sich die Schauspielerin Ilse Ritter, die vorher die Ophelia war, an ein kleines Spinett und singt ein trauriges, zartes Totenlied. Worauf das Publikum den Regisseur Zadek und das Ensemble sehr lange, sehr herzlich feiert. Kein Protest diesmal, keine Tumulte: das überraschend harmonische Ende einer überraschend harmonischen Veranstaltung.
Es hatte schon fast gemütlich begonnen. Die Halle im Bochumer Vorort Hamme, in die Zadek mit seiner »Hamlet«-Produktion gezogen war, ist möbliert wie zu einer Familienfeier: In dem kargen, weder ausdrucksvoll ärmlichen noch irgendwie monumentalen Raum stehen, locker plaziert, Kinostühle, Plüschsofas und tiefe, bequeme Sessel für die Zuschauer herum – wie aus Bochumer Kinos und Bochumer Kleinbürgerwohnungen der fünfziger Jahre entwendet. An den Mauern der Halle: eine bunte, primitive Landkarte, eine Bilderwand mit Photos, ein bescheiden-hübscher Wüstenprospekt. Im Raum: ein paar Requisiten, ein Spiegel, ein Skelett, ein Klavier, ein Spinett. Auf dem Bühnenboden: Matratzen, wie in einer Turnhalle. Alles ziemlich ärmlich und trotzdem behaglich. (Nicht diese demonstrativ ausgestellte Kargheit: Seht her, wir machen armes Theater!) Als das Publikum Platz genommen hat, hört man, wie draußen hinter einem Vorhang, Zadek sagt: »So, wir fangen an.«
Und irgendwie fängt es dann auch an. Die Schauspieler kommen nacheinander, gemächlich auf die Bühne. Sie haben sich sehr privat, fast beliebig kostümiert – jeder offenbar so, wie es ihm gefiel. Und sehr privat, ohne sichtbare Kunstbemü-

hung spielen sie die ersten Szenen: die nächtlichen Auftritte des Geistes. Damit das ein bißchen theatralisch und furchterregend aussieht, kommt der Requisiteur Hartmut Warnecke mit der Rauchmaschine und hüllt alles, Bühne, Künstler und Publikum, in weißen Nebel. Auftritt des Hofes: die Königin (Eva Mattes), grell und dick geschminkt, mit roter, blumengeschmückter Perücke, rotbemaltem Busen; der König Claudius (Hermann Lause), ein käsegesichtiger Mensch im blauen Ausgehanzug mit Schärpe, der im schönsten Bochumer Angestellten-Tonfall redet; Ophelia (Ilse Ritter), die sich feingemacht hat, etwa so, wie sich Büromädchen in der Nachkriegszeit feingemacht haben: lila Bluse, Perlenkette, ein cremefarbenes Plisseeröckchen. Da sie merkt, daß Freund Hamlet schlechte Laune hat, setzt sie sich ans Spinett und singt: »I'm dreaming of a white Christmas.« Was Hamlet bloß mit einer verächtlichen Leidensgrimasse kommentiert.

Für die treuen Anhänger und Feinde Zadeks ist das alles scheinbar nichts Neues: dieses Bühnenbild (Peter Pabst), das längst kein Bühnenbild mehr ist, sondern Wohnzimmer und Turnhalle, Arbeits- und Vergnügungsplatz für die Schauspieler; dieses unbesorgte, auf selbstverständliche Weise schlampige Auftreten der Künstler, ihr privates, anti-artifizielles Verhalten auf der Bühne, das vor allem ein Widerspruch ist gegen die Meinung, Kunst bestünde vor allem in Kunstanstrengung; und auch das ungenierte Nebeneinander des angeblich Unvereinbaren, das harmonische Zusammenwirken von sehr guten, guten und gar keinen Schauspielern, von sehr ernsthaften und sehr albernen Einfällen, von Phantasie und Dürftigkeit, Tragödie und Schmiere.

Und doch ist dieser »Hamlet« eine Überraschung: eben keine Enzyklopädie des Zadekschen Theaters, keine ironisch-wehmütige Revue (vorbei, die Bochumer Tage), sondern wieder, auch diesmal, ein Schritt ins Unbekannte. Jede Shakespeare-Inszenierung von Zadek war auch eine polemische Show, jeder Auftritt ein Stück Entertainment, jeder Witz auch ein Wutanfall auf das witzlose deutsche Stadttheater – und die Privatheit der Schauspieler ein Affront gegen das offiziöse Gehabe in Klassikeraufführungen, in denen sich

Schauspieler benehmen und bewegen, als seien sie auf einem Staatsempfang. »Hamlet« dagegen ist eine Aufführung, die ohne Feind auskommt; ihr Charakter ist nicht provokativ, sondern episch: Ein paar Leute auf einer Bühne erzählen ein paar Leuten im Zuschauerraum eine alte, befremdliche Geschichte. So beginnt dieser »Hamlet« als eine Art Abendunterhaltung: Man erzählt sich Geschichten, macht ein paar Witze, spielt ein bißchen Musik. Man ist nicht gerade atemlos vor Spannung, doch man fühlt sich wohl. Man wartet nicht mehr auf eine Theatersensation, sondern hört einem Stück zu.

Das Beste an diesem Bochumer »Hamlet« ist, daß er nicht im Nirgendwo großen Welttheaters spielt, sondern sichtbar an dem Ort, an dem er entstanden ist: in einer Mittelstadt ohne besondere Schönheiten, ja ohne besondere Häßlichkeiten. Was Schauspieler und Regisseur hier erlebt haben, in nächster Nähe, das vergessen sie auch nicht bei der Beschäftigung mit dem fernen, fremden Stück. Wenn etwa der alte Polonius (in Bochum: Rosel Zech!) den Sohn Laertes mit gutgemeint-törichten Ratschlägen in die Welt entläßt, herrscht in der Abschiedsszene eine linkische Kleine-Leute-Innigkeit. Während Polonius selbstzufrieden und um Beifall für seine lebenskluge, dummen Sprüche heischend ins Publikum lächelt, rückt Ophelia schnell noch die militärischen Abzeichen am Revers ihres Bruders gerade. Wenn Polonius die Tochter über ihr Verhältnis zum Prinzen Hamlet aushorcht, sitzen die beiden verlegen nebeneinander auf einem Sofa: wieder so ein Familienbild von rührend-peinlicher Herzlichkeit. Und wie diese Ophelia ihren Geliebten anlächelt, zaghaft und zur Hingabe bereit, wie sie ihm erschrocken erlaubt, daß er ihr an die Brüste faßt, und wie sich die beiden bei dieser Szene ungeschickt an eine Mauer drücken: da sind elisabethanische Vergangenheit und spießige Gegenwart, Shakespeares Eiland und Bochum-Hamme plötzlich ganz nahe zusammengerückt.

Zadek meint es gut mit den Menschen des Stücks, eigentlich mit allen – der Claudius ist zum Erbarmen jämmerlich in seinen Ängsten (armer, kleiner König): selbst Eva Mattes, die mit funkelnden Blicken und schrillen Schreien eine grelle Märchenfigur spielt, Schneewittchens böse Stiefmutter etwa, darf über Ophelias Wassertod erschüttert sein und einfach berichten. Eine große Tragödie, doch die darin untergehen, sind ziemlich durchschnittliche, begreifbar böse und beängstigend komische Leute.

Ulrich Wildgruber, der Hamlet, sieht unter all den entspannten Leuten auf der Bühne am Anfang seltsam schauspielerhaft und künstlich aus: ein pathetischer Clown unter lauter Privatmenschen, einer, der »verrückt spielt – vielleicht, um seine Angst vor Verrücktheit zu kaschieren« (Zadek). Wildgruber beginnt (und beendet) die Rolle merkwürdig weit weg von sich selber. Wenn er am Anfang dem Geist des toten Vaters begegnet, schneidet er furchtbare Angstgrimassen, zittert wie im Schauerdrama mit dem Kiefer, aber so ganz ernst sehen diese Rasereien nicht aus: So, wie Hamlet den verrückten Hamlet spielt, so spielt Wildgruber anfangs vor allem den rasenden Wildgruber. Und während er früher wie ausgesetzt auf der Bühne wirkte, von Ängsten (persönlichen und schauspielerischen) gehetzt, so hat er diesmal eine ganz erstaunliche, oft schon souveräne Distanz zu sich selber, macht aus Hamlets Monologen lockere Conferencen und ruhige Meditationen, spricht Hamlets Bemerkungen über die bramarbasierende Schauspielerei wie einen selbstironischen Kommentar. Am Ende der Tragödie hat er kaum noch Lust zu leben (oder Theater zu spielen, was fast dasselbe ist) – das Duell mit Laertes absolviert er mit größter Gelassenheit, so, als ginge ihn dessen Ausgang schon gar nichts mehr an.

Die Verwandlung eines panischen Schauspielers in einen schon manchmal virtuosen: das wäre eine Kunstleistung, bewundernswert, aber für die fünfeinhalb Stunden, die diese Aufführung dauert, doch etwas langweilig. Zum Glück erlebt Zadeks »Hamlet« zwischen dem charmanten Anfang und dem melancholischen Ende eine düstere, gewalttätige Phase; die Grenzen zwischen Spiel und Realität, Abendunterhaltung und Schreckenstragödie zerbrechen. Zum erstenmal, wenn Hamlet die Ophelia kurz und brutal angreift, ihr fast den Kopf zerdrückt und dann abrupt, wie desinteressiert weggeht. Eine zweite, noch heftigere Attacke, diesmal auf die Königin und Mutter – die er schlägt und würgt und, nach dem Auftritt des Geistes, wie von Sinnen küßt und umarmt.

Wenn er den lauschenden Polonius erstochen hat, tritt Hamlet mit blutbeschmiertem Gesicht und Metzgerschürze auf, er hat die Leiche des alten Mannes zerstückelt. Später, auf dem Friedhof, wird er den Totenschädel des Schauspielers Yorrik wie den Kopf einer Geliebten anfassen, ihn ganz behutsam küssen und lecken. Dies Umkippen vom Spiel in den Wahnsinn, von einem bloß theatralischen in ein existentielles Pathos kommt also auch im »Hamlet« vor, zu selten vielleicht – der Augenblick, wo hinter der sympathischen Anarchie einer Theaterveranstaltung plötzlich das bedrohliche Chaos von Shakespeares (und nicht nur Shakespeares) Wirklichkeit sichtbar wird.

Vor anderthalb Jahren hatte Zadeks letzte Shakespeare-Inszenierung Premiere: »Othello« am Hamburger Schauspielhaus. Ein aufgebrachtes, übererregtes, in leidenschaftliche Anhänger und Feinde gespaltenes Publikum von fünfzehnhundert Leuten damals – das am Ende eine greuliche Mordszene mitansehen mußte, die viele als einen Anschlag auf die an einem Staatstheater geltenden Regeln des Anstands empfanden. Diesmal, beim »Hamlet«, nur zweihundertfünfzig Zuschauer, fast alles Freunde.
Zadek, 1972 nach Bochum gekommen, verläßt jetzt die Stadt, nimmt Wohnung in Hamburg (wo er erst bei Gobert, danach gleich bei Nagel inszenieren wird). Eine Inszenierung zum Abschied: auch das hat sie geprägt, hat sie elegischer und menschenfreundlicher gemacht als die Shakespeare-Abenteuer zuvor. Kein Eklat, fast ein Familienfest: eine lange, nie langweilige, eine reiche, nie protzige letzte Vorstellung. Es war gut in Bochum, und es ist gut, daß es zu Ende ist, bevor sich alle nur noch lieben. Zadek verläßt Bochum – das klingt zu melancholisch. Besser sollte man sagen: Er zieht dorthin, wo er noch Feinde hat, neuem Streit entgegen.

(DIE ZEIT, 7. Oktober 1977)

Ein verregnetes Leben:
Luc Bondy inszeniert Ibsens »Gespenster«

Ein »bürgerliches Familiendrama« in drei Akten. Und so bürgerlich, so familiär fängt es an: Ein Vater versucht, erst plump-verlegen, dann zunehmend deutlich und grob, die (Stief-)Tochter von seinem Plan zu begeistern, ein Bordell für bessere Seeleute aufzumachen, und bietet dem Mädchen so etwas wie die Position einer leitenden Angestellten in dem neuen Betrieb an. Die Tochter lehnt dankend ab.

Barbara Sukowa, die Regine in Luc Bondys Hamburger »Gespenster«-Inszenierung, läßt sich ein paar Augenblicke Zeit, bevor sie nein sagt. Sie ist keineswegs verwundert oder gar entrüstet über den väterlichen Vorschlag. Sie überlegt sich die Sache, nein: rechnet sie durch und kommt schnell zu einem für sie unvorteilhaften Resultat. Ein Geschäft wird nichts, weil es sich nicht lohnt. Und weil der Vater, der schmierig-joviale Tischler Engstrand (Axel Bauer), nicht so schnell begreifen will, wie sie die Sache in ihrem Kopf geklärt hat, schlägt sie ihn, tritt ihn, der ein Krüppel ist, an die kaputten Beine – worauf Engstrand halb humpelnd, halb hüpfend die Flucht ergreift.

Aggressivität, eine ganz andere Aggressivität freilich, bestimmt auch die nächste Szene. Der Pastor Manders (Hans-Michael Rehberg) tritt auf. Regine, Dienstmädchen im Hause Alving, will, wie es ihr Beruf verlangt, dem Gottesmann beim Ausziehen des Mantels behilflich sein – wogegen sich Manders seltsam heftig, fast verzweifelt wehrt. Ganz offensichtlich bringt ihn die leibliche Nähe und Zudringlichkeit des Mädchens aus der Fassung; verschreckt läßt er nacheinander Hut und Aktentasche zu Boden fallen. »Die gnädige Frau meint, ich sei noch voller geworden«, sagt Regine, und sagt es wie eine dezente Aufforderung an den Pastor, sich ihren voller gewordenen Körper doch einmal genauer anzusehen. Was Manders aber erst wagt, als sie sich einmal von ihm abwendet, er ihr hoffnungslos und doch mit brennenden Augen nachsehen kann. Wie da ein Mensch Gefühle und Lüste in sich niederdrückt, ein anderer Gefühle und Lüste mit größter Geschäftskälte zum eigenen Vorteil ausnutzt: das habe ich so deutlich in noch keiner »Gespenster«-Inszenierung gesehen. So deutlich, obwohl (oder weil) Bondy auch diesmal ohne alle Verdeutlichungs- (früher sagte man Verfremdungs-)Techniken des neueren Regie-Theaters auskommt. Weil er (wie bei seiner Musset-Inszenierung an der Schaubühne) die ungeheuerlichsten Einsichten über Menschen auf die beiläufigste, leiseste Art mitteilt.

Wer sich angewöhnt hat, eine Theateraufführung vor allem nach Reiz- und Schauwerten abzusuchen, wer es genießt, wenn ihm jede Geste den aufklärerischen Scharfsinn und den ästhetischen Ehrgeiz des Regisseurs mitteilt, der kann diese Hamburger »Gespenster« auch enttäuschend, kunstlos, flüchtig finden. Das ist eine von den Aufführungen, in denen der Zuschauer selber Entdeckungsarbeit leisten muß; die nicht dauernd stolz ihre Entdeckungen wie Trophäen (prunkvoll und tot) präsentieren.

Die Theatersaison, die jetzt zu Ende geht, ist so etwas wie ein Ibsen-Jahr gewesen. Rudolf Noelte und Nicolas Brieger haben »Nora«, Niels-Peter Rudolph und Peter Zadek haben »Hedda Gabler« inszeniert. Jede dieser Aufführungen ist auch eine Konfrontation gewesen, also etwas ziemlich Spektakuläres: Rudolphs und Briegers Angriffe auf ein korruptes, vermoderndes Bürgertum; Noeltes Versuch, sein eigenes, mitleidvoll-hoffnungsloses Bild vom Menschen gegen Ibsen durchzusetzen, der ein mitleidloser Autor war, aber keiner ohne Hoffnung; schließlich Zadeks großartige, höchst subtile Attacke auf Ibsens Beweisführungstheater – die Auseinandersetzung eines wahrhaft realistischen Regisseurs mit einer dogmatischen, Menschen oft nur wie Beweisstücke behandelnden Dramaturgie.

Bondys Beschäftigung mit Ibsen läßt sich mit keiner dieser Definitionen beschreiben; ihre Einzelergebnisse wollen sich nicht zu einem sensationellen Großergebnis summieren. Theater zum Hinsehen, nicht unbedingt zum Debattieren. Bondy hat sich dem Stück und seinen Figuren erst einmal anvertraut, nicht gleich im voraus sein Mißtrauen formuliert. Er hat in dem Stück Auskünfte über Menschen gesucht –

und Suchen kann immer auch wieder eine ratlose, ergebnislose Tätigkeit sein. Trotzdem ist die Aufführung nie in aparter Undeutlichkeit verschwommen. Wenn man fragt, was denn nun Bondy zur großen Ibsen-Diskussion beigetragen habe, dann ist die Antwort wenig und viel: Man sieht ein paar sehr widersprüchlichen Menschen zu, widersprüchlicher, als man sie bei diesem, seiner Sinne und seiner Absichten so mächtigen Stückeschreiber vermutet hätte. Und vor allem: Die Widersprüche werden nicht interessanter gemacht, als sie sind, nie als die bekannte, bloß theaterhafte »Zerrissenheit« vorgeführt. Alles Nordisch-Düstere, Strindberghafte, Dämonisch-Verquälte ist diesem Hamburger Ibsen ausgetrieben. Widersprüchliche Menschen können sehr unscheinbare Menschen sein.

In der dritten Szene dieses fast nur aus Zweier-, und das heißt Kampfszenen bestehenden Stücks trifft Pastor Manders auf Frau Alving (Doris Schade). Die beiden haben eine Liebesgeschichte hinter sich, die nie eine geworden ist: Als Frau Alving nach einem Jahr Ehe ihrem Mann, dem trunk- und weibersüchtigen Kammerherrn Alving, davongelaufen war, zu Manders fliehen wollte, da hat sie der fromme Mann wieder nach Hause geschickt – weniger aus Gottgefälligkeit, mehr aus Angst vor dem Gerede der Leute, am meisten aus Angst vor der eigenen, ihm peinlich bewußten, ihn immer wieder in Panik versetzenden Sexualität. Rehberg und Doris Schade erzählen diese Vorgeschichte auch da noch mit, wo es zwischen ihnen scheinbar nur noch um profane Themen, um Finanzierungsprobleme, um Brandversicherungen, geht: Da ist immer noch die alte Schüchternheit zwischen ihnen, das ewige Ungeschick (als sie zusammen die Papiere studieren wollen, vertauschen sie erst einmal ihre Lesebrillen). Eine große, ewig unerfüllte Liebe, die aber mit den Jahren etwas alt und kindisch und läppisch geworden ist – eine Romanze, die längst die Züge einer Clownerie angenommen hat.

Rehberg, der in den letzten Jahren zu einem der ganz wichtigen Schauspieler des deutschen Theaters geworden ist, führt, zum Lachen und zum Schrecken genau, einen Menschen vor, dem das Leben kläglich danebengegangen ist; der aber immer noch standhaft versucht, den komischen Jammer seiner

Existenz zur heroischen, gottgewollten Tragik zu verklären. Dabei sieht man seinen fahrig-erregten Gebärden und seinen finster glühenden Blicken nur zu gut an, daß sein religiöser Fanatismus bloß der (lächerlich falsche) Ausdruck seiner erotischen, erotomanischen Bedürfnisse ist. Und sein Mißgeschick in der Welt der Gegenstände, sein Mißgeschick mit Handschuhen, Hüten, Aktenmappen, ist nur der harmloseste Teil eines totalen Desasters, eines vollständigen Lebensungeschicks. Wenn der Tischler Engstrand diesen Pastor immer wieder neu hereinlegt (wobei er sich genau jener öligen Bibel- und Trostsprüche bedient, die Manders selber ständig benutzt), dann wird daraus bei Bondy eine überwältigend komische Szene voller Tricks und Tiefschläge: der Sieg des Clowns über den dummen (frommen) August.

Viel Komik ist in der Inszenierung – ohne daß dies nun gleich wieder zu einer effektvollen, gut zu diskutierenden These (»Die Gespenster«, eine Komödie?) mißbraucht würde. Es ist eine Komik, die mit Zuneigung zu den Figuren zu tun hat, eine Komik ohne Schadenfreude und Niedertracht. In jeder Figur wird wenigstens die Möglichkeit zu einem etwas besseren Leben sichtbar; selbst wenn die Unmöglichkeit jeder Veränderung offensichtlich ist. Engstrands berechnende Widerlichkeit hat auch ihren Komödianten-Charme; man freut sich, wie da ein Schuft die Phrasen einer bigotten Gesellschaft zitiert, parodiert und damit alle, die an solche Phrasen noch glauben, übers Ohr haut. Und Regines eiseskalte, über Gefühle und Menschen hinweggehende Entschlossenheit, Karriere zu machen, den sozialen Aufstieg zu schaffen, ist nicht nur schiere Bosheit, sondern auch Einsicht: daß die Verhältnisse, in denen sie jetzt lebt, sie nur zugrunde richten können. Wenn sie weggeht, zynisch entschlossen, notfalls auch in Engstrands Bordell ihr Geld zu verdienen, und vor ihrem Abgang der Frau Alving höhnisch das Kleid von den Schenkeln wegzieht, dann sagt diese gemeine Geste doch etwas Richtiges: daß schließlich auch die Frau Alving, ihrem Ruf und ihren sozialen Privilegien zuliebe, mit einem ungeliebten Mann gelebt und geschlafen, sich prostituiert hat.

Das letzte, fürchterlichste Duell des Familiendramas findet statt zwischen Mutter und Sohn, zwischen Frau Alving und

Osvald, der todkrank aus Paris zurückgekehrt ist. Dort hat er angeblich das »freie Leben« kennengelernt – doch wenn er diese andere, bessere Realität gegen den Pastor verteidigt (für den Kunst, wilde Ehe und Unzucht so ziemlich ein und dasselbe sind), tut er es auf eine seltsam schrille, verkrampfte, verzweifelte Weise: ihn jedenfalls hat dies freie Leben nicht frei gemacht, eher überfordert. Wolf-Dietrich Sprenger spielt in Hamburg die Rolle: kein sogenannter »interessanter« Schauspieler, kein attraktiver Neurotiker (so die Standardbesetzung beim Stadttheater), sondern ein dünner, verängstigter, muttersöhnchenhafter Mensch, ein Kerlchen, das den Bohèmien spielen wollte. So, wie er seinen schönen, großen Künstlerhut trägt, lässig eine Meerschaumpfeife raucht, ahnt man schnell, daß hier einer verzweifelte Maskeraden versucht, bevor er zurückfällt in seine erste, einzig wahre Rolle, die des hilflosen Kindes. Und auch Frau Alving kehrt am Ende an den Anfang zurück. Alles, was sie vorher unter Schmerzen begriffen hat: daß sie ihr Leben vertan hat, und zwar aus Feigheit, dieser ganze mühsame Aufbruch zu größerer Vernunft, Ehrlichkeit, Toleranz, wird sofort beendet, als es um ihre mütterliche Macht geht – zuletzt scheint sie ganz gluckenhaft zufrieden, daß der Sohn krank und kindisch geworden ist, ein Mensch, den sie pflegen (also beherrschen) kann, den ihr niemand mehr wegnimmt.

Vielleicht gibt es im unauffälligen, auch ungeordneten Reichtum dieser Aufführung doch so etwas wie ein gemeinsames Thema: wie kindisch alle diese Menschen geblieben sind, nie erwachsen geworden, kaum zum Denken erwacht. Und plötzlich ist ihr Leben vorbei, vertan, als hätte es gar nicht stattgefunden.

Rolf Glittenberg hat die Bühne gebaut: ein klobiger, dunkler, weit nach vorn an die Rampe gerückter, enger Raum; eine Treppe, die in einen Mauerdurchbruch hineinführt, in ein riesiges finsteres Loch; freudlose Möbel, trostlose Zimmerpflanzen. Aber eine große Glaswand immerhin nach draußen: doch statt Licht und Sonne sieht man immer nur Regen, gleichmäßig fallenden Regen, wie Nebelschwaden. Ein verregnetes Land; von dessen Bewohnern nur wenige so jung und so dramatisch sterben wie Osvald, die meisten undramatisch und unnütz alt werden. Keine Katastrophen sind zu besichtigen und keine Seelenschlachten, bloß ein verregnetes Leben.

(DIE ZEIT, 15. Juli 1977)

Mit den Gefühlen denken: Ein Porträt des Regisseurs Niels-Peter Rudolph

In der Karriere des Regisseurs Niels-Peter Rudolph ist nichts von dem passiert, was nach volkstümlicher Vorstellung in einer Regisseurskarriere eigentlich passieren müßte: kein spektakuläres Debüt, keine Sensationen, keine Skandale, keine Jubelgesänge von den Kritikern und keine Haßtiraden.

Eine ganz normale, fast ordentliche Biographie: Rudolph, 35 Jahre alt, seit 14 Jahren beim Theater, Regieassistent und Regisseur bei Hans Schalla in Bochum, dann Inszenierungen in München (»Georges Dandin« von Molière, Marieluise Fleißers »Pioniere in Ingolstadt«), Stuttgart (zum ersten Mal »Onkel Vanja«), Hamburg, Basel – ein wegen seiner Intelligenz überall respektierter, aber bisher noch kaum leidenschaftlich verehrter Regisseur. Der Theaterbetrieb und seine ereignishungrigen öffentlichen Agenten, die Kritiker, sind ständig auf der Suche nach Kultfiguren: Für diese Rolle ist der Regisseur Rudolph denkbar ungeeignet.

Aber selbst unaufmerksamen Beobachtern muß nach Rudolphs letzten drei Arbeiten (Friedrich Wolfs »Cyankali« und Botho Strauß' »Bekannte Gesichter, gemischte Gefühle« in Stuttgart, Tschechows »Onkel Vanja« jetzt in Berlin) klar sein, daß Rudolphs ordentliche Biographie die eines außerordentlichen Regisseurs ist.

*

Als ich Rudolph am Tag nach der (vom Berliner Publikum ziemlich ungnädig aufgenommenen) »Vanja«-Premiere treffe, merke ich bald, daß aus unserem Gespräch ein »Interview« kaum werden wird: also ein Austausch fertiger, möglichst brillant formulierter Sätze. Rudolphs Arbeit und seine Art, diese Arbeit zu beschreiben, haben viel miteinander zu tun. Manchmal entschuldigt sich Rudolph im voraus dafür, daß er nun etwas besonders pointiert sagen müsse – und sagt es dann doch ganz einfach, prosaisch, pointenlos. Er redet so, wie er gern inszenieren möchte: »mit offenen Augen und Ohren«.

Es gab in Rudolphs Entwicklung sicher eine Zeit, wo seine Unlust zu schwindeln, seine Unfähigkeit zur Brillanz die Inszenierungen bedrohten: Theater wurde da zu einem ziemlich puritanischen, prüden Unternehmen. Rudolphs geduldige, zähe Beobachtung von Figuren brachte manchmal nicht mehr ein als eben zähe szenische Resultate. Rudolph erklärt das mit seiner Anfängerzeit in Bochum: »Da gab es diese ausgedünnten, hochstilisierten, von Max Fritzsche mit dem Bühnenbild bedienten Inszenierungen. Und danach mußte ich Brecht nachholen – die Einführung der Intellektualität in das Theater.« Brechts Schüler Peter Palitzsch, mit dem zusammen Rudolph ans Schauspiel Frankfurt gehen wollte (eine Zusammenarbeit, aus der dann doch nichts wurde), hatte Einfluß auf Rudolphs Arbeit: »Es gab da eine Faszination durch die Ehrlichkeit in Palitzschs Inszenierungen, und Ehrlichkeit kann ja leicht etwas Graues haben.« Als Palitzsch in Frankfurt und Rudolph in Basel kurz hintereinander Kriminalstücke inszenierten, also etwas Vergnüglich-Triviales wagten, und dann beide statt einer Lustbarkeit nur etwas Seriöses, Graues, Kahles auf die Bühne brachten, ahnte man, was Rudolphs Zukunft auch hätte sein können: ein jüngerer, dünnerer Palitzsch zu werden.

*

Rudolphs letzte Arbeiten haben mit Askese, mit puritanischer Enge nichts mehr zu tun. Für das Stuttgarter Schauspiel inszenierte er im Frühjahr 1975 Friedrich Wolfs »Cyankali« – ein gutgemeintes, gefühlvolles, dramaturgisch und poetisch plattes Stück von 1929 gegen jenen Paragraphen des Strafgesetzbuchs, der schon damals die Nummer 218 hatte. Das Ungewöhnlich an Rudolphs Regie war, daß sie nicht (was eine puritanische Inszenierung getan hätte) die Schwächen und Blößen des Stücks dezent bedeckte; daß sie ein naiv-engagiertes Stück (eine Art von linkem Sudermann) ohne intellektuelle und ästhetische Vorbehalte erzählte, wobei ihr die höchst seltene Verbindung von reißerischen und realistischen Qualitäten gelang. Ein entscheidender Augenblick für Rudolph, das Erlebnis der Emotion auf dem Thea-

82

ter: »Ich habe gemerkt, daß Erschütterungen Bewußtwer-
dungen auslösen können, daß man mit dem Körper denken,
mit dem Gefühl denken kann – da werden dann plötzlich
ästhetische Erwägungen, Sprachprobleme zweitrangig.«
Die Stuttgarter Uraufführung von Botho Strauß' höchst
schwieriger Komödie »Bekannte Gesichter, gemischte Gefühle« wurde dann Rudolphs bisher größter Regieerfolg –
weil er das scheinbar nebelhafte, im Niemandsland privater
Empfindsamkeiten spielende Stück als ein ganz reales begriff
und inszenierte: als eine überwirklich genaue Komödie über
alltägliche, spießige, bundesrepublikanische Gemütszu-
stände. Rudolph nennt seine Inszenierung einen »wichtigen
Schritt beim systematischen Entdecken des Alltags, der Tri-
vialität des Alltags«. »Das Stück war nach allen hergebrach-
ten Erwartungen das bloße Nichts. Selbst 95 Prozent der
sogenannten Fachleute sind darauf hereingefallen und haben
gesagt: Das kann man nicht machen, da ist ja gar nichts los.
Und dazu kam noch dieser Stempel ›Botho Strauß, der sensible Ästhet‹ – was auch verhinderte, daß man die Realität in
den Situationen und Figuren erkannte. Ich bin mit den
Schauspielern zuerst in das Training von Tanzturnierklubs
gegangen. Und wir sind vom Schemel gefallen, weil wir gemerkt haben, daß das im Stück von Strauß nicht am Schreib-
tisch hochgestielte Sätzchen sind, sondern total reale
Sprache.«

*

Die Erforschung des Alltags, die Entdeckung der Emotion:
will man Rudolphs Entwicklung auf Formeln bringen, dann
sind dies noch die brauchbarsten. Für Rudolph ist die Tschechow-Inszenierung am Berliner Schloßparktheater eine
Fortsetzung seiner Arbeit mit Botho Strauß: »Ich wollte die
bekannten Gesichter, gemischten Gefühle im Tschechow
wiederentdecken – vor allem, was die Banalität der Vorgänge betrifft. Wir haben viel über Clownerien im Alltag
geredet, auch über Chaplin; über den Realismus in Chaplins
Geschichten, etwas, das man sehr schnell mit dem Wort
Slapstick verdrängen kann. Man müßte ja nur Tschechows
eigene Beschreibung der Rollen und Situationen lesen, und
man könnte es eigentlich nicht falsch machen – aber wir

haben es leider gelernt, in Tschechows Stücken die großen psychologischen Haupt- und Staatsaktionen zu sehen.«
»Onkel Vanja« ist ein Stück über das mißlingende Leben durchschnittlicher (durchschnittlich langweiliger, durchschnittlich interessanter) Leute im Rußland des ausgehenden 19. Jahrhunderts. Elena, eine Hauptfigur des Stücks, redet von der »verzweifelten Langeweile, wo an Stelle von Menschen nur graue Flecken herumirren«. Es hat in den letzten Jahren viele große Tschechow-Inszenierungen gegeben: Rudolf Noelte hat in den Stücken seine eigene konsequente Verzweiflung (und den eigenen Sinn für Schönheit) wiederentdeckt, Peter Zadek und Otomar Krejca haben das komische und theatralische (also verlogene) Verhalten der Figuren beschrieben; der Alltäglichkeit, Grauheit der Vorgänge hat sich noch niemand so intensiv wie Rudolph ausgesetzt. Aber daraus ist nun gar nicht etwas Trist-Pessimistisches entstanden, nicht die gefährliche Tautologie, langweilig über Langweiliges zu berichten, sondern im Gegenteil das schwierige Kunststück einer ganz alltäglichen und sehr spannenden, einer ganz unsentimentalen und sehr heftigen Aufführung.

*

Rudolphs Tschechow-Figuren sind nicht einfach öde, anödende Leute – sie sind so mittelmäßig wie leidenschaftlich. Die Aufführung beschreibt ihre zahllosen Liebesversuche, die ständig in kläglichen Katastrophen enden. Da gibt es im zweiten Akt plötzlich eine jähe, unbeholfene Liebesszene zwischen dem häßlichen Mädchen Sonja (Hildegard Schmahl) und ihrem Onkel Vanja (Fritz Lichtenhahn). Beide sind aussichtslos verliebt: Vanja in die schöne Elena, Sonja in den Arzt Astrov. Es treffen sich zwei ewige Verlierer: in durchschnittlichen »Vanja«-Inszenierungen eine Klageszene. Bei Rudolph passiert etwas traurig Erotisches: Vanja drückt seinen Kopf in Sonjas Schoß, krallt sich an ihr fest, küßt sie, wird heftiger – bis das erschrockene Mädchen den Onkel abwehrt, mit ganz seltsamen, behutsamen Ohrfeigen – man weiß da nicht, ob sie Vanja ins Gesicht schlagen oder ihn streicheln will. In der nächsten Szene trifft sie Astrov, den sie liebt und dem sie das nun mit einer sie selbst verwirrenden Klarheit sagt. Der Angebetete aber merkt nichts, will wohl auch nichts merken. Diese ganze trostlose Nicht-Liebesszene findet in einer äußerlich fast idyllischen Situation statt: Die beiden haben sich Essen aus der Speisekammer geholt und hocken nun da wie bei einem gemütlichen Picknick – die Lebenskatastrophe und das ganz Banale, in einer Situation zusammengebracht. Sonja aber merkt noch gar nicht, welche Niederlage ihr da zugefügt worden ist; sie ist noch ganz überwältigt von ihrer eigenen Stärke, ihrem Mut, ihre Gefühle zugegeben zu haben. Ihre Lust, jetzt jemanden zu lieben, jemanden anzufassen, wendet sich gleich der nächsten Person zu: Elena, die eigentlich ihre Konkurrentin ist. Es kommt zu einer kurzen, euphorischen Zärtlichkeit zwischen den beiden Frauen: Erst piksen sie sich, neckisch wie die Kinder, mit den Fingern, dann balgen sie sich, umarmen sich, küssen sich auf den Mund, bevor auch diese Szene in Ernüchterung endet.

*

Dies ist nur ein kurzer Ausschnitt aus einer Aufführung, über die sich in Abstraktionen und Kategorien kaum referieren läßt, die man nacherzählen müßte, um ihren Reichtum (der ein Reichtum an Genauigkeit ist) zu ahnen. Warum hat das mit Genauigkeit ja gewiß nicht verwöhnte Schloßparktheater-Publikum so nachdrücklich gemurrt? Unempfindlichkeit allein ist nicht die Erklärung – denn die eindringlichste Schauspielerin der Aufführung, Hildegard Schmahl, wurde auch am heftigsten gefeiert. Der Zorn über Rudolph hat etwas mit einer durchaus richtigen Beobachtung zu tun: Er ist ein Regisseur, der die Bedürfnisse des Zuschauers nach Schönheit, nach harmonischer Schönheit mindestens, vorsätzlich mißachtet.
Noeltes »Kirschgarten«, Steins »Sommergäste«: in diesen auch von Rudolph bewunderten Inszenierungen wurde das scheinbar Natürliche mit einem großen Aufwand an ästhetischem, choreographischem, kompositorischem Kalkül hergestellt. Dieser Zug des Meisterhaften, meisterhaft Gemachten fehlt Rudolphs Arbeiten. Im Gegenteil: er denkt sich regelrechte Anti-Arrangements aus, häßlich, unbeholfen wirkende Choreographien; er hat sich wieder ein Bühnenbild bauen lassen (Ilona Freyer), das eher nützlich als ästhe-

tisch erfreulich ist. Und er hat dafür Argumente, die man nach diesem »Onkel Vanja« noch ernster nehmen muß: »Ich finde bestimmte ästhetische Gruppierungen auf der Bühne nicht real – sie können nicht aus realen Beobachtungen entstanden sein. Sie sind entstanden aus einem Bedürfnis nach dem, was wir für Harmonie halten, was diktiert ist von tausend Jahren abendländischer Harmonielehre. Für mich war es aufregend, als wir vor ein paar Tagen eine Probe mit fast vierzig Photographen hatten. Die haben nur an ganz bestimmten Stellen geknipst, aber dann alle zur gleichen Zeit, wie die Verrückten. Immer dort, wo für Sekunden etwas auftauchte, was sie für eine harmonische Konstellation hielten. Ich finde, schöne Choreographien lullen ein. Wenn die Arrangements häßlich sind oder unbequem zu betrachten, stören sie mich auf, und ich gucke anders, sehe neu hin.«

(DIE ZEIT, 6. Februar 1976)

Faust, Vogel, Koffer, Kirche: Klaus Michael Grüber inszeniert Goethe in Paris

Ein leerer, achteckiger Kirchenraum, grauer Steinfußboden, graue Wände – Schmuck und Statuen hat man hinausgeräumt. Es ist früher Abend, ziemlich kalt schon, durch die Fenster der Kuppel fällt das letzte Tageslicht herein. Hoch über den Köpfen der Zuschauer kreist ein Perpetuum mobile aus drei langen, dicken Tauen, in der Mitte des Raums hängt ein schwerer Sandsack. Gegenüber den drei Zuschauertribünen riesige Rollen von Zeitungspapier und eine bizarre Plastik – nach einer Weile erkennt man, daß dies eine Rotationsmaschine sein muß.

Lange bleibt es still. Dann taucht aus dem Dunkel einer Seitenkapelle eine Gestalt auf: ein Mann in einem grauen, staubigen Mantel, in grauen, verstaubten Schuhen, einen grauen Hut tief ins Gesicht gedrückt. Der Mann setzt die Maschine in Bewegung. Sehr viel später wird man wissen: Das ist Faust. Nun springt von links ein zweiter, fast genauso kostümierter Mensch auf die Bühne – eine kurze Detonation, Pulverdampf zischt aus den Lampen, die über der »Bühne« hängen. Der zweite Graue trägt ein rotleuchtendes Glühlämpchen am Revers seines Mantels: Er wird Mephisto sein.

Ganz langsam und leise, während es immer dunkler wird, füllt sich das Kirchenschiff mit weiteren grauen Gestalten; alle haben die gleichen langen, staubigen Mäntel an; alle tragen kleine, silbergraue Handkoffer bei sich; alle bewegen sich durch den dämmrigen Raum mit den gleichen konzentrierten, schwebenden, fast körperlosen Bewegungen: hellwache Schlafwandler. Und während man inmitten dieser Bilderrätsel ängstlich nach Assoziationen sucht (Sehen die geheimnisvollen Grauen nicht Landstreichern ähnlich? Oder Gangstern am Ort der Konspiration?), fliegt durch die Kirchenkuppel ein Vogel.

So, ungefähr so, beginnt in Paris eine befremdliche Theaterveranstaltung, eine Quälerei und ein Abenteuer für die Augen: Klaus Michael Grüber hat (ein Jahr nach den »Bakchen« an der Schaubühne) in der Kirche des Hospitals Salpêtrière mit französischen Schauspielern Goethes »Faust« inszeniert. Genauer müßte es heißen: Grüber hat in Paris zusammen mit seinen Ausstattern (den Malern Eduardo Arroyo und Gilles Aillaud) seinen »Faust« inszeniert – eine theatralische Dichtung nach Texten, Figuren und Motiven von Goethe. Von den 12000 Versen des Urtextes ist vielleicht ein Zehntel übriggeblieben – in knappe französische Prosa übersetzt. Und trotzdem: von der poetischen Idee, vom Theatertraum Goethes erfährt man auf Grübers weitem, fünfeinhalb Stunden langem Weg durch das Stück mehr, als wenn man sich pflichtschuldig (im ersten Teil bewundernd, im zweiten ermattend) durch die zwölftausend Verse liest.

»Je incommensurabeler und für den Verstand unfasslicher eine poetische Production, desto besser«: diesen Satz Goethes zitiert wohl jede »Faust«-Interpretation. Aber das »Faust«-Drama selbst, auch und gerade sein zweiter Teil, ist viel weniger chaotisch (für den Verstand unfaßlich) als hochgebildet-eklektisch: Lebens- und Leseerfahrungen eines harmonischen alten Mannes. In Grübers »Faust«-Paraphrase bekommt der Stoff eine märchenhafte Ferne und Gefährlichkeit zurück; es wird physisch und theatralisch, wovon Goethe nur (in wundervollen Versen) poetisch schwärmen konnte.

Die Theatermittel, aus denen Grübers Inszenierung ihr »Geheimnis« gewinnt, sind zunächst profan, simpel, geheimnislos. Das einzige Mysterium im ersten Teil der Aufführung ist ihre Konzentration: Die Schauspieler, obwohl sie doch festen Kirchenboden unter den Füßen haben, bewegen sich so behutsam wie Artisten auf dem Seil. Aus praktischen, spielerischen Vorgängen werden, allein durch Konzentration, magische Zeichen. Mephisto zum Beispiel hält einen kleinen, roten Gummiball in der Hand. Manchmal macht er halt bei seiner Wanderung durch den Kirchenraum, konzentriert sich lange, wirft dann den Ball blitzschnell auf die Erde und fängt ihn sofort wieder auf: so, als sei der Ball ein wissenschaftliches Instrument, um die Beschaffenheit des Fußbodens zu erforschen. Ein anderer Grauer (der Erdgeist) trägt eine Schildkröte über die Bühne, hockt sich nieder, mißt mit einem Zollstock erst den Fußboden, dann die Schildkröte aus, macht mit Kreide Zeichen auf den Stein.

All diese szenischen Aktionen werden mit größter Gelassenheit und Unauffälligkeit abgewickelt, werden nicht zu Theaternummern, bleiben Bestandteil einer großen szenischen Komposition. Ein Spiel aus Körpern und Bewegungen, Sätzen und Schweigen, Licht und Schatten in einem Raum, der langsam in der Dunkelheit verschwindet; ein asketischer Surrealismus, keiner, der mit seinen Bild-Erfindungen auftrumpft. Ein paar Stationen noch nimmt man wahr aus Goethes Stück. Fausts Begegnung mit Gretchen: da läßt sich das Mädchen (auch eine Gestalt im grauen Männermantel) seitwärts in Fausts Arme fallen, so todesmutig entschlossen, wie sich ein Trapezkünstler fallen läßt – ein ekstatischer Moment, ausgeführt mit einer sachlichen, akrobatischen Bewegung. Der Teufelspakt: da sticht Mephisto mit dem Messer in den großen Sandsack, der zerplatzt und langsam ausläuft. Der Kerker: da hockt Gretchen hinter dem Sandhaufen, Faust sitzt neben ihr auf einem Hocker; Mephisto geht zu Gretchen, hebt ihren Hut vom Boden auf, leert ihn vom Sand und führt das Mädchen langsam hinaus.

Dann beginnt Fausts lange Reise durch die Welt, und mit ihr die weite Wanderung der Pariser »Faust«-Zuschauer durch eine bizarre Architektur. St. Louis, die Kirche der Salpêtrière, hat nicht weniger als acht Seitenschiffe, die kreisförmig um den achteckigen Zentralraum gelegen sind. In den drei südlichen Kapellen waren die drei Zuschauertribünen für den ersten Teil aufgebaut – durch die fünf anderen wandert nun die Inszenierung des zweiten Teils.

Die Architektur der Kirche (1670–1677) ist eng verbunden mit ihrer Geschichte: Die Salpêtrière war immer Hospiz und Asyl für die Schwächsten und Krankesten der Pariser Gesellschaft – Altersheim, Obdach für Landstreicher und Prostituierte, für Epileptiker und Geisteskranke. Der achtteilige Kirchenraum machte es möglich, daß die sehr gemischte und bestimmt nicht immer ungefährliche Salpêtrière-Bevölkerung gemeinsam die Gnade des Gottesdienstes empfangen konnte, ohne daß die verschiedenen Gruppen einander zu nahe kamen. Ein Gebäude, das viel Wahn und Elend gesehen hat: wenn Grüber hier den »Faust« inszeniert, dann bestimmt nicht nur, um die Reize eines attraktiven Nicht-Theaterraums theatralisch auszubeuten – dann auch, weil dieser Raum mitsamt seiner düsteren Geschichte (mehr als jeder andere) zu Abenteuern der Phantasie verleitet – zum Partner taugt für eine Inszenierung, die ein Stück eben nicht nacherzählen, nicht interpretieren, die es viel eher halluzinatorisch nachempfinden will.

Nach Gretchens Tod und Fausts Monolog vom Anfang des zweiten Teils (»Des Lebens Pulse schlagen frisch-lebendig«) öffnet sich links eine hohe Tür: Ein Herold stürzt herein, bittet das Publikum buckelnd und grinsend in die Seitenkapelle, in den »Kaiserlichen Palast«. Nach fast zwei Stunden Dämmerung und Dunkelheit ein schockierender Kontrast: Man geht hinein in Licht, Lärm und Heiterkeit. An den Wänden der rechteckigen Kapelle unzählige grelle Lämpchen, in den Nischen bunt kostümierte Figuren, eine Leuchtschrift (»FAUST«) an der Mauer, Spielautomaten, Tische mit Früchten. Erst nach einer Weile bemerkt man, daß der Jahrmarktzauber, den man überwältigt angestarrt hat, ein ziemlich fauler, kranker Zauber ist; daß müder Trübsinn auf den lachenden Gesichtern der Kostümierten liegt, daß die Früchte auf den Tischen angebissen, angeschimmelt sind.

Nach der Pause werden die dreihundert Zuschauer um die Kirche herumgeführt zur Seitenkapelle gegenüber: Dort spielt die »Klassische Walpurgisnacht«. Der Weg führt vorbei an einigen Gebäuden des Hospitals, ein paar Krankenschwestern lehnen im Fenster, schauen herab auf die seltsame Prozession, die sich da vorbeibewegt – und sofort erlebt man auch das als Inszenierung, als großen theatralischen Moment.

Doch dann, im zweiten Teil des Abends, verliert sich allmählich diese (ja auch fragwürdige, weil besinnungslose) Bereitschaft, jedem Vorgang mit höchster Aufmerksamkeit zuzusehen. Das hat sicher auch banale, private Gründe: wachsende Müdigkeit, zunehmende Kälte. Aber es gibt auch eine andere Erklärung: Grübers Inszenierung verändert immer stärker ihre Methode und ihr Material – sie wird immer mehr zur Sammlung extravaganter (und kostspieliger) Kunstgegenstände. Die magische Schönheit des ersten Teils, die darin bestand, daß eben nicht kunstmacherisch Bilder gestellt wurden, daß sich Raum, Licht und Körper ganz selbstverständlich zu einer theatralischen Komposition zusammenfügten, wird verdrängt von einer bloß artifiziellen Schönheit, von den ausgefallenen Bild-Erfindungen Grübers, Arroyos und Aillauds – nicht mehr der Kirchenraum beherrscht die »Faust«-Szenen, sondern die in diesen Raum hineingebauten Kunstgegenstände.

In der »Klassischen Walpurgisnacht« sitzen die Zuschauer auf steilen Tribünen über einer Art Schwimmbecken, das mit Kieselsteinen gefüllt ist. Auf zwei Sprungbrettern liegen schlafend Mephisto und Faust, in der Grube spielen weiß gekleidete kleine Mädchen. Oder die vorletzte Station der Aufführung: in vielen Reihen hintereinander sind Kirchenstühle aufeinandergestapelt. Auf den Stuhllehnen hocken, an den Kirchenmauern kleben Vögel, aus Brotteig gebacken. In der letzten Stuhlreihe zwei alte, krumme Leute: Philemon und Baucis.

Man müßte nun, wollte man dem Leser einer »Faust«-Kritik auch nur einen Bruchteil der Strapazen zumuten, die ein Besucher der »Faust«-Aufführung auszuhalten hat, noch lange weitererzählen von den Bildern dieser Aufführung – daraus würde immer stärker eine Aufzählung von Einfällen werden, von üppigen, darum etwas aufdringlichen Wundern. Nachzuerzählen wäre: die langsame Verdrängung schauspielerischer Konzentration durch ästhetische Kalkulation; die unaufhaltsame Wandlung einer theatralischen Dichtung in eine Ausstellung von Kunst.

Erst lange nach Ende der Veranstaltung meldet sich so etwas wie kritischer Widerstand gegen die Faszination, der man vorher erlegen ist. Grübers »Faust«: das ist ohne Zweifel Regie- und Genietheater in seiner extremsten, einsamsten Form. Theater, in dem die Schauspieler nicht Mit-Erfinder sind, sondern nur die Bilder auszuführen, die Tableaus zu beleben haben, die ein anderer, Einziger, sich ausgedacht hat. Nicht, daß sie schwerverständlich, esoterisch, chaotisch ist, macht diese »Faust«-Veranstaltung fragwürdig; sondern, daß sich hier Theater (ja eigentlich ein kommunikativer, kollektiver Prozeß) jeder Spontaneität verweigert; daß dreizehn Schauspieler drei Monate lang und dreihundert Zuschauer fünf Stunden lang nur deshalb da sind, um einem einzigen, unvergleichlich reichen Gehirn beim Phantasieren zuzusehen.

Grübers Einsamkeiten: der Narzißmus, die Monomanie dieser Inszenierung setzt sich fort bis in jedes ihrer Bilder. Deshalb entdeckt man in Grübers komplizierten Tableaus ein Motiv immer wieder, unendlich variiert und vervielfacht. Ob der Erdgeist seine Schildkröte ausmißt, ob sich eine Hofdame im Palast die Haare wäscht und kämmt, ob Helena deklamiert oder ob Mephisto mit einem Meißel das Steinpodest bearbeitet, auf dem Helena steht: fast nirgendwo in Grübers Bildern findet Kommunikation zwischen Figuren statt, überall in diesen Bildern trifft man Leute, die verbissen vor sich hinarbeiten oder starrsinnig vor sich hinträumen – mit nichts anderem beschäftigt als sich selbst.

(DIE ZEIT, 30. Mai 1975)

III. Stückeschreiber

Vom braven B. B.: Vier Brecht-Inszenierungen und ihre Konsequenzen

Auf dem Bühnenboden hocken, vor einem leuchtend weißen Rundhorizont, schön gekleidete Menschen in eleganten Kaukasus-Gewändern. Es sind adrette, unbeschmutzte Kostüme, die sie tragen; sie kommen, es ist nicht zu übersehen, frisch aus der Theaterschneiderei, Spuren von Wetter und Arbeit zeigen sie nicht. Die Folklore-Menschen veranstalten ein freundliches Palaver miteinander: Zwei sowjetische Kolchosen debattieren darüber, wem das Tal gehören soll – wie bisher den Ziegenzüchtern, oder aber den Obstbauern, die es bewässern und fruchtbar machen wollen. Die Debatte wird im freundlich-steifen Deklamationston geführt; manchmal, auf Regiekommando, sehen sich die Genossen innig an und freuen sich gemeinsam. Auf allen Gesichtern liegt ein verklärter Glanz, es ist das Lächeln der Morgenröte. Der Theaterfreund erkennt solch inszenierten Frohsinn rasch wieder: Es ist auch das ewige Lächeln der Operettenstatisterie.

So, vor allem so, sieht Bertolt Brecht 1976, zwanzig Jahre nach Brechts Tod, auf dem Theater aus, auch auf seinem eigenen. Die beschriebene Szene ist die erste einer neuen Brecht-Aufführung am Berliner Ensemble: »Der kaukasische Kreidekreis«, Regie Peter Kupke. Man ahnt, solche Szenen betrachtend, warum Brecht viel lieber den Zerfall der alten als den Anbruch der neuen, schöneren Zeit beschrieben hat – er wußte wohl, daß ein konsequent klassenloser Staat das kritische Theater nicht mehr brauchen würde, sondern nur noch Fest- und Singspiele zur Feier seiner selbst.

Man ahnt aber auch, woher das stetig wachsende Mißvergnügen bürgerlicher Intellektueller am Theaterautor Brecht kommt – eine Geringschätzung, die nur die frühen Stücke (von »Baal« bis »Mann ist Mann« etwa) und ein paar Lehrstücke (»Die Maßnahme« vor allem) ausnimmt. Gelangweilt zu sein über den »reifen«, den »klassischen« Brecht, gehört heute zum guten Ton. Abfällige Äußerungen über Brecht sind längst viel zahlreicher als bewundernde.

»Ich konnte ihn nie leiden«, gab Peter Handke schon 1968 bekannt – »seine Denkmodelle scheinen mir, wenn ich an die Kompliziertheit meines eigenen Bewußtseins denke, allzu vereinfacht und widerspruchslos … Seine Arbeiten sind Idyllen. Meine Wirklichkeit verhöhnt sie in jedem Augenblick.« Heiner Müller, nach Brechts Tod der wichtigste Dramatiker der DDR, distanzierte sich 1974 in einem Interview so: »Was ich bei Brecht – wenn man ihn mit Shakespeare vergleicht – im Moment ein bißchen langweilig finde, ist, daß er Figuren kleinmacht. Das mag in einer anderen historischen Epoche richtig gewesen sein. Jetzt kommt es, glaube ich, mehr darauf an, den subjektiven Faktor wichtig zu machen.« Nicht nur ein bißchen, sondern sehr langweilig findet Jean Genet den Kollegen: »Brecht hat nur Quatsch gesagt … Bei Brecht weiß ich immer, was kommen wird. Nichts von dem, was Strindberg sagt, kann anders als auf dichterische Weise gesagt werden. Alles, was Brecht sagt, kann in Prosa gesagt werden und ist in Prosa gesagt worden.«

Auch die wichtigsten deutschen Regisseure meiden Brecht. Noelte und Zadek verabscheuen ihn, Klaus Michael Grüber hat sich bisher nur für ein frühes Stück (»Im Dickicht der Städte«) interessiert, Peter Stein hat 1970, zur Eröffnung des Schaubühnen-Zeitalters, »Die Mutter« inszeniert – und sich nach diesem Hommage an Brecht und mehr noch an Therese Giehse vom Brechtschen Theater verabschiedet.

Brecht ist passé – und äußerst erfolgreich. Das demonstrative Desinteresse von Theatermachern und Intellektuellen ändert nichts an der unerschütterlichen Zuneigung des Theaterpublikums: Brecht ist, seit vielen Jahren schon, der meistgespielte Dramatiker auf bundesdeutschen Bühnen – mit weitem Vorsprung vor Schiller, Shakespeare und Goethe. Brecht-Aufführungen sind mancherorts letzte Zufluchtstätten, letzte Idyllen; während fast jedes Provinztheater, fast jeder Durchschnittsregisseur es schon einmal riskiert hat, einen Klassiker kritisch neu zu lesen (keiner darf schließlich hinter den neuesten Errungenschaften zurückbleiben), herrscht vor dem Neuklassiker Brecht noch immer Einschüchterung und Ehrfurcht. Brecht, der größte Veränderer des Theaters (mindestens der größte Prophet der Veränderung), dient heute denen zur Erbauung, die jede Veränderung fürchten.

Ich habe in den beiden letzten Monaten vier Brecht-Aufführungen an vier respektablen Bühnen gesehen. Ich habe die Rundreise in Sachen Brecht im Vollbesitz meiner Kräfte und Vorurteile angetreten, aber natürlich auch in der Hoffnung auf eine Korrektur – Meinungen, die man zu lange unverändert mit sich herumträgt, beginnen einen zu langweilen. Resigniertes Fazit: Nach vier Aufführungen, nach etwa vierzehn Stunden Bertolt Brecht haben sich die Vorurteile nur noch verhärtet, bin ich meiner Abneigung sicherer als zuvor. Die vier Aufführungen haben vier verschiedene Wege, Irrwege eingeschlagen – den Dramatiker Brecht zum Leben erweckt hat keine.

Die »Kreidekreis«-Inszenierung des Berliner Ensembles ist, auch wenn sich ihre Hersteller sicher für besonders treue Diener des Dichters halten, eine eskapistische Veranstaltung. Sie leugnet, daß Brecht die schöne »Kreidekreis«-Geschichte aus Schmerz und Wut über eine gar nicht so schöne Welt erfunden hat (das Stück entstand 1944 im amerikanischen Exil). Die Inszenierung tut so, als seien die Finsternisse, die das Stück beschreibt, längst schon Vergangenheit, Legende. Sie erzählt das Drama im Diminutiv, wie ein Stück süßsauren Kindertheaters: eine Versammlung von netten, niedlichen Chargen, putzigen Kulissen und herzigen Kostümen und im Zentrum eine prächtige, tapfere Frau, die Grusche der Felicitas Ritsch. Eine idealisierte Figur, zur gerührten Betrachtung freigegeben – und alle Befürchtungen Brechts bestätigend. Im »Arbeitsjournal« vom 15. 6. 1944 hatte er ahnungsvoll notiert: »plötzlich bin ich nicht mehr zufrieden mit der grusche. sie sollte einfältig sein, aussehen wie die tolle grete beim breughel, ein tragtier. sie sollte störrisch sein statt aufsässig, willig statt gut, ausdauernd statt unbestechlich usw. usw. diese einfalt sollte keineswegs ›weisheit‹ bedeuten (das ist die bekannte schablone) …«

Nach der Pause kommt, wie in Märchenstücken ja oft, der Auftritt des großen Zauberers: Ekkehard Schall spielt den chaotischen Richter Azdak als wilde, selbst- und brechtvergessene Akrobatennummer. Eine Solo-Show, die nichts erzählen, nichts erklären, die nur noch verblüffen will. Wenn Azdak vom Galgen stürzt, fällt Akrobat Schall zu Boden, als habe er gar keine Knochen im Leibe, weich und lautlos wie eine Gummipuppe. Mit dem Gesicht kann Schall ähnlich feine Kunststücke machen wie mit den Gliedern; er ist wohl der einzige Schauspieler der Welt, der mit Händen und Füßen, Augen und Ohren gleichzeitig grimassieren kann. So vergeht der zweite Teil der Aufführung einigermaßen vergnüglich: Turntheater.

Manfred Wekwerths Zürcher Inszenierung des »Guten Menschen von Sezuan« ist von den vieren die orthodoxeste – diejenige, die noch am gläubigsten der pädagogischen Nützlichkeit des Brecht-Theaters vertraut. Ein pädagogischer Autor, hat Brecht einmal gesagt, wolle er gerne sein – er müsse ja nicht gleich ein Pestalozzi werden. In Zürich denkt man dann aber doch dauernd an Pestalozzi und fast gar nicht an Poetisches – weil die Shen Te der Renate Richter das Stück wie einen Anfängerkurs für Brecht-Zuschauer spielt. In ihren Gesprächen mit dem Publikum befleißigt sie sich, neckisch und frohgemut blickend, eines menschenfreundlich-belehrenden Kindertheater-Tons: Hört mal zu, ihr Kleinen da unten. Mal ist sie schelmisch, mal ist sie sentimental: eine patente Person, wie man sie jeder Schulklasse wünscht. Sie dreht sich auch ständig von ihren Partnern weg zur Rampe hin: die klassische Position zum Rezitieren von Erbaulichkeiten.

Dieses furchtbare, furchtbar nette Lehrerinnengetue vernichtet nahezu alles, was vielleicht an Brechts Figur interessant wäre. Fräulein Shen Te ist eine Hure, und man müßte sehen, welch elende Arbeit das für sie ist. Und man müßte auch sehen, wie viele bürgerliche, ja kitschige Sehnsüchte sie hat. In ihrem Kopf ist vieles gar nicht klar – was eine so penetrant frische, schwungvolle, uraltkluge Vorführung wie die von Renate Richter einfach forsch überspielt.

In Frankfurt sollte ursprünglich Luc Bondy das »Volksstück« vom Herrn Puntila inszenieren; nach einigen Probenwochen gab er auf, entmutigt von der Aussichtslosigkeit, seine sehr subjektiven Theatervisionen gegen einen so knöchernen Text wie den von Brecht durchzusetzen. Peter Palitzsch, wie Manfred Wekwerth Schüler Brechts, übernahm die Inszenierung. Seiner Arbeit ist der Vorsatz anzumerken, keine Brecht-Feierstunde zu veranstalten, sondern etwas mehr Sinnliches als Besinnliches auf die Bühne zu bringen. Ein bißchen Jahrmarkt zu Beginn: Zwei Ringkämpfer in bunten Leibchen liefern sich auf einer kleinen Podestbühne einen kurzen Kampf. Aber schon dieser zirzensische Auftakt gerät Palitzsch eher lahm als lustvoll, das Gaudium hält sich in Grenzen. Und diese Stimmung des Absolvierens, der Leidenschaftslosigkeit vergeht kaum einmal während des langen Abends. Vergnüglich, locker, undoktrinär will die Aufführung sein, doch das Resultat ist etwas Lasches und Braves. Eine Aufführung, ganz ohne die Gläubigkeit (oder Scheinheiligkeit) der Zürcher Veranstaltung. Ein wirklich netter, weil gar nicht dummer Abend, der achselzuckend zugibt: mehr ist nicht dran. Mehr nicht als hübsche Finnland-Folklore, ein paar schöne Sätze über den Sommer und die Liebe und eine Herr-Knecht-Geschichte, die jeder kennt und jeder gern hat, über einen korrupten, aber eigentlich netten Großgrundbesitzer und einen unbestechlichen, aber eigentlich langweiligen Proletarier.

Es liegt ein gewisser müder, melancholischer Charme über der Aufführung; vor allem, weil Peter Roggisch den Puntila nicht so sehr als einen bedrohlichen Kapitalisten spielt, sondern als einen Nachfahren Baals, als ein phantasiereiches, von Verwahrlosung gezeichnetes Individuum. Ein intelligenter, reicher Clochard – neben dem der muffige, funktionärshaft biedere Matti (Alexander Wagner) fast unsichtbar wird. Die Aufführung führt den Sieg Puntilas nicht vorsätzlich herbei (so untreu ist Palitzsch seinem Brecht doch nicht), aber sie läßt ihn geschehen, widerstandslos, resigniert.

Dieter Giesings Hamburger »Arturo Ui«-Inszenierung ist die einzige, die nicht (ergriffen oder lethargisch) vor einem Brecht-Stück kapituliert. Die einzige, die etwas Ehrgeiziges, Eigensinniges versucht. Die Aufführung ist keine sehr entschlossene Theaterarbeit geworden – was an Giesings wie immer viel zu vorsichtigem Umgang mit den Schauspielern liegt, deren Mittel er intelligent kontrolliert, die er aber kaum noch zu etwas Riskantem animiert. Immerhin aber ist die Aufführung ein entschlossenes dramaturgisches Experiment – eines, das zu Brechts Ungunsten ausgeht.

Giesing versucht, den »Arturo Ui« nicht als Hitler-Parabel (oder, noch harmloser: als Hitler-Parodie, Nazi-Kabarett) zu spielen; nicht der historische Hintergrund interessiert ihn, sondern der theatralische Vordergrund, das Gangsterstück. Chicago soll der Schauplatz sein, nicht ein US-amerikanisch verfremdetes Weimar. Ui (Herbert Mensching) ist am Anfang des Stücks eine kleinlaute Figur mit hoher, ängstlicher Stimme – ein Kleinbürger, kein großer Boß. Erst während seines aufhaltsamen Aufstiegs erlernt er die Techniken des Diktators, und erst in der allerletzten Szene, bei seiner großen Schlußansprache, ist Arturo Ui dem Adolf Hitler ähnlich geworden.

Daß man dieser so zwingend ausgedachten Konzeption nur mit so lauem Interesse folgt (und sich dankbar einigen dekorativen Bühnenbild-Effekten Erich Wonders zuwendet), liegt sicher an Giesings lähmender Vorsicht; es liegt, zum weit größeren Teil, an Brechts Stück selber. Brecht, auch da sein bester Kritiker, hat, als er den »Ui« schrieb, den Defekt der Geschichte genau gesehen: »... unter anderem wäre eine zu enge Verknüpfung der beiden Handlungen (Gangster- und Nazihandlung), also eine Form, bei der die Gangsterhandlung nur eine Symbolisierung der anderen Handlung wäre, schon dadurch unerträglich, weil man dann unaufhörlich nach der Bedeutung dieses oder jenen Zuges suchen, bei jeder Figur nach dem Urbild forschen würde.«

Als Gangsterstück allein funktioniert »Arturo Ui« überhaupt nicht. Jedes gute Gangsterstück arbeitet mit Andeutungen, Verschleierungen, Täuschungen; nur so hält es das Interesse an der Story aufrecht. Brecht dagegen erzählt seine Fabel mit größtmöglicher Klarheit und Umständlichkeit. Er sagt alles und alles mehrmals. Hätte der Arturo Ui nicht eben doch das Glück, eine Hitler-Paraphrase zu sein: er wäre eine der langweiligsten Figuren der gesamten Gangsterliteratur.

Ausreden sind denkbar. Was sagen schon vier zufällige, zufällig mißglückte Aufführungen über einen Stückeschreiber? Ist Brecht denn daran schuld, wenn die Theater nichts mit ihm anzufangen wissen? Schließlich wirft man dem Herrn aus Weimar auch nicht jede mißglückte »Faust«-Inszenierung vor. Leider sind das eben nur Ausreden. Die Brecht-

Misere ist nicht nur eine Misere der Brecht-Interpreten. Die Texte selber sind an ihrem nicht mehr aufhaltsamen Verwelken schuld.

Brechts Stücke sind keine Dramen, sondern dramatisierte Lektionen. Lektionen sind Gebrauchsgegenstände. Wenn sie gelernt sind, werden neue Lektionen notwendig. Die ständige, liturgische Wiederholung des längst Begriffenen (wie in Brecht-Inszenierungen heute) gibt Lehrern wie Schülern das bequeme Gefühl, man habe ausgelernt. Die Mitteilung, daß die Welt änderbar sei, wird dann genauso gerührt und unberührt zur Kenntnis genommen wie etwa der Satz eines schon älteren Klassikers, der Starke sei am mächtigsten allein. Auch dieses Argument läuft auf eine Absolution Brechts hinaus; daß er gestorben ist, daß er nicht auf eine veränderte Situation mit veränderten Lektionen reagieren konnte, kann kein Vorwurf gegen ihn sein. Brechts Verblassen wäre demnach höhere Gewalt, der Stückeschreiber dafür entschuldigt, daß aus seinen Lehrstücken nichts mehr zu lernen ist.

Dies wäre von allen Interpretationen noch die freundlichste. Eine andere, etwas kompliziertere, scheint mir richtiger zu sein. Sie hat mit den Stücken selber zu tun, nicht mit deren zwangsläufig nachlassender Wirkung.

Daß es unmöglich ist, ein guter Mensch zu sein in einer bösen Welt (»Der gute Mensch von Sezuan«); daß die Kinder den Mütterlichen gehören sollen, denen, die gut für sie sind, und nicht unbedingt den leiblichen Müttern (»Der kaukasische Kreidekreis«); daß es keine Freundschaft geben kann zwischen Herr und Knecht (»Puntila«); daß im Kapitalismus nur ein Gangster Karriere machen kann (»Arturo Ui«): jedes klassische Brecht-Stück läuft hinaus auf einen erhabenen Sinn- und Merkspruch. Das wäre zu ertragen, würde dieser große, stück- und weltumfassende Sinnspruch nicht von tausend anderen Sinnsprüchen wiederholt und variiert. Jedes Brecht-Stück ist eine Anthologie aus östlichen und westlichen Weisheiten, aus Kalendersprüchen, Slogans, Aphorismen. Ein Aphorismus ist eine stilisierte Erkenntnis – am Anfang seines Daseins macht die überraschende Formulierung vielleicht auf die Wirklichkeit aufmerksam. Mit jeder Wiederholung aber wird die Erkenntnis blasser, die Stilisierung deutlicher, penetranter. Die Lüge der Sinnsprüche ist, daß ihre Formulierungsperfektheit einen perfekten Gedankengang vortäuscht, etwas zu Ende Gebrachtes – die Bewegung des Denkens hört auf in einer glanzvollen Schlußpantomime. Brechts Theatertheorie behauptete die ständige Veränderbarkeit der Welt, der Gedanken, des Theaters. Im Reden seiner Figuren aber ist das Denken zur Weisheit gefroren, die Sprache zu Sprüchen erstarrt. Lauter kleine Ewigkeiten: Brechts Sätze, die Veränderung predigend, schläfern die Lust auf Veränderung ein.

Das Unsympathischste an Brechts Stücken ist ihre künstliche, kunstvoll nachgemachte Schlichtheit. Der, dem die unsterbliche Formulierung gelungen ist, das Volk sei nicht tümlich, tümelt in seinen Dialogen ganz erheblich. Der ewig gewitzte Ton der Brecht-Figuren ist weniger ein witziger als ein neckischer Ton – ein Onkel- und Märchentantenton.

Ob Brecht seine Figuren soziale Einsichten formulieren läßt, oder ob sie über die Liebe reden: ständig steht der Autor lächelnd hinter oder über ihnen und geleitet sie an sicherer Hand. Er führt seine Figuren vor – aber er ist nur von seiner Vorführung, nicht von den Figuren selber beeindruckt. Wie sollte er es auch sein, da sie nur Konstrukte sind, zusammengesetzt aus seinen guten Absichten und seinen noch besseren Ansichten?

Ich weiß keinen anderen Stückeschreiber, der seinen Figuren so überlegen ist (vielleicht noch Ibsen in seinen bürgerlichen Lehrstücken); keinen, der einen so risikolosen Umgang mit ihnen pflegt. Lebendig aber (und damit: theatralisch, auf dem Theater ansehenswert) sind nur Figuren, die nicht in die Idee von einer Figur zurückübersetzbar sind; die stark genug sind, um sich der Kontrolle ihres Erfinders immer wieder zu entziehen.

Solchen Risiken ist der klassische Brecht fast panisch aus dem Weg gegangen. Seine Obsession, ständig der Stärkere, Klügere sein zu müssen, hat ihn auch im Zusammenleben mit seinen Figuren nicht verlassen. Kein Wunder, wenn man sich heute mehr für die frühen Stücke interessiert und für die Gedichte, für die Tagebücher und Arbeitsnotizen, wo Brecht ohne Maskerade von sich selber spricht, wo er nicht das, was sein gewaltiger Kopf bewegte, zu belehrsamen Puppenspie-

len verkleinert hat. Brecht in den Notizen zum »Sezuan«-
Stück: »Schwierig, bei dem festgelegten Wegziel den winzi-
gen Szenchen dieses Unverantwortliche, Zufällige, Passable
zu verleihen, das man ›Leben‹ nennt.« Und: »Wie kann der
Eindruck der Milchmädchenrechnung vermieden werden?
Dem Ausgerechneten entspricht das Niedliche.«
Brechts nachgemachte Naivität verrät sich in seiner unglück-
lichen Beziehung zu den trivialen, den populären Genres.
(Der »Puntila« soll ein »Volksstück« sein, »Arturo Ui« ein
Gangsterstück, der »Kreidekreis« ein Märchen.) Brechts
Liebe zum Trivialen ist so sehnsüchtig wie aussichtslos, weil
es eine typische Intellektuellen-Liebe ist. Große Trivialkunst
ist groß vor allem wegen ihrer Bedenkenlosigkeit, ihrer
Hemmungslosigkeit. Natürlich arbeitet auch sie mit tausend
Tricks – aber es kommt dann doch immer der erhebende
Moment, wo die Gefühle das Kalkül durchbrechen.
Brecht hat sich (nach seiner Konversion zum pädagogischen
Theater) die Fähigkeit zu solcher Naivität systematisch ab-
erzogen. Weil er aber klug war und wußte, daß eine gute
Geschichte auf dem Theater Naivität braucht, hat er ständig
triviale Formen benützt, geplündert, parodiert: sein Naivi-
täts-Ersatz. Er hat es dabei zu einer großen Kunstfertigkeit
gebracht. Allein das einfachste, wichtigste Kunststück ist ihm
nie gelungen: den Zuschauer neugierig zu machen auf den
Fortgang der Geschichte. Denn Brecht erzählte nicht in Er-
eignissen, sondern in Exempeln. Eine schnell durchschaubare Grundkonstellation wurde mit unzähligen Beispielen
ermüdend illustriert, eine Generalthese ständig neu bewiesen. Der Stückeschreiber Brecht war ein miserabler Ge-
schichtenerzähler.
Im Gedächtnis bleibt wenig nach vier Abenden Brecht. Der
kontrollierte Amoklauf des Ekkehard Schall. Die Buntheit
und Lässigkeit von Peter Roggischs Puntila. Ein paar verwegene, exzentrische Momente bei Helmut Lohner, der im
Zürcher »Sezuan« den stellungslosen Flieger Sun spielt. Es
überleben gerade die Figuren des Brechtschen Theaters, denen Brecht den historischen Untergang prophezeit hat: der
Saufbold Puntila, der Egozentriker Sun, der Chaot Azdak.
In ihnen hat Brecht seinen Widerstand formuliert gegen die
eigenen, allzu glatten Lösungsmodelle. Die Azdak-Ge-

schichte ist in all diesen Stücken die schönste: Ein Traumtän-
zer und Wirrkopf führt das gute Ende herbei, nicht das orga
Helden der Lehrstücke geworden. Baal, der heilige, unheil-
bare Egoist, hat, mindestens auf Brechts Theater, den neuen,
vom Eigennutz geheilten und gereinigten Menschen über-
dauert.

Der Bürger Brecht und der Antibürger haben den sozialistischen Stückeschreiber überlebt. Der ist wohl auch nie etwas
anderes gewesen als eine mit unsäglichen Mühen erstellte
fiktive Figur – von allen Konstruktionen Brechts die großartigste und vergeblichste. Die einzige, bei der er sich selber
aufs Spiel gesetzt hat.

(DIE ZEIT, 7. Mai 1976)

Todes Leid und Lust:
Thomas Bernhards »Jagdgesellschaft«

Und so weiter. Seit über zehn Jahren schon beschreibt Thomas Bernhard mit rasender Monotonie und wachsender Perfektion das immer gleiche – Sterben, Verenden, Verwesen –, und mit ihm genießt ein immer größer werdendes Publikum den Schauder und die Wonnen der Agonie.

Dabei müßte eigentlich längst mit allem ein Ende gemacht sein – mit dem nutzlosen Leben genauso wie mit dem widerwärtigen Theater. Doch noch ist es nicht so weit, noch erzählt (und erlebt) Bernhard vor allem tragikomische Ersatzhandlungen, bloß symbolische oder bloß rhetorische Vernichtungsaktionen. In der Kurzgeschichte »Ist es eine Komödie? Ist es eine Tragödie?« plant ein Mensch, eine Theaterstudie zu schreiben, »die dem Theater ein für allemal ins Gesicht schlägt«. Eines Tages kauft sich dieser Mensch eine Theaterkarte, geht aber nicht ins Theater, sondern setzt sich auf eine Bank im Wiener Volksgarten: »Du solltest aber, denke ich, hingehn und mit Rücksicht auf deine Armut deine Karte verkaufen, geh hin, sage ich mir, und während ich das denke, habe ich den größten Genuß daran, meine Theaterkarte zwischen Daumen und Zeigefinger der rechten Hand zu zerreiben, das Theater zu zerreiben.«

In Bernhards neuem Stück »Die Jagdgesellschaft« hat ein Mensch, Schriftsteller von Beruf, den größten Genuß daran, vom Sterben zu reden, und erspart sich so den Selbstmord. Seine monumental-virtuosen Todeslitaneien und Verzweiflungsarien füllen fast das ganze Stück – dabei hat um ihn herum das reale Sterben längst begonnen: Der Wald, in dem das Jagdhaus steht, ist vom Borkenkäfer befallen; der General, dem der Wald gehört, hat eine tödliche Krankheit. Am Ende des Stücks, während der Schriftsteller noch mit der Jagdgesellschaft Konversation macht, über den Tod plaudert, geht der General wortlos aus dem Zimmer und erschießt sich. Draußen, im Morgengrauen, beginnen die Holzfäller damit, den Wald abzuholzen.

»Eine Stille tritt ein, und man hört nur noch von weitem im Garten die Axthiebe«: mit dieser Szenenanweisung endet eines der schönsten und modernsten Stücke der Theaterliteratur – Tschechows »Kirschgarten«. Die Bäume im Kirschgarten müssen gefällt werden, damit aus dem Grundstück mehr Profit herausgeschlagen werden kann. »Die Jagdgesellschaft« ist demgegenüber ein rührend veraltetes, rührselig metaphysisches Stück: Die Bäume müssen fallen, weil es die Macht eines bösen Schicksals so will. Denn daß der Wald stirbt, ist hier natürlich nur ein Gleichnis: dafür, daß die Welt stirbt, täglich, unaufhörlich.

Ich kenne keinen Dramatiker, der Menschen so wach, so genau, so unvoreingenommen beobachtet wie Tschechow. Und keinen mit soviel Voreingenommenheit, vorsätzlicher Blindheit wie Thomas Bernhard. In der »Jagdgesellschaft« ist diese selbstgewollte Erblindung mit äußerster Akribie beschrieben. Der General sagt über den Schriftsteller: »Sehen sie diese Innenwände in seinem Gehirn/ schreibt er voll/ voll/ ein vollgeschriebenes Gehirn/ ein gänzlich vollgeschriebenes/ und dadurch völlig verfinstertes Gehirn/ mit einer solchen Geschwindigkeit vollgeschrieben/ daß schon alles übereinandergeschrieben ist/ wie ein Wahnsinniger/ Die ganze Innenseite seines Gehirns/ die er selber schon nicht mehr lesen kann.«

Dies ist die Dramaturgie eines gänzlich solipsistischen Theaters – eines Theaters, das keine Figuren mehr erfinden mag, das immer nur sich selbst und seine Blindheit (unendlich oft und unendlich selbstgefällig) vervielfältigt. Das Drama macht und sucht keine Erfahrungen mehr. Es zweifelt nicht mehr, sondern verzweifelt nur noch, und die Verzweiflung ist sein einziges Dogma. Jedes Detail ist ein Beleg, keines eine Entdeckung. Jeder Satz und jedes Bild muß etwas beweisen – jene eine, ewig unveränderbare, immer nur variierte Weltformel, Pauschalphrase, die in der »Jagdgesellschaft« so heißt: »Der Mensch ist ein verzweifelter Mensch. Alles andere ist die Lüge.«

Man kann an solche Formeln glauben oder nicht; widerlegbar sind sie jedenfalls nicht, nicht einmal diskutierbar: Es ist ein quasi-religiöses Weltverständnis, das sich in solch stolzen Indikativen, in solch gottväterlichen Gleichungen artikuliert.

Und wohl auch deshalb vollzieht sich ein Großteil der Bern-
hard-Rezeption in quasi-religiösen (entweder erbaulichen
oder büßerischen) Ritualen. Nur so ist auch die süchtige An-
dacht, die manchmal geradezu exhibitionistische Ergriffen-
heit zu verstehen, mit der Thomas-Bernhard-Texte gelesen
und rezensiert werden. Carl Zuckmayer hat (religiöses und
sexuelles Vokabular kühn zusammenzwingend) einen der ersten Definitionsversuche unternommen, hat behauptet,
Bernhard betreibe »die völlige Entblößung eines letzten
Seelenrestes«. Und seitdem raunt und rumort es sehr exi-
stentiell: von »totaler Seinsverfinsterung« bis zu den »Wurzeln unserer Existenz«, die Bernhard (»ein wirklicher Dichter«) »bloßlege«.
Die kollektive Trance, die dieser Autor bei seinen konservativen Lesern auslöst: gewiß hat er sie mitverschuldet. Gewollt oder gar verdient hat er sie nicht. Denn in Bernhards
Texten gibt es mindestens zwei Qualitäten, die es eigentlich
verbieten sollten, ihn zum düster-erbaulichen Schmerzens-
mann zu stilisieren: den Haß und die Perfektion.
Unübersehbar ist auch in der »Jagdgesellschaft« Bernhards
Ekel vor dem eigenen Gewerbe und vor dem Publikum, das
ihm bei diesem Gewerbe zuschaut. Dauernd kommentiert,
denunziert das Stück den eigenen redseligen Leerlauf, demoliert seine Weltpredigten und Phrasenphilosophien. Der
Schriftsteller ist kein melancholisches, sondern ein masochistisches Selbstporträt – denn er hat eine ziemlich fragwürdige, ja erbärmliche Rolle zu spielen. So darf er über den
Tod reden, damit es seinem Publikum, der aristokratisch-
großbourgeoisen Jagdgesellschaft, »nicht langweilig wird«.
Er prostituiert sich mit Poesie und poetischer Verzweiflung.
Am Ende ist die Jagdgesellschaft viel mehr an des Schrift-
stellers Todesrhetorik als an des Generals realem Sterben
interessiert: Auch in dieser Szene beschreibt, verhöhnt
Bernhard sich selbst und seine Situation – ein Verzweifelter,
der zum Entertainer wird für ein Publikum, das Verzweiflung nur als poetische Delikatesse, nicht aber als persönliche
oder gar politische Erfahrung kennt.
Bernhard schaut auf eine »vollkommen verschlampte Gesellschaft«, »eine durch und durch vernachlässigte Welt« –

eine sehr österreichische Weltsicht ist das. Aber während sich etwa Wolfgang Bauers Stücke dieser allseitigen Auflösung elegisch-höhnisch hingeben, setzt ihr Bernhard den Widerstand extremer formaler Anstrengung entgegen. Kein schlampiges Weltgefühl also, sondern die äußerste, präzise Fühllosigkeit. Alle Figuren in Bernhards Stücken sind Marionetten- und Maschinenmenschen. (Der Doktor im »Ignoranten«: eine Seziermaschine. Die Königin der Nacht: eine Koloraturmaschine. Der Schriftsteller in der »Jagdgesellschaft«: eine Leidens- und Poesiemaschine.) Und Maschinen gleichen auch die Stücke selber: streng komponierte, fast fehlerlose, fühllose Mechanismen. Ihr Thema und ihr Vorbild sind die präzisen Künste: die Chirurgie, die Mathematik, die Musik. Und natürlich die einzig absolut perfekte Kunst, die es in Bernhards Kosmos gibt: der Tod, »dieses exakte Werk«.

Bernhard hat die »Jagdgesellschaft« Bruno Ganz gewidmet, der in Salzburg, in Claus Peymanns Regie, den Doktor im »Ignoranten« gespielt hat – und der Bernhards Theatertheorie (»die Schauspieler müssen Talent haben und müssen eine Maschine sein«) mit unfaßbarer, horrorhafter Virtuosität erfüllt hat. Peymann hat nun auch die »Jagdgesellschaft«, am Wiener Burgtheater, urinszeniert – aber mit einem Hauptdarsteller, mit Joachim Bissmeier, der leider nur wie eine sorgfältig-akademische Bruno-Ganz-Kopie aussah, der hinter den Schauspielerbeschreibungen des Textes harmlos zurückblieb, kaum einmal die Distanz überwand, die zwischen kultiviertem Können und schreckerregender Perfektion liegt. Und seine Hauptpartnerin Judith Holzmeister führte aufs neue vor, daß sie Thomas Bernhard nicht spielen kann: eine Schauspielerin, die alles sehr geschmackvoll tut; wenn sie spricht, tut sie es mit Sprechkultur, wenn sie lacht, tut sie es mit Lachkultur. Ihre Haltung zur Theatervirtuosität ist eine gläubig-devote, nicht (wie bei Ganz und Thomas Bernhard) eine gläubig-blasphemische, aus Ekel und Verzauberung gemischte. So passierte in einem mutig-monumentalen Bühnenbild (Karl-Ernst Herrmann hatte ein gewaltig hohes Jagdzimmer gebaut, mit weißen Wänden, die Geweihe pedantisch nebeneinander aufgereiht) ein eigentlich mutloses Theater; herrschte jene gepflegte Indifferenz, die man in

Wien (und auch anderswo) so gerne »großes Theater« nennt – so, als habe Peymann die Burgtheaterkultur vor dem Theaterhaß des Autors in Schutz nehmen wollen. Bestimmt war das nicht die Ambition der Inszenierung – leider aber ihr Resultat.

Und so weiter? In Salzburg, wo schon in wenigen Monaten die nächste Bernhard-Uraufführung stattfindet, wird man über manches neu nachdenken müssen. »Die Macht der Gewohnheit« heißt das Stück, und es ist Bernhards erste regelrechte Komödie. Nicht bloß, wie in den anderen Stücken, die dröhnende Behauptung, daß das Leben lächerlich sei, sondern ein Stück zum Lachen; ein Stück, das alle Motive Bernhards (den Tod, die Musik, die Perfektion) wieder aufnimmt und durch eine grell-obszöne Clownerie jagt. Keine Predigergebärden, keine Gottvatertöne, kein apokalyptischer Zeigefinger: das erste komische Stück und deshalb das erste, das man ganz wird ernstnehmen müssen.

(DIE ZEIT, 10. Mai 1974)

Sag O.K. zum K.o.:
Rolf Hochhuths »Tod eines Jägers«

Das weitaus Beste an dieser Uraufführung ist, daß sie nun doch stattgefunden hat. Womöglich wären wir sonst noch wochenlang mit immer neuen, hochdramatischen Bulletins aus Salzburg versorgt worden. Schon am Ende der Probenzeit war das Getümmel kaum zu überblicken: Die Premiere findet statt, wird verschoben; Hochhuth reist ab, Hochhuth reist nicht ab; Bernhard Wicki kann den Text nicht, kann ihn doch; Hochhuth redet auf den Proben zuviel dazwischen, Hochhuth wird von den Proben ausgesperrt; Wicki kann den Curd Jürgens nicht leiden, oder war es umgekehrt? Dann gab es da auch noch einen Regisseur, Ernst Haeusserman, der wohl nicht viel zu sagen hatte bei den Gefechten der hysterisierten Herren und diese seine Ohnmacht auch öffentlich, milde-resigniert, zugab. Salzburg hatte seinen Skandal, die Skandalpresse jubilierte: so wurde der Krach um Hochhuth (nach der Niederkunft der schwedischen Königin) das zweite große Boulevardthema dieses Sommers.

Bei der ganzen ziemlich peinlichen Posse ging es um den Tod eines Menschen: um den Selbstmord Ernest Hemingways. Genauer: um jenen Monumentaltext, der Rolf Hochhuth zum traurigen Thema eingefallen war – schon im Frühjahr 1976 als Buch publiziert, schon damals wütend verrissen. Wie dieses Stück nach Salzburg geraten ist, wie aus einer Hemingway-Figur urplötzlich zwei wurden (und so auch Curd Jürgens zu seinem Auftritt kam) – das alles ist schon oft und minuziös erzählt worden und lohnt doch das Erzählen kaum. Rolf Hochhuth jedenfalls hatte, wie noch bei jedem seiner Stücke: Publicity. Er sorgt eben, ob er es will oder nicht, für Skandale – und manche sehen darin seine größte, vielleicht einzige Qualität.

Aber wie hat sich der Skandal verändert! Um den »Stellvertreter« und auch noch um das Churchill-Stück (»Soldaten«) hatte es erregte historische und moralische Debatten gegeben. Mit diesen (notwendigen) Skandalen hat der unnötige

Skandal in Salzburg, 1977, nichts gemein. Jetzt streiten sich nicht mehr die Historiker über Hochhuth, jetzt zanken sich die Stars, und es versammelt sich die Schickeria. Hochhuth mag zuletzt etwas von der Peinlichkeit der Vorgänge gespürt haben; seine Abreise war vielleicht auch ein Zeichen der Scham. Einen Ruf als Dramatiker hatte er nie zu verlieren. Wohl aber einen Ruf als ein engagierter, bis zum Fanatismus ernsthafter, bis zur Schrillheit erregbarer schreibender Zeitgenosse. Ein solches Ansehen aber, das sich mehr auf moralische als auf artistische Qualitäten gründet, setzt man aufs Spiel, wenn man sich mit seinem Anliegen ausgerechnet in die Pseudowelt Salzburgs und in die Halbwelt des Herrn Jürgens begibt. Doch Hochhuth, von starken Männern verzaubert, braucht deren Zauber offenbar auch, wenn es ein fauler ist.

*

Was tat Ernest Hemingway am Sonntag, dem 2. Juli 1961, bevor er sich mit seiner Jagdflinte erschoß? Das Rätsel ist endlich gelöst: Er sprach ein paar Stunden lang Texte von Rolf Hochhuth. Dann mochte er, verständlich, nicht mehr leben. Er sagte (auch das ein echter Hochhuth) »O.K. zu seinem K.o«.

Im Ernst: wohl noch nie zuvor hat ein Dramatiker so radikal darauf verzichtet, einer Figur Sprache zu geben, ihre eigene. Rücksichtslos stopft Hochhuth dem armen Hemingway Hochhuth-Sätze in den Mund. Das heißt: ein Dichter, der, was immer man von seinen Büchern heute halten mag, sprachmächtig war, muß sich (und das vor seinem Tode) in der Sprache eines Sprachohnmächtigen artikulieren. Julius Cäsar mag es so ähnlich oft ergangen sein – wenn Studienräte ihre Römerdramen schrieben. Der Unterschied ist bloß: Hochhuths Stücke bleiben nicht in der Schublade.

Wieder einmal hat Hochhuth alles, was ihm eingefallen und was er sich angelesen hat, bedenkenlos niedergeschrieben – gleichgültig, ob es zum Stück und zum Thema paßte oder nicht. Daß sich Hemingway umbrachte, als er merkte, nicht mehr schreiben zu können: das ist ein mögliches, vielleicht sogar dramatisierbares Thema, und irgendwo in Hochhuths Stück kommt es auch vor. Richtig zum Vorschein kommt es nicht, weil es zugeschüttet wird von tausend anderen Themen. Gott und die Welt, die Poesie und die Malerei, die Geschichte und die Gegenwart, die Frauen und der Alkohol: Hemingway wird dazu genötigt, alle noch nicht publizierten Essays von Rolf Hochhuth vorab zu rezitieren. Statt an den Tod zu denken, was ein Selbstmörder vermutlich tut, hat der zum Sterben entschlossene Dichter nichts Wichtigeres zu tun, als sich und dem Publikum seine Belesenheit, seine rundum abendländische Bildung vorzuführen. Auch da hat Hochhuth ein eigenes Trauma kurzerhand zu dem seines Helden gemacht.

Alle Stücke von Rolf Hochhuth sind Zeugnisse der Angst. Weil er seiner eigenen Sprache tief unsicher ist (vielleicht eine eigene Sprache gar nicht hat), inszeniert er auf jeder Seite ein gewaltiges Sprachgetöse. Und weil er der Kraft seiner eigenen Gedanken nicht traut, sucht er ständig Zuflucht bei fremden: daher diese gräßliche Bildungsprotzerei, im Text und in den Regieanweisungen (*»Schon die Chaldäer ... «*), daher die blinde Zitierwut auch da, wo die eigenen Überlegungen originell genug wären. Angst: Sprachangst, aus der ein Sprechzwang werden kann – nichts, wozu Rolf Hochhuth nichts zu sagen hätte. Und immer die Angst, womöglich zu trivial zu sein, ein Schreiber nur, kein richtiger Dichter: sie treibt Hochhuth zu immer neuen Demonstrationen seiner Belesenheit. Die Schülerfurcht (nicht genug zu wissen) und die Subalternenfurcht (nicht ernstgenommen zu werden) – sie werden hier vor den Augen und zu Lasten des Lesers und Zuschauers »bewältigt«. Und weil da einer die Welt angstvoll erlebt, hat er dauernd das Bedürfnis Ordnung zu schaffen, das Chaos mit dem Zettelkasten zu besiegen, die wirre Welt in gut überschaubare Sinnsprüche zu zwingen. Einen »Schiller in Sockenhaltern« hat der »Spiegel« einmal Rolf Hochhuth genannt – und daß dies nicht nur eine hübsche Formulierung ist, sondern die ganze bittere Wahrheit, weiß jeder, der leidvoll miterleben muß, wie Hochhuth die Kunst der Sentenz zur Serienfabrikation kleinbürgerlicher Kalendersprüche herabwürdigt. *»Neid ist der Eros der Berufstätigen.«* *»Haß ist ein Frühaufsteher«* (Liebe also ganz zweifellos ein Spätaufsteher). *»Ehefrauen, und doch, wenn man sie nicht hätte ... «* *»Gutes glückt nur dem, der viel* *schreibt.«* »*Kinder sind – Vorwürfe. Frauen nehmen oft Kinder mit – Männer nie; jedenfalls nicht, wenn sie die Frau zurücklassen.«* »*Hochgefühle – warum durchschauen wir sie nie als Fahrtwind in den Abgrund?«* Schließlich: »*Ruhm: fünfzig Prozent Prostitution, fünfzig Transpiration.«*

Rolf Hochhuth ist die volkstümliche Ausgabe des Universalphilosophen: ein Allesdenker. Und so, wie er schlechthin alles zu erörtern wagt, selbst das nicht Denkbare denkt, so gibt es auch keine Formulierung, vor der er zurückschreckt. Manchmal stürzen dann die Gedanken und die Wörter wild und komisch durcheinander, ein Slapstick der Metaphern: »*Ich ließ mich nicht wie andere hochschwemmen/von der geistfeindlichen Jauche/die der Faschisteritis voranfloß/und zu der auch die Verachtung/der Eierköpfe gehört,/die ich für Klugscheißer hielt,/wie die Nazis sie nannten,/sondern ich trug bei, die Schleusen zu öffnen … «*

So, man möchte es nicht glauben, redet der alte Hemingway. Und sogar so: »*Doch dank der Entschlackungs-Kur,/zu der mein Venedig-Roman wurde,/verschwand, was Münchhausen an mir war,/in der Lagune – und konnte ich im Golfstrom/ nur ein Jahr später – die Einsicht formulieren,/die haltbar ist wie Lear: ›Was hat dich geschlagen?‹ «* Die Stelle muß man mehrmals lesen (wie da ein Roman zur Entschlackungskur wird, Münchhausen in der Lagune verschwindet, wie dann aber im Golfstrom eine Einsicht formuliert wird, haltbar wie Lear), um ganz zu begreifen, welches Verhältnis Hochhuth zur deutschen Sprache hat: das des Liebhabers, der wider seinen Willen zum Notzüchter wird. Daß der Untäter ein Biedermann ist, einer mit den besten moralischen Absichten, macht die Sache nur noch traurig-vertrackter.

Mit so einem Text also hatte sich Bernhard Wicki angelegt. Eines von tausend Gerüchten vor der Premiere hieß: Er finde das Stück ganz einfach schlecht. Wie auch immer: Wicki hat sich aus Hochhuths Riesenkonvolut mit einigem Geschick die weniger peinlichen Passagen herausgesucht. Und hat versucht, das Unaussprechbare sprechbar zu machen – Hochhuths einzigartig rhythmisierte Prosa verliert bei Wicki fast alle Komik und alle Eigenart. Hochhuths Hoch-Sprache verwandelt sich in annähernd naturalistische Prosa – wird zerkleinert, zerräuspert, zerhustet und zerbrüllt. Ein richtiger Kerl steht da auf der Bühne, rauhbeinig und zart, ganz lebensecht – kein Rezitator feierlicher Tiraden. Aber dann wird diese schwer erarbeitete »Natürlichkeit« doch gleich wieder diskreditiert: durch effektvolles Schreien und noch effektvolleres Schweigen (weitaufgerissene Augen, tragischer Blick zur Galerie); durch Wickis Entschlossenheit, die Vorlage nur als Vorwand zu nehmen, als Anlaß für eine Schauspielernummer. Saft-und-Kraft-Theater, und das bei Hemingway, der am Ende seines Lebens auch am Ende seiner physischen Kräfte war, den Besucher erschrocken als »mager« und »gebrechlich« schilderten. Kein Mensch wurde vorgeführt, sondern ein Künstler-Repertoire: Wir waren in Salzburg. Gelegentlich trat Curd Jürgens aus der Kulisse, mit weißem Rauschebart, im grünen Förstergewand, und deklamierte heiser, doch unendlich edel Originales von Hemingway – wobei er bald in einen schrecklichen, raunenden Märchenton verfiel: Von drauß vom Walde komm ich her. Günther Schneider-Siemssen hatte lieblos ein Allerwelts-Bühnenbild aufs Podium des Mozarteums gebaut (ein paar Sessel, die Bücherwand, die Wendeltreppe, alles ganz steril, wie unbewohnt): in etwa die Standardkulisse für den gehobenen britischen Boulevard. Und Ernst Haeusserman, Hofrat und Intendant, hatte inszeniert. Hatte er wirklich?

*

Unziemliches blieb den Salzburger Festspielen erspart: daß Hochhuths Hemingway mal vom »*Ficken*« redet, daß er Richard Nixon eine »*Kanal-Ratte*« nennt. Gestrichen waren der Auftritt einer Katze sowie Hemingways rührseliger Dialog mit dem (ausgestopften) Kopf einer Schraubenantilope. Ungesagt blieben die vielen gedankenvollen Betrachtungen Hochhuths über das Geschlechtliche und die Frau an sich. Man muß das also alles in der Buchausgabe nachlesen und lernen, daß auch ein schwacher Poet ein starker Erotiker sein kann – der beim Thema »Vergänglichkeit« auch »*die letzte Spur einer Liebe, ein Kondom*«, den Strom (des Lebens) hinunterschwimmen sieht und der auch zum Thema »Eros und bildende Kunst« etwas zu sagen hat. Dies nämlich: »*Diese Scheu, das Intimste vorzuzeigen, wie albern/denn das Intimste ist das Allgemeinste. Was steckt dahinter, daß in jeder Galerie/sexuelle Abstrusitäten ausgehängt werden,/Leda*

oder Dalila mit der Schere/doch das Allnächtliche, die Fotze
per se,/hat nur einer zu malen riskiert, Courbet ... «
So könnte man noch lange, und zunehmend fröhlich, weiter-
zitieren. Rolf Hochhuths Dramatik war einmal ein Beitrag
zur politischen Diskussion – heute taugt sie nur noch zum
heiteren Gebrauch: ein humoristischer Hausschatz. Und hatten nach dem »Stellvertreter« noch einige Rezensenten emphatisch behauptet, hier sei dem deutschen Theater ein
neuer Schiller geschenkt worden, so sieht man die Dinge
heute doch ein wenig anders. Nicht Friedrich von Schillers
Erbe verwaltet Hochhuth, sondern das des Fräulein Kemp-
ner. Auch sie eine Große, eine Unsterbliche. Doch sollte
Hochhuth über diese seine Erbtante nicht glücklich sein,
dann findet er bestimmt Trost im eigenen Werk. »Tod eines
Jägers«, Seite 93: *»das Schicksal des Kritikers! / ... / nie*
etwas sagen, nur immer nachsagen ... / bis Nachsagen zum
Haupttrieb wird, / Böses natürlich; wie witzlos läse sich /
Wohlwollendes ... / Begreiflich, daß den Eunuchen nur inter-
essiert,/ ob der, der Liebhaber werden konnte, / wenigstens
ein schwacher ist: / daher ihre Mord-Lust!«
Stimmt alles. Nur: eine Lust ist es wirklich nicht.

(DIE ZEIT, 19. August 1977)

Bayerischer Kommunismus, nestwarm:
Über Franz Xaver Kroetz

Im Jahr 1966 trat Franz Xaver Kroetz aus der römisch-ka-
tholischen Kirche aus. 1972 suchte er Zuflucht bei einer anderen Glaubensgemeinschaft – er wurde Mitglied der Deutschen Kommunistischen Partei. In den Jahren dazwischen
liegen Kroetz' Anfänge und erste Erfolge als Stückeschreiber. Die Stücke von damals heißen »Hartnäckig«, »Heimarbeit«, »Michis Blut«, »Wildwechsel«, »Lieber Fritz«; es sind
Stücke über sozial und sprachlich Deklassierte, die aus ihrer
unverschuldeten Misere nur den einen Ausweg finden, der
kein Ausweg ist, die Gewalttat. Es sind Stücke, die Menschen so behandeln, wie das Christentum eigentlich Menschen behandeln sollte: mit unbeirrbarer Liebe. Kroetz zeigt
in seinen düster-wortkargen Texten etwas im Grunde sehr
Zuversichtliches: über wieviel Reichtum an Reaktionen,
über wieviel differenzierte, wenn auch verschüttete Sinnlichkeit Leute verfügen, die ein gesundes Volksempfinden für
stumpfsinnig erklären würde.
Kroetz hat nach seiner Konversion zum Kommunismus von
diesen ersten Stücken zunächst ziemlich hochmütig Abstand
genommen; hat sie als Werke des Mitleids bezeichnet (was
richtig ist), als bloße Zustandsbeschreibungen, hoffnungslos,
zukunftslos – was überhaupt nicht richtig ist. Kroetz drängte
es nun, die Position des Beobachtenden zu verlassen – aus
dem wohl richtigen Instinkt heraus, daß, wer allzuoft und
allzu erfolgreich das immer gleiche Elend beschreibt, sehr
leicht zu dessen voyeuristischem Nutznießer werden könnte.
Kroetz wollte Elend und Ausbeutung nicht mehr bloß sensibel beschreiben, sondern helfend eingreifen. So gesehen war
seine Entscheidung für eine starke, selbstbewußte Ideologie
eine durchaus logische Konsequenz – ein Selbstschutz auch
gegen die eigenen Schwächen und Empfindsamkeiten.
Kroetz wurde aus einem inneren Drang Kommunist; als er es
geworden war, kam Druck von außen dazu. Die neuen Par-
teifreunde nämlich machten Kroetz klar, wie suspekt ihnen

sein Erfolg bei der bürgerlich-liberalen Theaterkritik vorkam, und ermunterten ihn zu mehr Parteilichkeit. Kroetz nahm dies alles, zeitweise bis zur Selbstvernichtung, ernst. »Meine Sachen können ruhig schlechter werden, wenn sie nur politisch besser werden«, erklärte er nun und machte einige Stücke lang mit der neuen Maxime furchtbaren Ernst; schrieb eine Anti-Olympia-Satire (»Globales Interesse«), bearbeitete Hebbel (»Maria Magdalena«), schrieb ein Agitpropstück gegen Mietwucher (»Münchner Kindl«) – ersetzte Einsichten durch plump-kritische Witze, Sprache durch Spruchbänder, Menschen durch Marionetten. Kroetz verleugnete dabei sein Talent mit solch berserkerhafter Entschlossenheit, daß man fürchten mußte, der politisch nützliche Dramatiker Kroetz sei ein unnützer Dramatiker geworden.

Kroetz ist jetzt 29 Jahre alt. Inzwischen ist er, wenn man den Kroetz-Interpreten und den zahllosen Kroetz-Selbstinterpretationen glauben darf, in eine neue, wieder hoffnungsvollere Phase seines Dramatikerlebens eingetreten. Der dritte Kroetz ist das bereits: nach den Stücken des Mitleids und denen der Agitation nun die Synthese – die Verbindung von realistischer Genauigkeit und kommunistischer Zuversicht. Kroetz bei der Entdeckung des sozialistischen Realismus: eine Entwicklungsgeschichte, so überschaubar, so mustergültig – reif für das Literaturlexikon. Ein Glück nur, daß die Wirklichkeit, auch Kroetz' Wirklichkeit, viel konfuser aussieht.

Denn nach wie vor bleibt es höchst zweifelhaft, ob diese Vermählung zwischen Realismus (wie Kroetz ihn praktiziert) und Sozialismus (wie Kroetz ihn definiert) überhaupt möglich ist. Realismus, konventionell interpretiert, ist ein Verfahren prinzipieller Unvoreingenommenheit; Realismus heißt, Unsicherheit zur dramaturgischen Methode zu machen, Wahrheit erst beim Schreiben zu suchen. Die kommunistische Ideologie aber fordert die prinzipielle Voreingenommenheit, das Resultat der Analyse steht bereits vor dem Schreiben fest, die Therapie ebenfalls. Der konsequente kommunistische Stückeschreiber muß nach Wahrheit gar nicht suchen, da er sich von Anfang an in ihrem Besitz befindet. Das Stückeschreiben wird zum pädagogischen Unternehmen, der Dramatiker zum Erzieher seines Publikums und schlimmer, zum Erzieher seiner Figuren. Wenn man Sozialismus so versteht, wie Kroetz und die DKP es tun, dann gäbe es überhaupt keinen sozialistischen Realismus: weil Realismus eine Sache der Skepsis, ein solcher Sozialismus aber eine Sache des unerschütterlichen Glaubens ist.

»Das Nest«, 1974 geschrieben, angeblich das Beweisstück für die erfolgreiche Synthese, wurde in der vorigen Woche in München uraufgeführt, auf einer winzigen Kellerbühne, im Modernen Theater. Dem Regisseur Gert Pfafferodt, den Schauspielern Ilse Neubauer und Jörg Hube gelang da, unterstützt von einem Theaterraum, der jeden Kunstschwindel, jeden Verstellungstrick verbietet, eine bemerkenswert schöne, ruhige, sachliche Aufführung – eine Aufführung, die auch offenlegte, wie viele Widersprüche es gibt zwischen Realismus und revolutionärem Optimismus; Widersprüche, die dieses Stück (unfreiwillig?) aufdeckt, die es jedenfalls nicht mit zuversichtlichen Phrasen totredet.

Ein Läuterungs- und Erbauungsdrama, das sicher: aus einem verschreckten Untertan ist am Ende des Stücks ein, noch zögernder, Rebell geworden. Um diese Läuterung herbeizuführen, braucht Kroetz eine quälend umständliche, höchst konstruierte Kriminalgeschichte.

Martha und Kurt (er ist Lastwagenfahrer, sie verdient mit Heimarbeit dazu) erwarten ein Kind. Sie haben dieses Kind gewollt, und sie freuen sich darauf. Diese Freude, die mit kleinbürgerlichem Besitzerstolz gepaart ist (man kann »sich etwas leisten«, dem Kind die teuersten Kindersachen kaufen), verdrängt ein wenig die stille Misere dieser Ehe: Martha hat Kurt wohl kaum aus leidenschaftlicher Liebe geheiratet, sondern in einem Akt resignierter Vernunft. Kurt, der das mehr spürt als weiß, stürzt sich in hektische Kompensationen: das Geld, das er in wütender Akkordarbeit herbeischafft, ist sein wichtigstes Machtmittel gegenüber Martha und der wichtigste Beweis seiner verletzbaren Männlichkeit. Kroetz sind in der Beschreibung des Familienglücks (und der Angst, von der dieses Glück bedroht wird) einige der schönsten aller Kroetz-Szenen gelungen; so zärtlich, ohne dabei den kritischen Verstand zu verlieren, geht kein anderer deutscher Dramatiker mit seinen Figuren um.

118

Das Kind kommt auf die Welt, und dann beginnt ein anderes Stück. Vater Kurt arbeitet, um den Lebensstandard zu halten, weiter im Akkord – auch außerhalb der Gesetze. Von seinem Chef überredet, schüttet er giftige Flüssigkeit in einen Teich. Kurz danach (so klopft das Schicksal an die Tür) kommen Frau und Säugling an die nämliche Stelle, baden ahnungslos im verseuchten Wasser. Das Kind erleidet Verbrennungen, kommt ins Krankenhaus, überlebt. Kurt findet nach Selbstkasteiungen, nach kleinlauten, mißglückenden Selbstmordversuchen schließlich das richtige politische Bewußtsein. Er kapiert, daß er immer nur ein Befehlsempfänger (»ein dressierter Aff«) war, zeigt sich und den verbrecherischen Chef bei der Polizei an und findet zuletzt Hilfe bei der Gewerkschaft. Das Ende eines Einzelgängers. Kurt (»unsicher, leise«): »Die Gewerkschaft, das sind viele.«

Nur ein Besserungsdrama also, mit einem rührenden politischen Schlußappell? Kroetz' sozialistischer Realismus, entlarvt als sozialistischer Kitsch? Einem solchen Vernichtungsurteil ist das Stück dann doch lächelnd überlegen. Es offenbart die Widersprüche zwischen Realismus und sozialistischem Realismus, die Konflikte zwischen Kroetz' poetischem Talent und Kroetz' politischem Glauben, aber es schwindelt sich aus solchen Widersprüchen nicht einfach heraus. Es ist ein reservierter Optimismus zum Schluß des Stückes (»unsicher«, »leise« sind Kroetz' eigene Vokabeln), und es wird nicht nur eine politische Geschichte zu Ende erzählt. Kurts Läuterung, das Erwachen seines Selbstbewußtseins, wird auch die Liebesgeschichte zwischen Martha und ihm verändern. Seine Revolte gegen den Chef ist auch so etwas wie ein später Mannbarkeitsbeweis. Das Glück, die Zärtlichkeit zueinander, am Anfang noch unsicher gemimt: sie sind am Ende ein Stück wirklicher geworden. Eine Romanze also, nicht nur ein politischer Traktat.

Kroetz ist ein oftmals fanatischer Kommunist, ein orthodoxer ist er niemals. Noch immer schreibt er viel mehr (und viel besser) über Geisteszustände als über Besitzverhältnisse. Noch immer teilt er über Liebe viel Genaueres mit als über Politik. Wo sich seine Stücke hinauswagen in größere Zusammenhänge, von der Schilderung der kleinen Leute, die Kroetz kennt und mag, zur Beschreibung der Großen, der

Mächtigen, die Kroetz kaum kennt und nicht mag, wird er eine Art Märchenschriftsteller – so reinlich ist dann das Gute vom Bösen getrennt. Ob es der schurkische Chef im »Nest« ist oder ein fieser reicher Schwuler im (noch nicht aufgeführten) Stück »Sterntaler«: unsere bundesrepublikanischen Ausbeuter hat Kroetz bisher nur als Karikaturen gezeichnet.

Und eine fromme Karikatur ist auch Kroetz' gelobtes Land, die DDR, bisher geblieben. Im »Sterntaler« erzählt Kroetz die Geschichte einer in die Bundesrepublik, in die angebliche Freiheit, geflohenen Familie, die dieser unserer mörderischen Freiheit völlig verloren gegenübersteht. Als der Sohn ums Leben gekommen ist, sagt der Vater: »Drübn wär das nicht passiert!« Denn »drübn« ist ein Staat, der für seine Bürger sorgt wie ein strenger, aber gütiger Vater: »Drübn kannst nicht so leicht verkommen, das is klar, da passens schon auf.«

Noch mehr Widersprüche also: hier Kroetz' Sehnsucht nach Heimat, nach dem »Nest«, nach einem Staat, der wie ein Vater ist; dort ein leidenschaftlicher, fast anarchischer Widerwille gegen alle Erziehungsmaßnahmen; hier das Werben für einen Staat, der ein durchaus heftiges Verhältnis zu Ordnung und Verordnungen hat, dort die romantische Sehnsucht nach einem unreglementierten Leben.

»Das Nest« endet so: Kurt und Martha sitzen in ihrem Schrebergärtlein, das glücklich genesene Kind läuft mitten durch die Beete. Der Vater, am Anfang des Stücks ein Ordnungsfanatiker, sagt nun heiter: »Laß ihn!« Keine Fanfare für eine neue, bessere Gesellschaftsordnung beschließt das Stück, sondern eine Liebeserklärung an die Unordnung.

(DIE ZEIT, 5. September 1975)

Ich, meiner, mir, mich: Über Botho Strauß

Als sich die Schauspieler am Ende des Abends im grellen Licht verbeugten, da sahen sie plötzlich nicht mehr wie Schauspieler aus, sondern wie scheußliche Erfindungen des Lebens selber: Hedda (Kirsten Dene), eine fette, trostlos-lustige Dame mit Speckwülsten um die Taille, einem Riesenbusen, einer Turmfrisur auf dem Kopf; zwei Mädchen namens Doris (Libgart Schwarz, Susanne Barth), Zwillingen gleich, die gleichen dürren Beinchen unter den gleichen hellblauen Tanzköstümen; Günther (Manfred Zapatka), ihr Tanzpartner, strohblond, mit dem leeren Lächeln einer Schaufensterpuppe; Karl (Gerd Kunath), ein einäugiger Zauberkünstler mit verbranntem Gesicht; Dieter (Martin Schwab), ein Mensch aus dem Innenministerium, mit blondem, zurückgekämmtem Haar, eklig langen Koteletten, Sommeranzug, rosa Hemd; dazu Stefan (Wolfgang Höper), ein schwammig gewordener Hotelier, und Margot (Regine Vergeen), ein blondes, rheinisch sprechendes Dummerchen. Sie alle sahen so spießig-selbstverständlich wie unglaubwürdig-schrecklich aus. Wer sich einmal aufmerksam umgesehen hat in Ausflugslokalen, auf Vergnügungsdampfern, auf Strandpromenaden, der wird es wohl gleich wiedererkannt haben, das Mittelständisch-Harmlose und das Monsterhaft-Trostlose auf solchen Gesichtern. Bekannten Gesichtern. Im Stuttgarter Programmheft sind einige Photos von Diane Arbus abgedruckt: jedes von ihnen eine bedrückende Geschichte über das Entsetzliche in normalen Leuten. Oder, genauso richtig: über das Normale in entsetzlichen Leuten.

Botho Strauß, 1944 geboren, bis 1970 Theaterkritiker, seitdem Dramaturg (der Schaubühne) und Schriftsteller, hat sein zweites Theaterstück geschrieben, »Bekannte Gesichter, gemischte Gefühle« – Niels-Peter Rudolph hat es für das Stuttgarter Schauspielhaus inszeniert. Noch hat keine andere Bühne das Stück zur Aufführung angenommen. Vielleicht macht Rudolphs Inszenierung den Theatern Mut. Denn der Regisseur hat, mindestens einen Akt lang, etwas erstaunlich

Deutliches und Effektvolles in dem schwer lesbaren, schwer greifbaren, deshalb auch schwer angreifbaren Theatertext entdeckt: eine traurig-genaue Spießbürgerkomödie.

»Ein Hotel in Königswinter« ist der Schauplatz des Stücks, das »in diesen Jahren«, heute also, spielt. Karl-Ernst Herrmann, der Stuttgarter Bühnenbildner, hat diese wortkargen Angaben grandios ins Konkrete übersetzt; hat für die Aufführung eine Hotelhalle gebaut, die aussieht wie eine böse, also wahre Erinnerung an die architektonischen und ästhetischen Abscheulichkeiten der Nachkriegsjahre: ein hoher, von zwei Säulen gestützter Raum, ausgeschlagen mit gräßlichen grünen Tapeten, eine gewaltige Neonlampe an der Decke, an den Wänden eine Reihe kleiner, doppelarmiger Leuchten, Blumenkelchen nachempfunden. Ein Alptraum aus der Zeit des wiedererwachenden Wohlstands, des noch nicht wiedererwachten Geschmacks.

Sieben Leute leben in diesem Hotel (das kaum noch Gäste hat, das kurz vor dem Bankrott steht) auf höchst verschlungene Weise zusammen. Stefan, Hotelbesitzer, beschreibt die Symbiose so: »Keine Trennungen, keine Abschiede, nein, in meinem Hotel werden alle die reizenden Herzensverbindungen sorgfältig aufbewahrt, so daß wir uns inzwischen in einem erstaunlichen Museum von Leidenschaften bewegen.«
Drei Ehepaare, dazu Karl, von allen nur »das Opfer« genannt – er hat bei einem Autounfall ein Auge und das halbe Gesicht verloren. Was ihn noch unheimlicher macht: Er kann zaubern. Nicht harmlos zaubern (Kaninchen und so), sondern regelrecht die Wirklichkeit durcheinanderbringen. Wer mit wem in dieser seltsamen Kommune gerade liiert ist (oder früher liiert war), erfährt man nie genau. Ein Stück also, das Voyeure und Kriminalisten an der Nase herumführt. Klar wird nur, daß die Gefühle einmal groß gewesen sind und daß sie nun allmählich altern, grau und unansehnlich werden. Leidenschaften bewahrt dieses Museum kaum noch auf, höchstens ein paar häßliche Überreste davon. Das Utopische, an das man früher vielleicht einmal geglaubt hat, ist geschrumpft zu einem kleinbürgerlichen Wunschtraum: Doris und Günther betreiben den Amateurtanz, und dem-

nächst wollen sie, in Münster, die Deutsche Meisterschaft erringen – an ihrer »Harmonie«, ihrer »Vollkommenheit« berauschen sich die anderen. Das ist der letzte Lichtpunkt in einer ziemlich kraftlosen, leidenschaftslos gewordenen Gegenwart. Bis ein verhängnisvolles Mißgeschick passiert: Doris macht einen Fehler beim Training, stürzt, Günther haut ihr eine runter, das vollkommene Paar scheint am Ende, die Deutsche Meisterschaft dahin.

Rudolph hat dieses schwebende, doch sich nie zu eindeutigen Definitionen entschließende Stück energisch auf den Boden unserer bundesdeutschen Wirklichkeit gezogen; hat die Figuren häßlicher gemacht (oft bis an die Grenze zur Karikatur) und damit natürlich auch komischer. Ein Museum der Scheußlichkeiten.

Eine Spießbürgersatire, ein sogenanntes kritisches Stück also? Hat sich Botho Strauß schon in seinem zweiten Stück von seinem ersten Stück, den »Hypochondern«, von dessen Themen, Techniken, Obsessionen verabschiedet? Tatsächlich wirkt der Abstand auf den ersten Blick riesig: Die »Hypochonder« waren eine intellektuell verrätselte Kriminal- und Liebesgeschichte, voller Tricks und Zitate, mit einer hochfahrend melodramatischen Sprache (die auch vor dem empfindsamen Schwulst keine Furcht zeigte); ein Stück, bevölkert von nervösen, mondänen, weniger wirklichen als literarischen Geschöpfen; ein Empfindsamkeitsspiel um die Wörter Fieber, Leidenschaft und Schwindel, aber so elegant formuliert und verschlüsselt, daß es doch wegrückte in etwas Unsubjektives, Kaltes, Künstliches. Eben ein Stück Theaterliteratur, Literaturtheater.

Mit »Bekannte Gesichter, gemischte Gefühle« hat Strauß einen scheinbar sehr entschlossenen Schritt getan: aus dem Niemandsland esoterischer Poesie hinab in die deutsche Nachkriegswirklichkeit, weg von den elegant-neurotischen Figuren zu schäbig-realen, von den Hypochondern zu den Mittelständlern.

Ein Abschied von den früheren Texten (von den »Hypochondern« und den beiden Erzählungen »Marlenes Schwester« und »Theorie der Drohung«) – und doch auch, mehr noch, ihre Fortsetzung mit anderen Mitteln. In »Marlenes Schwester« ist die Geschichte der »Bekannten Gesichter«

bereits vorweggenommen: »Julien erzählte von der unzertrennlichen Freundschaft, die der blinde Zufall unter fünf einander wildfremden Spaziergängern ins Leben rief. Sie hatten gemeinsam aus nächster Nähe einen Flugzeugabsturz beobachtet und lernten ihre Namen und Adressen auf einer Polizeistation kennen, wo sie als Augenzeugen vernommen wurden. Das gemeinsame Erlebnis der Verkehrskatastrophe lockte sie immer wieder zusammen. Ein Bann von Sympathie fesselte sie aneinander, und niemand konnte mehr entkommen. Wie im Schlaf, wie in einer zweiten Natur entschwanden ihnen die aufsässigen Gefühle und Bedürfnisse … Denk dir nur: eine Liebe ohne Begehren, gewaltlos, nur diese glühende Leidenschaft, einander unablässig zu beobachten, aus wechselnden räumlichen Entfernungen.«

Im Theaterstück nennt Günther, der Tänzer, die sieben Menschen im Hotel eine »hochempfindliche Lebensgemeinschaft« – was etwas ganz anderes ist als der unempfindliche Spießerbund, zu dessen hochmütiger Betrachtung die Stuttgarter Aufführung zunächst einzuladen scheint. Unter den bekannten Gesichtern verbergen sich gemischte Gefühle, hinter der Häßlichkeit die heftigen Sehnsüchte.

Im zweiten Akt wird alles wieder so schön, so geheimnisvoll, wie es früher einmal war: Doris, die gestürzte Tänzerin, wird durch ein Zwillingswesen, »die neue Doris«, ersetzt; und mit ihr gelingt Günther nun der vollkommene Tanz, und sie erweckt auch in Stefan neue Leidenschaft: Er, der seit zwei Jahren nicht mehr mit Doris hat schlafen können (nachdem sie es vorher eintausenddreihundertfünfundzwanzigmal zusammen getan hatten), verwandelt sich aus einem Halbtoten in jenen stürmischen Liebhaber, der er vielleicht einmal war. Noch ein Zaubertrick: Die neue Doris wird vom Erdboden verschluckt, die alte Doris tritt wieder auf und gibt bekannt, daß sie schwanger ist. Doppelgänger, die drohend auftauchen, die eigene Existenz auslöschen, Geliebte, die ins Nichts hinschwinden: Solche Traum- und Angstbilder bevölkerten das erste Stück und die beiden Erzählungen, und sie reißen nun auch den neuen Theatertext weg in Dunkel und Geheimnis. Schon in den »Hypochondern« hieß es: »Wenn zwei sich innig lieben, so kommt es vor, daß sie einander verwechseln.«

Ein kurzes Schlußbild, es dauert kaum fünf Minuten. Stefan hat sich, offenbar selbstmörderisch, in die Kühltruhe gelegt. Nach zehn Stunden hat man ihn dort gefunden. Nun liegt sein kältestarrer Körper auf der Bühne, und Doris wartet darauf, daß er auftaut. Und sie, die vorher nur zickig und bösartig sein konnte, ein dressiertes Püppchen, sagt nun einen unfaßbar schönen Satz: »Ich möchte ihn gern in meine Arme nehmen. Aber er ist so kalt, so furchtbar kalt.«

Der Tod und das Märchen: wieder, wie in den »Hypochondern«, bleibt von den vielen Themen und Rätseln am Ende nur eines übrig: das einer schrecklich-schönen Romanze. Die Geschichte einer tödlichen, also unsterblichen Liebe.

Darf man so etwas schreiben: ein Stück, das die eigenen politischen und psychologischen Funde verschwinden läßt im fiebrigen Dunst? Darf man sich so mit Figuren, die man scheinbar kritisch-angeekelt beschreibt, verbünden, an ihnen die eigenen Sehnsüchte erzählen? Handke hat in den »Unvernünftigen« ja etwas Ähnliches getan; hat eigene Empfindsamkeiten an fremden, auf den ersten Blick unsympathischen Figuren (an kapitalistischen Unternehmern) demonstriert. Das gab seinem Stück, wie jetzt dem von Strauß, eine verwirrende Doppeldeutigkeit: eine Haltung zu den Figuren (und zu sich selbst), aus Ekel und süchtiger Identifikation gemischt.

Man hat den Autor Strauß bisher vor allem mit zwei Vokabeln charakterisiert: Sensibel heißt die eine, schwerverständlich (oder gröber: unverständlich) die andere. Diese Paarung ist nicht zufällig. Für unseren Theaterbetrieb und seine intellektuellen Verwalter war es in den letzten Jahren tatsächlich schwerverständlich, wenn ein Theaterautor schreibend seinen eigenen Ängsten und Erinnerungen nachging. »Privat« zu schreiben, galt (in der Dramatik länger als in der übrigen Literatur) als nahezu unappetitlich.

Peter Handke hat dagegen als erster und am entschiedensten agitiert; seine Bücher und Theaterstücke sind Plädoyers für eine persönlich empfindende, nicht begrifflich argumentierende Literatur. Aber es sind eben Plädoyers: Handke führt andauernd vor, wie provokant er sich selber findet, seinen Mut zu den eigenen wahren Empfindungen. Er benimmt sich wie ein (der einzige) Prophet des Subjektiven. Strauß' Texten fehlt dieser pädagogische, agitatorische Impuls völlig – sie sind auf viel selbstverständlichere Weise persönlich. Ein Autor, der in seinen Sätzen ganz spielerisch, träumerisch mit sich selbst umgeht. Und »mit sich selbst« heißt auch: mit allem, was sich in seinem Kopf an Lese- und Liebeserfahrungen angesammelt hat.

Aber weil er nicht Handkes Entblößungseifer und Bekenntnisdrang hat, weil ihm immer wieder Fluchtwege offen bleiben (ins Bilderrätsel, ins Zitat), ist Strauß auch viel mehr von Indifferenz bedroht; davon, sich selbst in seinen Texten zu verstecken, kein Subjekt zu sein, nur ein Arrangeur von Subjektivismen. Ein Dichter also, kein Zweifel. Wer will, kann über dieses Wort jetzt lächeln.

Zum Schluß eine Geschichte aus dem »wirklichen Leben«: Beim Fußballverein Schalke 04 machte der Torwart Nigbur in der vergangenen Woche einen verhängnisvollen Fehler. Daraufhin wurde er von dem erbosten Trainer gegen einen anderen Torwart ausgetauscht. Dieser neue Torwart machte aber auch einen verhängnisvollen Fehler, verletzte sich, und so durfte der Torwart Nigbur wieder ins Fußballtor. Nigbur war gerade sieben Minuten bei der Arbeit, als ihm wieder ein verhängnisvoller Fehler unterlief, der seiner Mannschaft den Sieg kostete. Die »Süddeutsche Zeitung« mit dem durchaus angemessenen Pathos: »Weinend verließ er nach Spielschluß das Rasenrechteck. Die Schalker Torwart-Tragödie war perfekt.« Wer mag da Botho Strauß vorwerfen, er schreibe an der Wirklichkeit vorbei, wo doch die Wirklichkeit offenbar bei Botho Strauß abschreibt?

(DIE ZEIT, 12. September 1975)

IV. Verrisse und Polemiken

Geld für den Widerspruch: Über den Sinn des subventionierten Theaters

Den ersten Soloauftritt der neuen Saison – kein Schauspieler absolvierte ihn, sondern ein Funktionär. Ulrich Hartmann, Fraktionsvorsitzender der SPD in der Hamburger Bürgerschaft, ein Mann, von Theaterkenntnissen kaum verwirrt, gab bekannt, was er sich zum Theater ausgedacht hatte. Beunruhigt über die Finanznöte seiner Stadt, verschreckt über die sprunghaft steigenden Theaterkosten, empfahl Hartmann die radikale Lösung: Eine der beiden Hamburger Schauspielbühnen (Thalia oder Deutsches Schauspielhaus) sollte man schließen; die Bühne, die dann übrigbliebe, solle zusammen mit der Staatsoper einen Generalintendanten bekommen.

Auf den ersten Blick scheint Hartmanns Idee der Rede nicht wert: der typische Brachialakt eines Bürokraten. Was sich da so radikal engagiert gibt, ist in Wahrheit das völlige Fehlen von Engagement: die Weigerung, über das Theater detailliert nachzudenken, es nicht nur als technokratisches, finanzpolitisches Problem zu sehen.

Was wie Fortschritt tönt, ist die pure Restauration. Die Idee vom Generalintendanten, an vielen Orten, in vielen Köpfen spukt sie herum, und sie kehrt, in vielerlei Metamorphosen, auch in fast allen Fusionsplänen wieder. Es ist die subalterne Sehnsucht nach dem Supermann. Sie zu realisieren hieße: Aufblähung der Theaterbürokratie, nicht ihr Abbau, Machtakkumulation statt Machtverteilung. Man muß die technokratischen Träumer fragen, ob es denn ein Zufall ist, daß die drei interessantesten deutschen Theater (die Berliner Schaubühne, das Schauspielhaus Frankfurt, das Bochumer Theater) die klassische Theaterhierarchie (mit einem omnipotenten Intendanten an der Spitze) abgebaut haben oder mit dem Abbau gerade beginnen.

Kann man also Hartmanns (von allen Seiten heftig ausgepfiffenen) Auftritt gleich wieder vergessen? War das nur der Amoklauf eines Unzuständigen? Ich glaube nicht – denn die

Attacken auf das Theater werden sich wiederholen, in vielen Städten, und nicht immer werden ihre Argumente so dürftig sein.

Die Hamburger Theaterleute, die Hamburger Zeitungen: sie hatten recht, sich gegen Hartmanns Vorschläge zu wehren. Aber hatten sie auch recht mit ihren Argumenten? Wichtig war, was Ivan Nagel sagte: daß Verstümmelungen des Kulturetats wohl kaum das geeignete Mittel sind, um Schulen und Krankenhäuser zu finanzieren. Aber ansonsten argumentierte man kaum; statt offensiv (also auch offensiv selbstkritisch) zu reagieren, schritt man zur Selbstfeier. Boy Gobert, der Intendant des Thalia Theaters, hatte schon vor Wochen zu verstehen gegeben, daß er die Hansestadt Hamburg für die wahre Kulturhauptstadt des Landes hält. Und nun verschönte auch Nagel die Debatte mit der kaum zu haltenden Behauptung, Hamburg sei gerade dabei, neben Berlin zur deutschen Theatermetropole zu werden.

Das waren (gewiß auf etwas höherem Niveau, mit etwas feineren Manieren) die klassischen, schon stereotypen Verteidigungsreflexe aller Theatermächtigen, aller Verwalter des Status quo. Die Theater, in ganz Deutschland immer heftiger nach ihrer Existenzberechtigung gefragt, flüchten sich in die altbekannte anmaßende Geste: Die Kultur sind wir – das Schutzargument von Privilegierten, die sich selber mit der »Kultur« und folgerichtig ihre Entmachtung mit »Kulturabbau« identifizieren.

Man sollte diese Verteidigungskämpfe als das erkennen, was sie sind: Kämpfe um Macht. Deshalb ist der Angriff auf die Privilegien des Theaters, auf seine dominierende Position in den Kulturetats kein Sakrileg und auch kein Abbau von Kultur. Die Theater (genauer: eine deprimierende Mehrheit von ihnen) haben diese Angriffe verschuldet und deshalb verdient. Genauso wichtig aber ist: man muß das Theater gegen die falschen Angriffe verteidigen – vor allem deshalb, weil diese falschen Angriffe allzu bequem abzuwehren sind, den Status quo zementieren, ein wirkliches Weiterdenken eher verhindern.

Die technokratische Attacke auf das Theater (einziges Argument: die Theater sind zu teuer) verbündet sich in Teilen der SPD, die sich selbst »links« nennen, mit einer ideologiekritischen Attacke. Ihre These heißt: Das Theater ist zu esoterisch.

Wie jene SPD-Leute argumentieren, die nicht nur gutbürgerlich sparen, die das Theater antibürgerlich emanzipieren wollen, dafür gibt es ein schönes, schreckliches Beispiel. Hilmar Hoffmann, Kulturreferent der Stadt Frankfurt, hat ein Buch herausgegeben (»Perspektiven der kommunalen Kulturpolitik«, edition suhrkamp 718, 462 Seiten, 12 Mark) und als Vorwort so etwas wie ein kulturpolitisches Credo verfaßt – eine Attacke auf die »herrschende Kultur«, die »als die Kultur der Herrschenden zur Kultur der Massen entfaltet werden soll«. Hoffmann klagt darüber, daß »Kunst in einer vorwiegend auf Beifall von Kennern oder von Schöngeistern disponierten Präsentation dem massenhaften Zugriff entzogen« ist – und klagt in einem brutalistischen Funktionärsdeutsch, in dem es vor Einschüchterungsvokabeln (»Kulturprinzip«, »sozialer Gebrauchswert«, »massenhafter Zugriff«) nur so klirrt; in einer Sprache, in der der Fortschritt schon verspießert ist, bevor er überhaupt begonnen hat. Aber wichtiger noch als Hilmar Hoffmanns Deutsch sind seine Denkfehler – weil sie repräsentativ sind für einen beträchtlichen Teil linker Anti-Theater-Ressentiments: der Irrglaube, die »herrschende Kultur« sei die Kultur einer Bildungselite, zu elitär, zu esoterisch und deshalb schleunigst abzuschaffen.

Gegenthese: Wenn es in der Bundesrepublik überhaupt so etwas gibt wie eine herrschende Kultur, dann ist sie alles andere als elitär. Die herrschende Kultur ist der herrschende Opportunismus.

Näher besehen nämlich gibt es zwischen Hoffmanns linker Kulturkritik und der Verteidigungsideologie der Theatermächtigen verblüffende Verwandtschaften. Beide Seiten argumentieren quantitativ, anti-elitär. Auf eine Mehrheit beruft sich der opportunistische Theaterleiter, wenn er seinen Verlegenheitsspielplan verteidigt; auf eine Mehrheit »seines« Publikums, das eben Anstöße, Ärgernisse nicht will – und auf eine Mehrheit (des Volkes, die dubiose »Masse«) beruft sich der linke Kulturphilosoph. Beide Ideologien treffen sich in ihrem kleinbürgerlichen, durchaus antidemokratischen Ressentiment gegen Minderheiten und Avantgarden.

Und übersehen hartnäckig, daß die Bühnen, die das deutsche Theater nach dem Krieg vorwärtsgebracht haben, Unternehmen waren und sind, die man mit der Reizvokabel »esoterisch« mühelos hätte totschlagen können: Brechts Berliner Ensemble, Hübners Bremer Theater genauso wie heute die Schaubühne. Beide Ideologien sind subalterne Ideologien. Das alte, feierlich-verlogene Theater betrieb die Einschüchterung des Publikums durch Klassiker (oder die Kumpanei mit der Klamotte). Das Gegenkonzept der linken Sozialdemokratie heißt offenbar: Einschüchterung durch Pädagogik. Das Theater, vom Tempel der Nation zur Schule der Nation: das wäre eine traurige, aber immerhin eine richtig deutsche Geschichte.

Die herrschende Kultur: das ist nicht Minks, nicht Zadek und nicht die Schaubühne; »Panorama« nicht und nicht die Dritten Programme. Die herrschende Kultur: das sind die Unterhaltungs- und Verdummungsideologien in den Theater- wie in den Fernsehanstalten. Das ist jene kleinbürgerliche Massenkultur von »Kommissar« und »Was bin ich« und Ohnsorg, deren Anbiederungsästhetik auch in der herrschenden Theaterkultur zu identifizieren ist – wo freilich die Kommissare und die Showmaster ein bißchen anders, ein bißchen anspruchsvoller kostümiert sind.

Subvention, da hat Hilmar Hoffmann prinzipiell recht, sollte den Widerspruch finanzieren – aber nicht den Widerspruch gegen intellektuelle und ästhetische Eliten (die sind, wo es sie gibt, ohnehin nicht in der stärksten Position), sondern den Widerspruch gegen die tatsächlich herrschende Kultur. Und der fatale Kulturphilosoph Hoffmann, der ein vorzüglicher Kulturpolitiker ist, tut es selber in Frankfurt ja auch: subventioniert Palitzsch und das antiteater und ein gar nicht sozialpädagogisch-stures Kommunales Kino. Wozu also das ideologische Schaulaufen für die Genossen von links?

Den Widerspruch zu subventionieren hieße für die Theaterpolitiker: das Risiko zu finanzieren und nicht mehr die Bequemlichkeit. Hieße einzusehen, daß man die Misere, die man nun mit bürokratischen Gewaltakten aus der Welt schaffen will, selber mitverschuldet hat. Nicht das System und der Umfang der Theatersubventionen ist der Skandal (darin lägen sogar große Chancen); skandalös ist, welche

Leute in diesem System Erfolg haben, Karriere machen konnten: allein, weil sie ihren Kulturbehörden brave Amtsführung und einen leidlich vollen Zuschauerraum versprachen; Leute, die in ihren Spielplänen für jedes mögliche Ärgernis gleich zwei Versöhnungsveranstaltungen fest miteinplanen.

Den Widerspruch zu subventionieren hieße, einen Pluralismus herzustellen, den das augenblickliche System nur vortäuscht: denn die Vielfalt deutscher Theaterspielpläne ist, weil es fast überall die gleiche, taktisch motivierte Vielfalt ist, in Wahrheit eine vielfach multiplizierte Monotonie. Pluralismus, endlich ernstgenommen, hieße die Förderung aller nur denkbaren Alternativen (natürlich auch innerhalb der bestehenden Theaterapparate: durch Abberufung autoritärer oder intellektuell überforderter Prinzipale, durch Stärkung der Studiobühnen, durch die Reduzierung der Star-Gagen, durch Abschaffung des Ausstattungswahnsinns). Hieße, weil es für das Theater keinen Radikalenerlaß geben kann und darf: auch radikalen Theatergruppen finanziell zu helfen, dem radikalen Agitprop wie der radikalen Dekadenz. Und wenn man nach Kriterien für die Subventionierung sucht, wird man um so altmodische Vokabeln wie Qualität und Originalität nicht herumkommen.

Man muß diesen rigorosen Pluralismus (zu dem auch unabdingbar eine verstärkte Subventionierung des Kinos gehört) wollen, weil sonst das deutsche Theater in einen unseligen, ideologisch versteinerten Dualismus hineintriebe: in einen Zweikampf zwischen den Verteidigern der »Kultur« und den Installateuren des »neuen Kulturbegriffs«. Und dieser Zweikampf würde bald in einem System des totalen, trostlosen Proporzes enden– in der Aufteilung des deutschen Theaters zwischen konservativen und linken Karrieristen. Der Intendanten-Kandidat müßte sein Theaterprogramm dann nur noch den jeweiligen Mehrheitsverhältnissen anpassen: in der Kommune A feierlich versprechen, es dem Publikum bequem zu machen; in der Kommune B energisch über emanzipatorische Erziehung (im Sinn der parteipolitischen Mehrheit) plaudern.

Ich hoffe, daß dies Science-fiction bleibt. Noch haben die Theaterleute und die Theaterpolitiker Zeit und (trotz des

Gejammers überall) Geld genug, um das Theater vorwärts zu bringen. Auch in Hamburg. Notwendig ist nun: daß auch die Kulturpolitiker anfangen, über das Theater genauer nachzudenken – es nicht bloß ziellos verwalten, kritiklos hätscheln oder gedankenlos vernichten.

(DIE ZEIT, 6. September 1974)

Fassbinder, ein linker Faschist?
Eine Polemik gegen Joachim C. Fest

Noble Abgänge sind seine Sache nicht. Als Rainer Werner
Fassbinder vor drei Jahren nach nur kurzer Zusammenarbeit
das Bochumer Schauspielhaus verließ, inszenierte er zum
Abschied eine höhnische Revue. Heinrich Manns Stück
»Bibi« wurde mit Brachialgewalt und Wut und Witz in eine
Anti-Zadek-Show verwandelt – in eine grelle Persiflage des
Bochumer »Volkstheater«-Stils.
Anderthalb Jahre später wurde Fassbinder selber Theater-
leiter, am Frankfurter Theater am Turm (TAT). Auch diese
Arbeit fand bald ein ruhmloses Ende; nach nur einem Jahr
Wirken und Wüten hinterließ Fassbinder ein nahezu ruinier-
tes Theater und ein zerfallenes Ensemble. Und auch der
Stadt Frankfurt überreichte er mit einiger Verspätung ein
überraschendes Abschiedspräsent: das Stück »Der Müll, die
Stadt und der Tod«, während der TAT-Zeit ergebnislos probiert, jetzt in der edition suhrkamp (Band 803) veröffentlicht – ein Stück, an das sich aller Voraussicht nach keine
subventionierte Bühne heranwagen wird. Und das nicht nur,
weil Joachim Fest das Stück in der »Frankfurter Allgemeinen« vom 19. März in einer journalistischen Blitzreaktion als
faschistisches, antisemitisches Machwerk qualifiziert hat.

Die erste Szene des Stücks spielt »auf dem Mond, weil er so
unbewohnbar ist wie die Erde, speziell die Städte« – die
Szenenanweisung zitiert den Titel eines Romans von Ger-
hard Zwerenz (»Die Erde ist unbewohnbar wie der Mond«),
dem das Stück Idee und viele Motive verdankt. (Fassbinders
Projekt, den Zwerenz-Roman zu verfilmen, ist, wie man
weiß, vorerst am Widerstand der Filmförderungsanstalt ge-
scheitert.) Auf dem Mond stehen ein paar Huren herum,
warten auf Kundschaft und deklamieren feierlich Texte über
so erhabene Probleme wie »Gott« und »die Seele«. Ihr Dialog beschäftigt sich dann auch mit profaneren Objekten: mit
dem Volumen und der Leistungskraft männlicher Sexual-

organe. Pathetisches steht neben Pornographischem, inmitten von Unrat und Unflat ertönt ein seltsamer Oberammergau-Ton. Fassbinders Stück ist Blasphemie und Weihespiel, etwas ganz Schmutziges und dennoch Sakrales – aber leider führt dieser für die Poesie ja nicht neue Widerspruch den deutschen Dichter nicht in Genetsche Höhen und Abgründe. Fassbinder führt eine Sprache vor, die immer trivial bleibt, zum Weltgeraune überhöht (»Keiner ist wie er ist. Jeder ist anders.«), oder zu Zoten erniedrigt.

In Fassbinders schmuddelig-sentimentale Unterwelt tritt nun eine Figur aus der Oberwelt: der »reiche Jude«. Seine Philosophie ist nüchterner als die der Huren und Zuhälter: »Die Städte sind kalt, und die Menschen darin frieren zu Recht.« Der reiche Jude kauft alte Häuser, läßt sie einreißen und baut dann neue, lukrativere – ein skrupelloser Bauspekulant, der seine Macht und seine Bosheit mit kalter Lust genießt. Außerdem ist er fett und geil und häßlich und hat einen »Schwanz, dick wie eine Bierflasche« – Fassbinders Figurenbeschreibung verzerrt ihn zum Monster. Eine von jenen Überhöhungen, die im Grunde dämonische Verharmlosungen sind: aus Huren macht Fassbinder Todesengel, aus einem gefährlichen Kapitalisten einen Theaterschurken.

Fassbinders Verhältnis zu seinen Figuren ist ein ausbeuterisches, zuhälterisches; ihn interessieren nur der sentimentale oder der obszöne Effekt, nur Feierlichkeit und Brutalität, Pathos und pathetisches Antipathos. Die Realität von Figuren interessiert den Dichter nicht. Er fällt vor seinen Geschöpfen gerührt auf die Knie oder gibt ihnen einen Tritt – humanere Umgangsformen sind ihm fremd. Das Resultat ist ein Stück durchaus widerwärtiger Theaterliteratur. Sicher kein vorsätzlich antisemitisches Stück, wohl aber eines, dessen Grobschlächtigkeit (und grobschlächtige Empfindsamkeit) ein Beitrag ist zur Verrohung theatralischer und menschlicher Umgangsformen. Kein faschistisches Stück (dazu fehlen ihm ideologischer Vorsatz und Konsequenz), wohl aber eines, in dem sich Faschisten wohlfühlen könnten. »Ich hatte doch nichts außer dir und deinen Schlägen, die mich wachgemacht haben«, sagt die Hure Roma B. zu ihrem Ehemann und Zuhälter Franz. So wird das Recht der Gewalt, das Recht, einander die Schnauze und den Schädel einzuschlagen, mit erotischen Vokabeln glorifiziert. Daß Gewalt schön ist, sinnlich macht – es ist zweifellos ein faschistischer Zug an diesem Stück.

Joachim Fest, der gegen den Text sofort nach dessen Erscheinen polemisiert hat, mußte zweierlei zugestehen: daß es in Frankfurt am Main »ein organisiertes Ganoventum jüdischer Herkunft« gibt; und daß es inzwischen selbstverständlich denkbar ist, »ein Stück mit einer jüdischen Negativfigur zu schreiben«. Und Fest hat festgestellt, daß Fassbinders »billige, von ordinären Klischees inspirierte Hetze« diese Möglichkeit fatal verspielt hat. Doch die Argumentation geht noch weiter. »Reicher Jude von links« hat Fest seine Attacke überschrieben, und ein Musterbeispiel für linken Faschismus, linken Antisemitismus ist ihm Fassbinders Stück. Hier nun muß Protest eingelegt werden.

»Rainer Werner Fassbinder … auch als fortschrittlich geltend« – mit einer so vagen, pflaumenweichen Formulierung eröffnet Fest seinen Angriff. Was er irgendwo gehört hat, als Gerücht weitergibt, wird zum entscheidenden Glied in seiner Argumentation. Schlimm schon die Methode, mit Klischees und Gerüchten zu hantieren, schlimmer, daß es auch noch falsche Gerüchte sind. Denn Rainer Werner Fassbinder gilt für vieles: Für ein Genie halten ihn die einen, für einen Scharlatan die anderen. Für »fortschrittlich« aber oder »links« (was immer das genau sein mag) hält ihn niemand, der seine Arbeiten auch nur flüchtig kennt. Fortschrittlich hieße ja wohl: an irgendeinen Fortschritt glaubend, für irgendeinen Fortschritt kämpfend (die Mittel dieses Kampfes könnten natürlich faschistische sein). Fassbinders Philosophie aber ist nicht progressiv, sondern statisch – ihre einzige Bewegung ist die hin auf den Tod. Fassbinders Stücke sind (betrachtet man sie einmal nur als ideologische Produkte) Kundgebungen eines sentimentalen Fatalismus: Klagen darüber, daß die Erde so unbewohnbar ist wie der Mond, und daß es wahre Liebe unter den Menschen nicht gibt. Fassbinders Arbeiten sind konsequent fortschrittsungläubig. »Liebe ist kälter als der Tod« hieß sein erster Film, könnten alle seine Filme und Theaterstücke heißen, auch »Der Müll, die Stadt und der Tod«. »Liebe ist kälter als der Tod«: so hat noch nie ein sozialistisches Manifest begonnen.

Das Entsetzen vor den Großstädten, die haßerfüllte Beschreibung eines Kapitalisten: zweifellos verarbeitet Fassbinders Stück Impressionen und Emotionen, wie sie auch Linke haben. Und nicht nur Linke. Das Erschrecken über die Zerstörung unserer Städte und die Wut über diejenigen, die mit dieser Zerstörung ihr Geschäft machen, findet man genauso bei Liberalen, Christen, Konservativen. Wichtig ist allein, wen Fassbinder für das Elend verantwortlich macht. Keinesfalls ein soziales System, keinesfalls den Kapitalismus. Schuld ist etwas sehr Allgemeines: der Zustand der Welt. Schuld ist auch der liebe, böse Gott (wieder kein sehr linkes Argument). Daß die Götter im Anblick des leidenden Menschen onanieren, ist eines von Fassbinders blasphemischen, aus der Angst geborenen Bildern. Angst macht kindisch, kitschig – man sollte sie deshalb nicht für verlogen halten. Ein Aufschrei-Drama, ein poetischer Amoklauf ist dieses Stück; linke Literatur ist es nicht.

Gewiß wären solche Zusammenhänge dem analytischen Scharfsinn von Joachim Fest nicht verborgen geblieben, hätte er sich eine Weile nachdenkend mit Fassbinder beschäftigt, hätte ihn nicht der journalistische Ehrgeiz überfallen, der erste zu sein, der sich öffentlich entrüstet.

Der Leichtfertigkeit, mit der Fest Fassbinder zum Linken kürt, entspricht der schlampige, vorsätzlich oder fahrlässig demagogische Umgang mit der Vokabel »links«. Von antisemitischen Strömungen in der bundesdeutschen »linken Szene« raunt Fest – und unterläßt jede nähere Definition, was (und wen) er mit »linker Szene« meint. Zur »linken Szene« gehören ja zum Beispiel auch Heinrich Böll und Klaus Staeck, Peter Schneider und Alfred Andersch, die »Frankfurter Rundschau« und die »Rote Rübe«. Wer, bitte, ist da ein Antisemit? Zweifellos gibt es irgendwo auf der unüberschaubaren »linken Szene« ein paar verwirrte Figuren, deren antiisraelische, antizionistische Argumente durchsetzt sind von antisemitischen Affekten. Ein Rechter, der ein Denker sein will, der so souverän von linkem Faschismus, linkem Antisemitismus redet, müßte dann aber wenigstens bekanntgeben, wen seine Wut meint und wen nicht. Sonst wird, was als um Toleranz und Freiheit besorgte Analyse daherkommt, zum publizistischen Tiefschlag.

Jetzt haben wir also in unserer neuerdings etwas lebhafter gewordenen Kulturdebatte wieder einen »Fall«, zwei Fälle sogar: einen Fall Fassbinder und einen Fall Fest. Vorerst eine Geschichte der Blamagen: Ein hochbegabter Autor hat sich als Stückeschreiber, ein hochintelligenter Historiker hat sich als politischer Polemiker blamiert. Warum laufen die Herren Amok?

(DIE ZEIT, 26. März 1976)

Wenn die Bilder denken müssen:
Hans Neuenfels inszeniert
Shakespeares »Troilus und Cressida«

Wenn ich zurückdenke an die vielen selbstsicheren Shake-
speare-Produktionen dieses Sommers, fällt mir auf, wie
schnell sie alle mit den Stücken fertig wurden, und wie
schnell man als Schreiber mit ihnen kritisch fertig wurde; wie
glatt da jedesmal die Rechnung des Regisseurs aufging, wie
widerstandslos sich »Troilus und Cressida« (bei Esrig in
München) in einen possierlichen Theaterzoo, »Was ihr
wollt« (Schenk, Salzburg) in aufdringliche, luxuriöse
Schwermut, »Romeo und Julia« (Kirchner, Stuttgart) in
junggeschminktes Hof- und Effekttheater verwandeln lie-
ßen. Daran gemessen ist die Beschreibung des Frankfurter
Abends ein verzweifeltes und chaotisches Unternehmen.
Hans Neuenfels: »Troilus und Cressida gehört zu den rätsel-
haften Stücken Shakespeares.«
So wahr, so lapidar steht's im Programmheft – und Neuenfels' Inszenierung hat diese Rätsel nicht etwa weggeräumt,
hat nicht einmal eine Lösung riskiert, sondern hat das große
Rätsel Shakespeare mit tausend kleinen Neuenfels-Rätseln
garniert. Das Resultat ist nahezu unbeschreiblich – man
könnte es mit einem kurzen, kräftigen Fußtritt (50 Zeilen)
aus der Welt schaffen oder man müßte die Aufführung erzählen, in der Erzählung ertrinken (500 Zeilen). Unverdient
wäre beides: das eine für Neuenfels, das andere für den Leser. Also bleibt nur der fragwürdige Kompromiß: fragmenta-
rische Bemerkungen zu einem Regiefragment.
Bevor ich nun wie ein Neuenfels-Jünger losschwärme,
irgendetwas erzähle von Bildern, Bilderrätseln, von surrealistischer, visionärer Kraft, muß die entscheidende Frage gestellt werden: Sind Neuenfels' Bilder wirklich Bilder (also:
Geschöpfe einer freien Phantasie), oder sind diese Bilder
nicht doch bloß Illustrationen von Vorausgedachtem, gewaltsam in Bilder umformulierte Philosopheme?
Überprüfen wir das erste Bild, das man an diesem Abend

sieht: Christian Steiofs (ohne Zweifel von Neuenfels inspirierte) Bühne. Der Zuschauer guckt hinein in einen monumentalen Kuppelbau, in eine Art Pantheon, dessen Wände
zartrosa ausgeschlagen sind – und wie in Roms Pantheon
öffnet sich die Kuppel oben in einem großen, runden Regen-
loch. Ein roter, hübsch zackiger Neonblitz kommt aus dem
Loch heraus, durchteilt den ganzen Bühnenraum und endet
in einem Blecheimer, der unten auf dem Boden steht. Blitz,
Pantheon und Eimer: Ist dies ein Bild, eine Vision, eine
fröhliche Collage, ein Ausbruch von Freiheit und Übermut?
Nein, Neuenfels hat sich fürchterlich viel dabei gedacht:
»Beim Bühnenbild kann es sich nur um einen Raum handeln, der in seiner Übersetzung zugleich konkret und deu-
tend ist. Wir spannen seine Interpretation von der Assozia-
tion halbierte Weltkugel, Muschel, Pantheon, bis hin zu der
freudianischen Möglichkeit eines Organs. Die Intimität der
Personen beinhaltet den sie abkapselnden Raum, in dem sich
nichts anderes befindet als ein Blitz, eine Ader, der Zorn
oder das Wahrzeichen der Götter, oder des Autors, oder des
Krieges, oder des Haltepunkts der Figuren – ein Totem
auch, das in Zynismus endet, in einem Eimer.«
Wenn ein Bild soviel und soviel gleichzeitig bedeuten kann,
wenn eine Kuppel keine Kuppel ist, sondern die »freudiani-
sche Möglichkeit eines Organs«, wenn ein Eimer kein Eimer
ist, sondern ein Symbol für Zynismus, dann ist ein Bild auch
kein Bild mehr, sondern ein Schuttabladeplatz. Ein Schuttabladeplatz für Aphorismen und Symbolismen, für Meta-
phorik und Metaphysik.

Vielleicht ist damit der Krampf des Neuenfelsschen Theaters
erklärt: Die szenischen Erfindungen dieses Regisseurs wollen nicht erzählen, nicht verwirren, sie wollen genau das tun,
was Neuenfels nicht kann, wollen argumentieren, analysie-
ren. Statt zu träumen, schwätzen diese Bilder – denn sie
haben ja eine Botschaft. Und manchmal läßt sich ihre Botschaft sogar entziffern. Achilles und Patroklus zum Beispiel
schieben bei all ihren Auftritten ein Gipsdenkmal auf Rädern vor sich her – nach geraumer Grübelei begreift man,
daß dieses Denkmal Achill, der zum Götzen versteinerte
Achill sein soll. Die Botschaft, die dieser Regieeinfall auf

Rädern transportiert, ist ziemlich bescheiden: Jeder Heroe ist ein Doppelwesen, ist er selbst und sein Heldendenkmal, es gibt den Menschen Achill und den Mythos Achill und beides hat nur wenig miteinander zu tun. Das ungefähr, denke ich mir, hat sich Neuenfels gedacht – doch damit bin ich schon bei der trostlosesten Beschäftigung angelangt, die es für einen Theaterzuschauer gibt: Statt zu sehen, Erfahrungen zu machen, grabe ich beflissen in den Bruchstücken einer bruchstückhaften Konzeption. Also noch einmal: Ich finde es nicht so schlimm, daß Neuenfels kein erkennbares Konzept, keine forsch formulierte These hat. Lähmend ist allein, wie diese Aufführung andauernd die Trümmer irgendwelcher Konzeptionen mit sich herumschleppt und dann über diese Trümmer stolpert.

Ein großer Spieler und Träumer könnte dieser Regisseur vielleicht sein – doch den Weg dahin versperrt ihm nicht nur jenes gewaltige Knäuel von Denkanfängen, Denkfragmenten. Auch die Schauspieler stehen Neuenfels' Phantasie im Wege: Die macht er zu bloßen Werkzeugen seiner Visionen, verwandelt sie in optische Chiffren, und wenn das nicht funktioniert, wirft er sie achtlos beiseite, wie ein gelangweiltes Kind seine Puppen. Was etwa der überdurchschnittlich kluge Peter Roggisch mit dem überdurchschnittlich klugen Thersites angestellt hat, ließ sich den ganzen Abend über nicht erkennen. Übrig bleibt da nur ein Eindruck von vager Motorik: ein paar sensible Flattergesten, ein paar schöne, entsetzenstraurige Blicke (halb Kuh, halb Clown) – Impressionen zu einer Figur, aber keine einzige Definition.

Und wo die Schauspieler nicht wegtreiben ins Luftleere, da fallen sie polternd zurück auf den Theaterboden, spielen inmitten der Neuenfelsschen Vexierbilder komisch-konventionelles Klassikertheater. Am heftigsten tat dies das Liebespaar. Zieht man von Elisabeth Trissenaar (Cressida) ihre imponierend entschlossene Exzentrik einmal ab, bleibt nur ein schmales, durchaus traditionelles Schauspielerrepertoire übrig. Entsetzen etwa sieht jedesmal so aus: halboffener Mund, weit aufgerissene Augen, der Körper hochdramatisch geduckt. Der Troilus (Matthias Fuchs) entsprach so ziemlich allen Vorstellungen, die man sich von jugendlichen Liebhabern halt so macht, spielte in schöner, edler Indifferenz irgendwohin ins Leere, verbreitete ein paar diffuse Stimmungen (so sind sie eben, die Klassikerjünglinge), sagte absolut nichts Spezifisches über diese eine Figur Troilus.

So vage, so unbestimmt könnte man sich durch alle Shakespeare-Liebespaare hindurchspielen, von Hamlet und Julia bis zu Romeo und Olivia. Dabei ist gerade »Troilus und Cressida« eine Liebesgeschichte wie keine andere, eine Geschichte, die mit einem schmierigen Kuppler beginnt und mit einem schäbigen Tauschhandel endet. Selbst die einzige Liebesszene in dieser kurzlebigen Romanze wird (vom Kuppler Pandarus) totgeschwätzt, mit Worten besudelt. Neuenfels, der das Liebespaar schönte, aus dem Pandarus (Peter Danzeisen) ein niedliches Sandmännchen machte, vernichtete auch diese, die bitterste Pointe Shakespeares: daß nach sieben Jahren Krieg auch die Gefühle ein Geschäft sind, und keine Himmelsmacht.

(Süddeutsche Zeitung, 4./5. November 1972)

Schrieb Shakespeare für »Bravo«? Otto Schenk inszeniert »Romeo und Julia«

Über Otto Schenks »Romeo und Julia«-Inszenierung kann ich keine faire Kritik schreiben. Fair zu sein hieße: wieder einmal das Loblied zu singen auf die Metierkenntnis, die komödiantische Phantasie dieses Regisseurs, auf eine Könnerschaft, die nicht eben häufig ist am deutschen Theater. Fair zu sein hieße aber auch: zu verschweigen, daß ich diese Aufführung widerlich fand, weil hier Theaterhandwerk nur noch mit sich selbst beschäftigt war, nur noch Augen hatte für die eigenen oberflächlichen Reize, blind und taub blieb vor Shakespeares Schönheit.

In Salzburg, letzten Sommer, hatte Schenk »Was ihr wollt« inszeniert – und hatte endlich einmal versucht, die Grenzen des Gefälligen zu überschreiten, Shakespeares Ernst ernstzunehmen. Auch wenn die Melancholie, die Schenk damals für sich entdeckte, ihm gleich wieder zu kostbar, zu virtuos geriet: eine Wende schien sich da anzudeuten in einer bis dahin problemlos-erfolgreichen Regisseurskarriere. An »Was ihr wollt« gemessen ist der Münchner »Romeo« ein erschütternder Rückfall in die totale, zynische Routine, eine Routine, die kaltherzig und sentimental zugleich ist.

Vielleicht wäre es besser, Schenk würde seine opulenten Gaben ausschließlich an handfestere Objekte verschwenden, an Schwänke, muntere Operetten, große Opern. Warum nur muß dieser Regisseur immer wieder über Shakespeare, über Shakespeares Liebesstücke vor allem herfallen? Dies ist, glaube ich, der entscheidende Widerspruch: Wie soll ein Regisseur etwas über Liebe sagen können (also auch: über Erschrecken, Zweifel, Angst), der selbst in keiner Sekunde an sich zweifelt, der nie erschrickt, der so unfaßbar mit sich und seinem Handwerk zufrieden ist?

Die Münchner Aufführung wäre durchaus ein theaterwissenschaftliches Seminar wert. Zum einen könnten die Studenten sehen, wie unvergleichlich geschmackvoll und locker ein Könner Gruppenbilder arrangiert, wie krampflos (und fern allem Statistenelend) Raufszenen und Festgelage aussehen können. Zum anderen könnte man tüchtig Ideologiekritik üben. Thema: Otto Schenk oder Die Diktatur des Gefälligen. Ergebenster Untertan dieser Diktatur ist der unselige Bühnenbildner Günther Schneider-Siemssen: ein klobiges Opern-Verona aus Holz, Sperrholz und Pappe wälzte sich lärmend über die Bühne, schuf Postkartenbilder von kostspieliger Nichtigkeit. Außerdem war das Bühnenbild nicht nur häßlich, sondern auch unpraktisch: Gelegentlich dauerten die Umbaupausen fast so lange wie die darauffolgenden Szenen. Wie Schneider-Siemssen hat auch Klaus Maria Brandauer das fragwürdige Glück, ein Lieblingskünstler Schenks zu sein, was zur Folge hat, daß man diesem unzweifelhaft begabten und persönlichen Schauspieler heute keinen Satz, keine Geste mehr glauben kann, weil er sich anscheinend hoffnungslos in die Lügen der Routine, des wohlkalkulierten Effekts eingesperrt hat. Brandauers Romeo: das ist eine Kette von hübschen Obenhin-Charakterisierungen, ist das oberflächliche Porträt eines oberflächlichen Jünglings, der Schmerzenssätze (»Ich sinke unter schwerer Liebeslast«) im gefälligsten Parlando abliefert, der sein Leid mehr plaudert, als daß er es leidet.

Aber hatten Schenk und Brandauer hier nicht (vielleicht unfreiwillig) recht? Ist »Romeo und Julia«, wiewohl Shakespeares berühmtestes Liebesdrama, nicht auch das am meisten rhetorische und reißerische, das dramaturgisch dümmste? Sagt es über Liebe nicht ungleich Unerheblicheres als die großen Komödien? Ist es denn so schlimm, ein oberflächlich-effektvolles Spektakel oberflächlich-effektvoll herunterzuspielen? Dies wären hübsche Erklärungen für den Münchner Theaterabend, aber sie funktionieren leider überhaupt nicht. Zwar sondert der Knabe Romeo auffallend viel Dutzendschwärmerei ab – doch Julia ist ein Mädchen von großartiger, konventionsloser Gescheitheit, in ihren Gefühlen von phrasenloser Rigorosität. Schenk hat diesen Abstand zwischen den beiden Hauptfiguren nicht gesehen, hat Julias Intelligenz haarsträubend unterschätzt und läßt deshalb Christiane Schröder drei Akte lang den herzig-süßen Kobold spielen. Aus schrecklich-schönen, heiter in den Tod verliebten Versen wurde Kleinmädchenpoesie.

In der Balkonszene erklomm Schenks Gefälligkeitstheater seinen Gipfelpunkt. Aus Angst vor dem schweren, sentimentalen Schmachtfetzen verfiel die Aufführung in eine andere, schlimmere Verlogenheit: in die Neckerei, ins Charmegetue. Ach, dieses aufgesetzte Wirbeln, diese kokette Atemlosigkeit, diese leere Schwerelosigkeit: da fehlten nur die Schlittschuhe zur Revue, zu »Shakespeare on Ice«. Gesten aus Schokolade, Blicke aus Sirup, Konfekt alles, Shakespeare mit Schlagsahne. Und die Verse klangen so jung, so flott, als sei der große Elisabethaner Autor bei *Bravo* gewesen.

Nach der Pause glaubte ich plötzlich, meine Wut habe mich blind gemacht. Die große Fechtszene (mit Mercutios und Tybalts Tod) war ein Musterbeispiel für Detailwitz und dramaturgische Gescheitheit – wunderbar genau zeigte Schenk, wie ein zunächst kindlich-unschuldiges Raufspiel in kindischen Jähzorn und zuletzt in blutigen Ernst umkippt. Und auch die beiden Hauptdarsteller schienen zu begreifen, daß sie Shakespeare spielten und daß sie Shakespeare etwas anging. Christiane Schröder wagte nun große Zusammenbrüche, fand den Mut zu heulendem, häßlichem Schmerz – was sehr schön gewesen wäre, wenn Schenk nicht auch dies wieder zu einer Bravournummer, zu einem Auftritt voller Primadonnenverve geglättet hätte. Brandauer riskierte sogar einen tollen Amoklauf – doch bei Schenk mag einer das Bewußtsein verlieren, das Effektbewußtsein verliert er bestimmt nicht.

Es freut mich, daß auf so viele bittere Bemerkungen zwei Huldigungen folgen können: auf Hortense Raky, die Julias Amme ganz wegholte vom Fach der schrillen, komischen Alten, die auf eine sehr heitere, mütterliche und kluge Weise vom Stolz und vom Gluckenglück der Kupplerinnen erzählte; und auf Otto Bolesch, der mit dem Bruder Lorenzo (auch wenn ihn Schenk zu einigen kleinkarierten Komikerscherzen angestiftet hatte) einen Höhepunkt seiner Münchner Theaterzeit erspielte. Auch Bolesch zeigte, daß die Kuppelei kein Geschäft für Komödianten ist (weil es da um viel zuviel geht), sondern das Werk zorniger Liebe, entschlossener Vernunft. »Romeo und Julia«: eine Aufführung, in der die Kuppler die größten und ernstesten Liebenden sind.

(Süddeutsche Zeitung, 21. April 1973)

Das Hoftheater lebt: Walter Felsenstein inszeniert »Wallenstein«

Die Klassiker, wer wüßte es nicht, werden schimpflich mißbraucht – und im »Spiegel«, am letzten Montag, stand auch
wieder mal, wer die Notzüchtiger sind: jene Regisseure, die
»wertvolle dramatische Dichtungen« aus »persönlicher Ori-
ginalitätssucht« verfälschen.
Der Herr, der da so markig und im Vollgefühl des gesunden
Theaterempfindens seine Blitze verschleuderte, die »Deka-
denten« geißelte, der erklärte, mit »dummen« Schauspielern
komme er besser zurecht als mit den »Klugscheißern«, der
schlicht konstatierte, der Intellekt sei »für das Theater das
Unwichtigste«: es war keiner von Springers Theater-Journa-
listen, es war nicht Curt Riess oder Günter Zehm, der so
tönte, und es war auch nicht irgendein verbitterter Pro-
vinzintendant. Die Confessio stammt von einem der berühmtesten Theatermänner Europas, von Walter Felsenstein
– und vieles, was man Sonntagabend im Münchner Residenztheater, beim ersten Teil der Wallenstein-Tragödie,
eher fassungslos registriert hatte, bekam so am Montag seine
simple Erklärung.
Am »Wallenstein«, jenem Mammutunternehmen, das nun
endlich, nach vier Probenmonaten mit dem wohl teuersten
Schauspieler-Ensemble, das je auf einer deutschen Bühne
stand, auf die Welt kam, lassen sich jene Kardinaltugenden
überprüfen, die Felsenstein dem eitlen Regisseur-Theater
entgegenhält: die Tugenden der »Werktreue« und des Realismus. Von beiden blieb nach sechs Stunden Felsenstein
nicht allzuviel übrig.
Felsensteins Realismus: der ließ sich gleich zu Anfang, in
»Wallensteins Lager«, trefflich studieren. Da lagen schlafende, schnaufende Soldaten am Boden, über die immer mal
wieder einer hinwegstolperte; da hoben Krieger zechend den
Becher; da löffelten andere ihr Süppchen aus dampfenden
Töpfen. Ein gemütvolles Genrebildchen, pausbäckige Folk-
lore, die nicht mehr als zwei höchst triviale Einsichten ver-

mittelte: daß erstens das Soldatenleben wohl doch eine recht gemütliche Sache ist und daß zweitens Soldaten immer heiser sind. Alle Schauspieler (der zarte Erich Ludwig ausgenommen) bellten Schillers Knittelverse mit gleichtönend rauhen Kehlen. Verspielt wurde so die Ambivalenz der Szene: jene eigentümliche Verbindung von Soldatenoperette und Soldatenfanatismus, von »Zigeunerbaron« und Führerkult. Denn nicht fanatisierte, blind-führergläubige Soldaten bevölkerten da die Bühne – sondern heisere, hübsch kostümierte Buffos.

Wer sich daran erinnert, wie Kortner in seiner »Clavigo«-Inszenierung scheinbar deklamatorische Sätze aufbrach, in eine Fülle sensibelster Reaktionen zerlegte, wer daran denkt, wie Noelte ohne allen Krach und Kraftaufwand aus dem Detail ein Miniaturdrama macht, wer also Felsenstein an den großen Realisten des deutschen Schauspiel-Theaters mißt, der wird den »Wallenstein« nur zögernd realistisch nennen. Denn der Realismus, der da produziert wird, ist ein höchst pauschaler, immer dekorativer Opern-Realismus.

Schmal ist das Repertoire der Emphasen, ist auf ein knappes Dutzend Standardemotionen geschrumpft. Jede Erregung wird gleich markiert: mit brausend anschwellenden Schauspielerstimmen. Jeder Schreck gleicht dem anderen. Wo eine Ohnmacht ist, ist eine Sitzgelegenheit: Wer immer in dieser Aufführung eine böse Botschaft bekommt, schwankt oder faßt sich ans Herz und sinkt zuletzt unweigerlich auf einen Stuhl. Es sind die immer gleichen Inszenierungs-Rituale, die diese Aufführung nachvollzieht. Und die da agieren, sind weniger realistische Figuren als Marionetten einer Theaterkonvention.

Dem Werk »dienen« möchte Felsenstein – doch wem dient eine Inszenierung, wenn sie alle politischen Einsichten und alle politischen Fragwürdigkeiten eines Klassikers mit Theaterkolorit zukleistert, Geschichte zu luxuriösen Arrangements verschönt und ästhetisiert, wenn sie aus Gesichtern Fassaden, aus Sätzen rhetorische Prunkstücke macht?

So fällt auch der zweite Anspruch Felsensteins, werktreues, uneitles Theater zu machen, rasch in sich zusammen. Denn an den beiden »Wallenstein«-Abenden wird die eine Eitelkeit (des Regisseurtheaters) lediglich gegen eine andere ein-

148

getauscht: gegen die Eitelkeit entfesselten Schauspielerthea-
ters. Offenbar hat da jeder Schauspieler auf den Proben an-
bieten dürfen, was er schon immer gern einmal spielen wollte
– und Felsenstein hat sich von diesen Angeboten fast widerstandslos überrollen lassen.

Die naive Variante entfesselter Schauspielerei führt am
zweiten Abend Max Eckard als Butler vor: Jede Miene verzerrt sich zur Grimasse, jeder Vers wird mit fürchterlich kau-
endem Unterkiefer zermalmt. Die virtuose Variation skru-
pellosen Effekttheaters wird in Perfektion von Lola Müthel
(der Gräfin Terzki) praktiziert. Bei ihr wird jeder Konsonant
zum Artefakt: das singende »S«, das herrscherlich schmet-
ternde »T«, die kostbar ausklingenden Endsilben. Und auch
das gehört zum Repertoire einer Primadonna: das dauernde
Tremolo, die plötzliche, ganz unmotivierte Beschleunigung
eines Verses zu glitzernden Sprachkoloraturen, der jähe
Sturz der Stimme vom Sopran in Zarah-Leander-Tiefen.

So verkommt der »Wallenstein« in Prunkgebärden, in Solo-
Arien – und gänzlich opernhaft an diesem Inszenierungsstil
ist auch die Beziehungslosigkeit zwischen Sprache und Körper. Da hat zum Beispiel Siegfried Lowitz (Octavio Piccolomini) einen großen, fast brüllenden Ausbruch von Leidenschaft – doch der Körper des Schauspielers macht nicht mit
bei der Emotion, steht weiter in regloser, statuarischer
Würde da. Es ist halt Oper – und da kommt's auf die Stimme
an.

Manchmal auch löst Felsenstein Statuarik opernhaft auf,
sorgt für Farben, für Pseudo-Belebungen. Dem General Iso-
lani (Franz Kutschera) vor allem ist diese Aufgabe zugeteilt;
während die anderen Schauspieler, würdig wie Säulen, gelegentlich auch schwer wie Fässer auf der Bühne herumstehen,
sorgt Kutschera für Kolorit. Der Glatzkopf: eine Kanonen-
kugel auf massigen Schultern. Die Augen: wild rotierende
Äpfel. Die Sprache: irgendein balkanesisches Kauderwelsch.
All das zusammen: eine Type, wie sie der Karl-May-Film
und die deutsche Operette lieben. Ein Schauspielerauftritt,
der inmitten leblos-zeremonieller Arrangements pralle Le-
bensfülle heucheln soll.

Ernst Schröder, dem nach Becketts »Endspiel«-Inszenie-
rung niemand mehr bestätigen muß, daß er ein großer

Schauspieler sein kann, war wenigstens sporadisch ein realistischer, also gebrochener Held: Selbst wenn er brüllte, wirkte er schwammig, phlegmatisch, verfallen – und gelegentlich brach auch etwas durch von der Hybris, der unfreiwilligen Komik des Despoten Wallenstein.

Die Monologe zeigten den anderen Schröder: einen marmornen Edelmimen. Wie Schröder zum Beispiel in Wallensteins Traumerzählung seine Wirkungen aufbaute (erster Teil: deklamatorisch, frontal zur Rampe; zweiter Teil: auf einer Kiste hockend, resigniert-melancholisch; dritter Teil, die Erscheinung Octavios: mit süßlichem Tremolo) – Realismus, »Menschendarstellung« war dies sicher nicht; eher die Studie eines Schauspielers, der seine Effekte allzu schlau, allzu durchschaubar kalkuliert.

Bleibt noch von zwei seltsamen, rührenden Alleingängen zu erzählen. Ulla Berkéwicz, die Thekla, brachte in das dekorative, dröhnende Prunktheater wenigstens ein paar verstörende Subjektivismen ein. Wenn sie erfahren hat, daß ihr Vater vom Kaiser abgefallen ist, steht sie eine ganze Szene lang zitternd, mit gekrümmtem Rücken da, beißt sich, um nicht loszuheulen, in die Fäuste: ein schönes, schiefes Jammerbild. Doch bei ihrem letzten Auftritt wird Theklas psychisches Elend schon wieder theaterhaft ausgebeutet – die vorher rührend eckigen Gesten werden zu Effektgesten aufgeputzt, glattpoliert. Ein Abgang wie aus Lucia di Lammermoor: Opernwahnsinn einer Primadonna.

Der einzige Schauspieler, den das jubelfreudige Publikum mit Buh-Rufen strafte, Joachim Ansorge (Max Piccolomini), wagte den wohl kühnsten Griff in die Mottenkiste des Theaters, schluchzte, brüllte, fistelte hemmungslos, stürzte vor an die Rampe. Bei jedem Vers zitterte der Unterkiefer, bei jedem Schritt wehten die Locken im Bühnenlicht. So wurde eine rührend-komische Figur, der weltblinde Schwärmer Max, zur kreischenden Karikatur verbogen – kein Mensch, sondern ein Museumsstück, ein gespensterhaftes Überbleibsel aus den Tagen der Meininger.

Felsenstein hat schon recht: Man kann einen Klassiker umbringen, indem man ihn töricht manipuliert. Doch man kann ihn auch anders, vornehmer vernichten: indem man ihn mumifiziert, zum kostbaren Leichnam ausstaffiert. »Das Hof-

theater«, hat Felsenstein im »Spiegel«-Interview hoffnungs-
froh erklärt, »das Hoftheater kommt nicht mehr zurück«.
Hier irrt Felsenstein – es ist schon wieder da. Und »Wallenstein« ist das Fest seiner Wiederauferstehung.

(DIE ZEIT, 7. Juli 1972)

Krieg der Rosen, Schlacht der Mimen:
Giorgio Strehler inszeniert
»Das Spiel der Mächtigen«

Die Lüge begann in der ersten Minute: Will Quadflieg, als elisabethanischer Schauspieler kostümiert, stieg aus der Versenkung herauf, durchschritt schwungvoll die fast leere Riesenbühne der Felsenreitschule, postierte sich an der Rampe und sprach den Prolog: »So laßt uns arme, fadenscheinige Komödianten ...«

Ein Mime aus der Provinz, der eine kleine, elende Schauspielertruppe anführt: So vielleicht hatte sich Strehlers Phantasie die Figur gedacht, die er als Prologus und ständigen Kommentator zu Shakespeares Massakerspiel von »Heinrich VI.« hinzuerfunden und deren Text er aus vielerlei weltbetrachtenden Sentenzen aus mehreren Shakespeare-Tragödien (»Heinrich V.« und »Macbeth«, »Richard II.« und »Timon«) zusammengebastelt hatte. Doch Elend durfte in Salzburg nicht sein: Quadflieg, wohl der schönste unter Theaterdeutschlands Schönsprechern, entlockte seiner Stimme lauter kostbar klingenden Prunk. Kein Herr über »fadenscheinige Komödianten« agierte dort, sondern der Herr Intendant eines deutschen Hoftheaters.

Und so folgte Lüge auf Lüge. »Eure Gedanken sind's«, sprach Quadflieg zum Publikum, »die unsre Könige in Gold und Purpur kleiden müssen.« Doch in Strehlers Salzburger Shakespeare war für die Phantasie genausowenig Platz wie für das Elend. Obwohl auf einer fast leeren Bühne veranstaltet, war dies die am wenigsten asketische, die ausführlichste und opulenteste Veranstaltung, die das deutschsprachige Theater in den letzten Jahren riskiert hat – Theater, das der Phantasie der Zuschauer keinen Raum ließ, weil es, in die Pracht und in sich selbst verliebt, ein Stück in »Gold und Purpur« erstickte.

»O du Profit!« hat Kommentator Quadflieg einmal zu klagen – und dies war der kurioseste Moment der ganzen Aufführung. Denn Quadflieg intonierte das genauso, genauso hohl, genauso baritonal wie alle seine Soloarien, mit jenem Wohlgetön, das unterschiedslos auf alle Verse der Weltliteratur paßt. Ob es »o du Profit!« heißt, ob »o Welt!« oder gar »o Mensch!«: Vor Quadfliegs Schöngesang wird alles gleich.

Quadfliegs Auftritte waren eine Katastrophe und ein Symbol. Eine Katastrophe, weil Shakespeares Monologe, aus ihrem Stück und ihrer historischen und dramaturgischen Umgebung herausgerissen, plötzlich wie die platteste Allerweltsphilosophie klangen. Ein Symbol, weil dies (»Will Quadflieg rezitiert Shakespeare«) nur eine, vielleicht die peinlichste Soloveranstaltung war an einem Theaterabend, der aus Soloveranstaltungen bestand. Der Krieg der Rosen: In Salzburg wurde daraus die Schlacht der Solisten.

Der Salzburger Traum vom Welttheater: In diesem Jahr wollte man nicht nur große Oper präsentieren, sondern endlich einmal wieder auch im Schauspiel Theatergeschichte schreiben. Zur Erfüllung des Traums wählte man den gebräuchlichsten, den von der Oper her erprobten Weg: den Großeinkauf. Also steht nun auf der Bühne der Felsenreitschule (so war es in vielen ergriffenen Vorberichten zu lesen) das teuerste Ensemble, das es je auf einer deutschen Bühne gegeben hat, angeführt von einem der berühmtesten und teuersten Regisseure unserer Zeit.

Doch auch dieser Satz ist eine Lüge: Kein Ensemble nämlich steht dort, sondern sein trauriges Zerrbild. Schauspieler, die keine Sprache miteinander verbindet, die gestisch nicht miteinander kommunizieren können, die dauernd (teils desinteressiert, teils aggressiv) einander zu überbieten, zu überbrüllen suchen. Das Fazit nach zwei Abenden ist so ernüchternd wie tröstlich: Welttheater läßt sich nicht kaufen.

Es gibt für das Salzburger Fiasko viele bequeme, vordergründige Erklärungen: zu kurze Probenzeit (nur sieben Wochen), viel Pech mit der Technik. Ja, und dann natürlich die verständnisinnige Behauptung, die vielen unnützen Schreiereien an diesen Theaterabenden seien eben die (verzeihlichen) Entgleisungen eines großen »romanischen« Theatertemperaments. Mit dieser Mißgeschickstheorie aber argumentiert man sich nur flink an der entscheidenden und schmerzlichen Schlußfolgerung aus diesem Theaterspektakel vorbei: daß das Festspielprinzip, das Prinzip des Großeinkaufs, hoffnungslos verfehlt, hoffnungslos korrupt ist, weil es Eitelkeiten will und erzwingt, weil es die Theaterleute nicht dazu bringt, gemeinsam nachzudenken, weil es den totalen Konkurrenzkampf heraufbeschwört.

Und je heftiger der Kampf, desto wahlloser die Mittel. Unfaßbar, wie hier jeder Großdarsteller seine großen Momente ausbadet, ausbaden darf, wie unsäglich langwierig und effektvoll hier jeder Sterbende stirbt. Ungehemmt darf ein jeder seine komplette Kunst- und Körperfülle präsentieren – doch in der Wahllosigkeit eines solchen Virtuosenangebots geht dann fast immer die Interpretation, die Information einer Szene verloren.

Strehler hat das »Spiel der Mächtigen« schon einmal inszeniert, 1965, am Piccolo Teatro in Mailand, mit einem wirklichen Ensemble also. Was er damals konzipiert hat, ist schriftlich überliefert, doch auf der Salzburger Bühne ist es schlechthin nicht wahrzunehmen. Daß selbst Strehlers präzisere Einsichten von damals in sieben Probenwochen nicht zu rekonstruieren waren, dokumentierte am prachtvollsten und ohnmächtigsten der Jack Cade von Wolfgang Reichmann, der Führer also jenes chaotischen Volkshaufens, der inmitten allgemeiner Anarchie für eine historische Sekunde an die Macht geschwemmt und sogleich wieder aus der Macht vertrieben wird. Shakespeare erzählt von dieser kindisch wütenten Rebellion mit unverhülltem Hohn, führt sie vor als die allergemeinste, grausamste Operette. In seiner Mailänder Fassung hatte Strehler das so korrigiert und differenziert: »In der Grausamkeit des Augenblicks, in der Volkswut, liegt eine geheimnisvolle Heiterkeit, eine befreiende Kraft, eine Vitalität, die den Mächtigen unbekannt ist. Doch mehr nicht. Der Aufstand ist ein aussichtsloser Aufstand, unreif, von der anarchistischen und individualistischen Sorte, ohne genaue Planung, ohne Zucht, ohne gemeinsame Zielsetzung.«

Doch inszeniert hat Strehler das, zumindest in Salzburg, ganz und gar nicht: zu sehen ist lediglich das Wechselspiel zwischen dekorativen Gruppenbildern und Reichmanns monströsem Soloauftritt; zu erfahren ist nichts über die Struktur einer Volksbewegung, nichts über Tragik und Lächerlichkeit eines hilflosen Aufstands; vieles aber, ja fast alles, über die mimische und physische Potenz eines entfesselten Protagonisten.

War etwas über das Stück »Heinrich VI.« zu erfahren, über dieses sicher verworrenste, vielleicht aber auch modernste Shakespearesche Königsdrama? Leider nicht einmal ein Bruchteil von dem, was Peter Palitzschs geduldige und kluge Stuttgarter Inszenierung (»Der Krieg der Rosen«) aufgedeckt hatte. »Heinrich VI.«: Das ist ein wüstes anarchisches Zwischenspiel zwischen zwei »großen« Königen: dem großen Patrioten (Heinrich V.) und der großen Bestie (Richard III.) – ein Stück, das nicht dem frommen Aberglauben huldigt, ein einzelnes Individuum könne, allein durch seine moralische oder amoralische Kraft, den Lauf der Geschichte diktieren. »Heinrich VI.« ist ein Stück der Opfer, kein Stück der Helden. Seine Hauptdarsteller sind der Krieg und der Mord – selbst die Mörder und die Mächtigen sind kaum mehr als zappelnde Statisten. Und durch diese verwirrte Welt stolpert ein ohnmächtiger König: schwach, fromm und friedenshungrig, ein sensibles, rasch vergreisendes Kind unter lauter gierigen, machttrunkenen Schlächtern.

Palitzschs Inszenierung erzählte wie ein lakonisches, mitunter schulmeisterlich-prüdes Lehrbuch – Strehler stürzt sich in die große Geschichtsoper. Palitzsch: Das war die Lust am politischen Denken. Strehler: Das ist die Wollust an der Ausstattung. So grotesk verschieden können Brechts Schüler und Erben inszenieren.

Trotzdem werden ein paar Bilder aus dieser Aufführung weiterleben; vor allem jenes unvergeßlich somnambule Zeremoniell, mit dem die Mächtigen und Machthungrigen in Strehlers Inszenierung den Thron (in Paolo Bregnis Bühnenbild: eine kleine Holzbank auf einem etwas größeren Podest) besteigen. Der Herzog von York (Rolf Boysen) kriecht auf den Thron hinauf wie ein lüsternes Reptil, Cade, der Rebell, turnt hinauf wie ein Schwerathlet und macht, hinaufgelangt, einen verzückten Handstand. Und auf dem Thron sehen die Mächtigen aus wie Betrunkene, verfallen in ohnmächtige Trance.

Am zweiten Abend, nach sechs Stunden Theater gab es dann endlich eine durchgehend konzentrierte und durchdachte Szene. York hat sich gerade auf Heinrichs Platz gesetzt, als der entthronte König auf die Bühne kommt. »Du rebellierst, York!« schreit Heinrich mit kläglich fistelnder Stimme wie ein jähzorniger kleiner Junge, steigt hinauf auf den Thron, quetscht sich neben York, versucht den Rivalen vom Thron herunterzudrängeln. Dann aber kapituliert Heinrich vor der Übermacht, verzichtet auf das Thronerbe für seinen Sohn, wenn ihn die Yorks nur noch ein bißchen König spielen lassen. Zufrieden mit dem Handel, zieht York den Königsmantel wieder aus und schubst den hilflosen König wieder in sein Königskostüm zurück. Dann schlurft König Heinrich über die Bühne, stolpert fast über seinen Mantel, ist müde wie ein geprügelter Hanswurst: nach dieser Szene glaubte ich wieder an Strehlers Genie. Doch schon entstieg Quadflieg der Tiefe, sprach den nächsten Monolog ...

»Die Illusion, die wahrer als die Wirklichkeit ist«/ »die unwirkliche Welt des Schauspiels – die wahrer ist als die Wirklichkeit«/ »die Sprache der Poesie, die Wahrheit ist, eben weil sie Poesie ist«: nein, diese goldglänzenden Plattheiten sprach nicht Quadflieg, sondern Giorgio Strehler selber, als er, zur Eröffnung der diesjährigen Salzburger Festspiele, eine Rede auf Max Reinhardt hielt. Und das macht vieles, was an den beiden Abenden passierte, besser begreifbar. Diese volltönenden, inhaltsleeren Proklamationen sprechen die gleiche aufgeschwollene Sprache wie die Prunkgebärden auf Strehlers Bühne – und auch sie zeigen einen Regisseur, der sich unermüdlich goldene Brücken baut bei seinem Rückzug von der Wirklichkeit in die Illusion, vom Realismus ins Festspiel.

Salzburg hat sich in diesem Jahr wahrhaftig angestrengt, auch ein Schauspielfestival zu werden. Noelte und Strehler, zwei der berühmtesten europäischen Regisseure, haben hier gearbeitet. »Der Menschenfeind« und nun »Das Spiel der Mächtigen«: Ein Theater, das seine Sprache verloren, ein anderes, das seine Sprache verdorben hat. Ein Regisseur, der sich immer weiter aus der Welt entfernt, ein anderer, der sich immer bedenkenloser mit ihr arrangiert. Das Theater als Trauer- und als Traumfabrik: so sieht das Salzburger große Welttheater 1973 aus.

(DIE ZEIT, 24. August 1973)

Die Klassiker, sie schlafen: Schillers »Don Carlos« in Hamburg und Berlin

Daß zwei unserer größten Staatstheater kurz hintereinander den »Don Carlos« spielten, kann nur ein Zufall sein. Wie sie aber den »Don Carlos« spielten, das kann kein Zufall sein. Der Doppelmord an Friedrich Schiller, ausgeführt von den Ensembles des Deutschen Schauspielhauses Hamburg und des Schiller-Theaters Berlin unter der Anleitung der Regisseure Heinrich Koch und Hans Lietzau, gibt Auskunft über den Umgang mit Klassikern im allgemeinen wie über die Verfassung der beiden berühmten Bühnen im besonderen.

Für das Deutsche Schauspielhaus in Hamburg, das, von Gastregisseuren kräftig unterstützt, zu einem wieder besuchenswerten Institut geworden ist, bedeutet der »Don Carlos« einen Rückfall in eine noch gar nicht ferne Vergangenheit. Diese Aufführung kann kein für dieses Theater Verantwortlicher wirklich gewollt haben. Die Klassiker-Inszenierung als verlegene Erfüllung von angeblichen Ansprüchen: Rollenansprüchen aus dem Ensemble, Ansprüchen eines Publikums auf seinen Jubiläumsklassiker – das Schauspielhaus wird 75. Daß man mit dieser Aufführung Wichtiges zu einem wichtigen Stück habe mitteilen wollen, kann wohl niemand behaupten. Man hat Verpflichtungen erfüllt. Und wenn man sich selber gern belügt, könnte man sogar sagen: mit Anstand erfüllt.

Die Aufführung unterwarf sich einem kategorischen Imperativ: Nur keine Peinlichkeiten! In einer kunstgewerblich öden, ewig rechtwinkligen Szenerie (Christian Göbl) wich man vornehm vor einem Autor aus, der ein nur flüchtiges Verhältnis zur Politik hatte, aber eine durchaus süchtige Beziehung zum Theater, der seine Arbeit selbst so definiert hat: »Dem Dichter kommt es darauf an, die höchste Wirkung, die er sich denken kann, zu erreichen.« Man kniff vor einem Stück, das mit Knalleffekten, Intrigen, Racheplänen so skrupellos umgeht wie ein ordinäres Schurkenstück und Schauerdrama; einem Stück, das nur eine einzige große, glaubwürdige Figur hat, den König Philipp. Die anderen sind keine Menschen, sondern effektvolle Theaterkonstruktionen, keiner Psychologie verantwortlich, nur der Logik des Theatralischen: der Carlos, ein Nervenbündel aus verworrenen Gefühlen; der Posa, eine Moral- und Freiheitstrompete; der Großinquisitor, eine Puppe aus dem Schreckenskabinett. Bei einem solchen Stück ist dezentes Deklamieren, ist »Werktreue« Werkverrat – weil sie den größten und gescheitesten Trivialautor des deutschen Theaters zu einem feierlichen Biedermann verharmlost. Das ist um so trauriger an einem Theater, das mit einer anderen Schiller-Inszenierung (Minks' »Jungfrau von Orleans«), einer Aufführung ohne Furcht vor Kitsch und Pathos, einen so wichtigen Beitrag zu Schillers Theatralik geliefert hat.

Am Carlos, an Dietmar Mues, wird die Leblosigkeit von Kochs Theatersprache am heftigsten spürbar – weil dieser Schauspieler noch am entschlossensten so etwas wie Lebendigkeit riskiert. Kochs Inszenierung gerät noch die Leidenschaft zum Dekor, noch der subjektivste Ausdruck zur offiziösen Klassiker-Pose. Das beginnt gleich mit dem ersten, unsäglichen Regieeinfall: Carlos, in den Gärten von Aranjuez, spielt somnambul mit einer roten Rose – die er dann später, wenn er vom verhaßten Vater spricht, an einer Säule zerschmettert. Und rot fallen die Blütenblätter zu Boden. Schön. Mues, der noch der einzige ist, der sich vor Schillers Emphase nicht wegstiehlt ins Diskrete, hätte für seinen Mut einen Regisseur gebraucht, der ihm beim Sprache-Finden geholfen hätte, der nicht gleich jedes richtige Gefühl in die falsche Form und Förmlichkeit gebracht hätte. Der künstlich erregte Klassikerton, die gepreßten Vokale, die knallenden Konsonanten, der bei jeder Gelegenheit hochdramatisch herumgerissene Kopf, das Leidenschaftsgekeuche zwischen den Versen: die Formelhaftigkeit solcher Subjektivismen machte den Carlos dann doch zu einer ganz unsubjektiven, unpersönlichen Figur. Zu einem Klischee: dem Klassiker-Jüngling.

Ganz klassikerfern dagegen der Auftritt des König Philipp, Werner Hinz. Der begann seine Rolle in einer höchst privaten, erstaunlich formlosen Finsterkeit: ein alter Mann, müde geworden vom eigenen Terror. Aber wer dann gespannt darauf wartete, wie Hinz diese Alters-, ja fast Totenstarre Philipps weitererzählen, begründen würde, sah auch da bald wieder nur Festgefrorenes. Der immer gleiche graue, brüchige Tonfall, die immer gleichen müden, wie erstorbenen Blicke, Formen und Floskeln also ersetzten eine Figur. Hinzu kam, daß es Hinz für Philipps Altmänner- und Eifersuchtsdrama an physischer Kraft und an Unvernunft fehlte. Ein immer bloß gekränkter, immer bloß spröde-prosaischer Sprechton macht die Figur vernünftiger und kleiner, als sie gemeint ist. Kein vom Unglück Befallener, kein von seinen Gefühlen Überrannter stand da auf der Bühne, sondern eine Figur, die einem verbitterten Großkaufmann ähnlicher sah als Schillers tragischem Riesen.

So erwachte keine der beiden Hälften des »Don Carlos« zum Leben: das hemmungslose Privatdrama nicht, weil Koch für private Empfindungen eine immer nur klassiker-konventionelle, also antiprivate Theatersprache fand. Und auch das politische Kriminalstück »Don Carlos« war nicht zu sehen – eine allgegenwärtige, anheimelnde Biederkeit machte Schillers Schreckens-Spanien zu einem ungefährlichen Land.

Wenn man einen Abend später Lietzaus Berliner »Don Carlos« erlebt, erleidet, kommt einem in der Erinnerung die Hamburger Veranstaltung fast unterhaltsam vor. Bei Lietzau ist die Klassiker-Langeweile über alles Übliche hinausgelangt, hat ihren Endpunkt (richtiger müßte man sagen: ihren Gefrierpunkt) erreicht.

Der Abend beginnt mit einem Schrecken, von dem sich weder die Zuschauer noch die Inszenierung erholen. Ezio Frigerio hat einen grauen, fensterlosen Kuppelbau auf die Schiller-Theater-Bühne gestellt. Die Kuppel überwölbt eine kreisrunde, schräge Scheibe, deren einziger Schmuck eine phallisch hochgereckte, blumenbestickte Tuchpyramide ist. Wer sich daran erinnert, wie Lietzau (etwa in Heiner Müllers »Philoktet«, in Ionescos »Stühlen«) mit Theaterräumen, mit Bühnenarchitekturen spielen, ja zaubern konnte, den muß es fassungslos machen, wie er hier einen Raum akzeptieren konnte, dessen mausgraue Kunstgewerblichkeit jedes Leben auf der Bühne tötet, jedes Arrangement in fade Geometrie verwandelt, jedes Bild zu weihespielhafter Starrheit stilisiert.

Lietzau, der vor einigen Jahren die »Räuber« in ein sicher anfechtbares, aber überaus effektvolles und elegantes Theaterspektakel verwandelt hat, sucht im »Don Carlos« das andere Ende der Theaterwelt. Ein asketisches, kaltes, verängstigtes Deklamieren beherrscht und lähmt alle Figuren, alle Szenen. Philipp (Erich Schellow), noch die wirkungsvollste Person auf der Bühne, spricht einen Abend lang dämonisches Parlando. Ein Profi immerhin, der seine Tricks beherrscht. Lietzau, dessen Inszenierungen oft bedroht waren von Hochleistungsfanatismus (und damit: von zuviel professioneller Glätte), besetzt im »Carlos« gleich zwei Rollen, die Titelfigur und die Eboli, mit Beinahe-Anfängern (Franz Winter, Verenice Rudolph). Aber auch dieser Besetzungsmut wird auf der Bühne von der allgemeinen Angst erstickt; auch diese beiden noch unfertigen Schauspieler bringen nichts Spontanes, Unvorhersehbares in die Aufführung ein; auch sie sind schon von jener Eisesstarre befallen, in der sich die anderen, ein wenig routinierter, bewegen.

Es ist merkwürdig, von Lietzaus Arbeit läßt sich nur reden wie von einem traurigen medizinischen Fall: Obwohl da doch noch Schauspieler ihre Glieder und Zungen bewegen, wirkt alles auf der Bühne wie längst schon gestorben. Mag sein, daß Lietzau diese Erstarrung als Schiller-Interpretation gemeint hat: als Beschreibung einer sterbenden Welt, in der die Angst und der Terror den Menschen die Glieder lähmen, den Hals zuschnüren.

Herausgekommen aber ist nicht eine Beschreibung Spaniens, sondern die eines ganz anderen Angstsystems: im Kopf eines Theaterintendanten, der mit einer Klassikerinszenierung einen Ausweg suchen wollte aus einer tiefen privaten und künstlerischen Krise, und der bei dieser Suche, man muß es so hart sagen, der Ohnmacht verfallen ist. Für Lietzau war diese Inszenierung nach einem schweren Verkehrsunfall und nach der Trennung von seinen engsten Mitarbeitern Dieter Dorn und Ernst Wendt offenbar so etwas wie ein rücksichtsloser Test mit sich selber.

Das Ergebnis sieht aus wie eine Kapitulationserklärung. Lietzau, dem nicht einmal seine ärgsten Feinde artistisches Ungeschick nachsagen können, macht in dieser Inszenierung unbegreiflich ungeschickte Sachen. Er läßt den Posa (Peter

Fitz) in der großen Szene mit Philipp plötzlich seinen Mantel auszuziehen, ihn später ebenso sinnlos wieder vom Boden aufheben; er erlaubt es dem Philipp, genau aufs Stichwort (»Gedankenfreiheit«) die Hand ans Herz zu legen; er läßt den Carlos immer wieder linkisch die Arme in die Höhe heben – eine ratlose Klagegeste, in der sich die Ratlosigkeit einer ganzen Theateranstrengung abbildet.

In Hamburg hat sich ein Regisseur mit dem »Don Carlos« aus der Affäre gezogen. In Berlin hat ein viel besserer Regisseur eingestehen müssen, daß er sich im Augenblick nicht einmal aus der Affäre ziehen kann – deshalb ist diese bedrückend mißglückte Inszenierung auch eine ermutigend ehrliche. Mit Aufführungen wie der in Hamburg kann ein Theater noch lange weiterwursteln. Nach einer Aufführung wie der in Berlin kann ein Theater nur aufhören oder neu anfangen. Das Desaster kann mehr Hoffnungen machen als ein halber, lauwarmer Mißerfolg.

(DIE ZEIT, 17. Oktober 1975)

Armer König Ubu:
Peter Brook inszeniert Alfred Jarry

Ubu lebt: Am Tag nach der Pariser Premiere fand im fernen, ehemals französischen Zentralafrika eine Posse statt, so lächerlich und so grausig, als habe Alfred Jarry sie erfunden. Ein kleiner Mann krönte sich selber zum Kaiser; und zum Krönungsfest hatte er sich einen meterhohen bronzenen Kaiserthron, eine meterlange prächtige Kaiserrobe und anderen kostspieligen Unfug bestellt. Sein Volk gehört zu den ärmsten der Welt. Doch zu Kaiser Bokassas Ehrentag durfte es auch einmal feiern – was vermutlich in einem nationalen Besäufnis endete. Afrika, im Dezember 1977.

Paris, im Dezember 1896: Auf die Bühne des Théâtre de l'Œuvre treten ein fetter Mann und sein häßliches Weib, Vater und Mutter Ubu. Vater Ubu sagt sein erstes Wort (»merdre!«), und schon bricht der Tumult im Publikum los. Die Uraufführung von Alfred Jarrys »König Ubu« gehört zu den klassischen Skandalen der Theatergeschichte – sofort nach der Premiere wird das Stück vom Spielplan abgesetzt, der einzige Kritiker, der es zu loben wagt, von seiner Zeitung fristlos entlassen. Danach ist Ubus Welterfolg natürlich nicht mehr aufzuhalten. Jarry, vom Alkohol und wohl auch von der eigenen Phantasie zunehmend zerstört, schreibt mehrere Fortsetzungen: auf »Ubu Roi« folgen »Ubu Cocu«, »Ubu Enchaîné«, »Ubu sur la Butte«. 1907 war Jarry 34 Jahre alt – und leider schon tot.

Ubu aber lebt: der kleine, feige Spießer, der König wird. Der seine Untertanen ausraubt und massakriert. Der zur Durchsetzung seiner »Politik« die groteskesten Marterinstrumente erfindet: das Kneifschwein, die Gehirnzerquetschmaschine, die Ohrenschere. (Ubu Bokassa übrigens führte in seinem gelobten Land die Strafe des Ohrabschneidens vor einigen Jahren wieder ein.)

Kleinbürger und Tyrann, Operettenfürst und Massenmörder: viele Ubus sind in den siebzig Jahren seit Jarrys Tod über die Bühne und leider auch durch die Wirklichkeit gelaufen. Im Augenblick sind es vor allem zwei Herrscher, die sich um Ubus Unsterblichkeit verdient machen: Bokassa I. und Idi Amin. Wer von den beiden der blutigere Tyrann und der größere Witz ist, wie der Wettkampf von Schrecklichkeit und Lächerlichkeit enden wird, können wir aus der Ferne betrachten, Ubus Untertanen aber nicht. Daß Lächerlichkeit tötet, bekommt hier einen neuen, furchtbaren Sinn: Sie tötet andere, nicht die Lächerlichen selber.

Keineswegs ist Schwarz-Afrika allein Heimat von Ubus Erben und Epigonen. In allen Kontinenten, in fast jedem Staat sind seine Nachfahren am Werke. Der General P. aus Chile? Der vielleicht nicht; der ist zu bieder und finster, hat nichts von Vater Ubus brachialem Charme. Aber sein Freund, der dicke aus Bayern, wäre eine treffliche Besetzung für die Rolle. »Der König stirbt«, hieß ein Stück von Ionesco. König Ubu stirbt nie.

Vorbild der Ubu-Figur war ein trotteliger Physik-Professor in Jarrys Schule in Rennes. Dramatisches Vorbild waren Shakespeares Tragödien – deren Intrigen und Effekte werden im »König Ubu« lust- und hohnvoll parodiert. Das Königsdrama, erniedrigt zum historischen Kasperletheater. Doch was als freche Parodie geschrieben wurde, erweist sich heute als die kühnste Prophetie, die irgendeinem Dramatiker je gelungen ist: In den »Ubu«-Stücken ist, farcen- und fratzenhaft verzerrt, die Geschichte des zwanzigsten Jahrhunderts vorhergesagt, die politische Geschichte (mit ihrer bizarren, eigentlich gar nicht mehr glaubhaften Gewalttätigkeit) genauso wie die Theatergeschichte.

Alle Angriffe auf das vornehme Hof- und Staats- und Literaturtheater haben denselben Ahnen: Vater Ubu. Daß die Weltgeschichte ein Wahnsinn ist, ein Wahnsinn in Gestalt einer Operette, wie Gombrowicz behauptet – es steht schon im »Ubu«. Daß sich hinter unserer alltäglichen, kleinbürgerlichen Normalität das pure Chaos verbirgt, hat nicht erst Ionesco gemerkt – es steht schon im »Ubu«. Wer immer in diesem Jahrhundert einen Klassiker umfunktioniert, entstellt, besudelt, hat bei diesem lustvollen Geschäft denselben Vorfahren: Jarry Ubu. »Herr Vater Ubu wird zufrieden sein: Zum Abendessen gibt's Bürgerhirn«: das könnte als Motto über vielen aktuellen Theatervorstellungen stehen.

163

Peter Brook hat dieses in jeder Hinsicht großartige Stück in fast jeder Hinsicht kleinmütig inszeniert: aus einer blasphemischen Farce wurde eine brave, fade Lustbarkeit. Darüber wäre nicht viel zu reden – beträfe es nicht einen Regisseur, der schon genauso zur Theatergeschichte gehört wie Vater Ubu.

Es ist in den letzten Jahren ziemlich still geworden um Peter Brook, und er hat diese Stille gesucht. Nach dem Triumph des »Sommernachtstraum« hat er sich ganz auf seine Pariser Theaterarbeit zurückgezogen; hat mit seinen jungen, aus vielen Ländern stammenden Schauspielern das Centre International de Recherche Théâtrale (C.I.R.T.) gegründet, ist auf die Suche nach den »Wurzeln« des Theaters gegangen. Man hat Theaterübungen aller nur denkbaren Art veranstaltet, hat Forschungsreisen in viele Länder unternommen. Produktionen, »Premieren« sind für ein so hochgemutes Unternehmen natürlich weniger wichtig. In den Pariser Bouffes du Nord, einem reizvoll verwitterten, malerisch armen Vorstadttheater, hat man in mehr als drei Jahren drei Aufführungen hergestellt: Shakespeares »Timon von Athen« (1974), »Les Iks« (1975) und jetzt »Ubu aux Bouffes« – »König Ubu« und »Ubu in Ketten« an einem Abend.

Ein »Ubu« ohne Ubu: Andreas Katsulas, der die strapaziöse Titelrolle nahezu nicht spielt, ist ein ziemlich schlanker, hübscher Mann, der einen Abend lang dicker und doofer tut, als er ist. Er hat seine Stimme um eine Oktave gesenkt, spricht mit schwerer Zunge, bewegt sich auf schweren Beinen. Aber außer diesen alleräußerlichsten Charakterisierungen fällt ihm zum Ubu fast gar nichts ein: Von Ubus abgründiger Dummheit und Ubus abgründiger Phantasie (die sich genauso in blutigen Massakern äußern kann wie in kühnen Wortspielen) vermittelt dieser Schauspieler nicht einmal eine blasse Ahnung.

Ein »Ubu« fast ohne Spaß: Jarrys Shakespeare-Travestien, die Mord- und Schlacht- und Geisterszenen, werden hastig und karg, wie von einer mäßig beschwingten Studentengruppe vorgeführt – ohne Mut zum Pathos, ohne Übermut bei der Vernichtung von Pathos. Vielleicht ist gerade Brooks Konsequenz daran schuld: Seine Theaterarbeit entfernt sich immer mehr vom Theater (als einem Ort des spielerischen und intellektuellen Vergnügens), sucht die Wahrheit in der Askese. Deshalb war die weitaus wichtigste und schönste Theatervorstellung des C.I.R.T. ein Stück fast jenseits des Theaters: »Les Iks«, die szenische Untersuchung über das Aussterben eines afrikanischen Stammes.

Ein Regisseur, der sich vom Theater wegbewegt. »Ubu« aber ist ein Stück, das sich auf das Theater zubewegt, voll Angriffs- und Zerstörungslust. Es verhöhnt alles, was dem bürgerlichen Theater und dem Bürger im Theater heilig ist – aber es braucht diesen Feind, und es liebt ihn, bevor es ihn totschlägt. Brook, seit Jahren auf der Suche nach dem ganz neuen Theater, hat offenbar wenig Lust zum Handgemenge mit dem alten.

Ein paar Momente nur gibt es, in denen die theatralische Ärmlichkeit der Veranstaltung nicht wie ein eisernes Prinzip befolgt wird, in denen Armut umschlägt in Poesie. Vor allem im zweiten Teil, wenn Vater und Mutter Ubu, von ihren eigenen Greueltaten erschöpft, auftreten wie ein müdes Flüchtlingspaar. Mutter Ubu (Miriam Goldschmidt) trägt einen billigen, buntkarierten Mantel, in der einen Hand hat sie ein Pappköfferchen, in der anderen eine Plastiktüte. Am Ende des Stücks steigen die beiden Ubus vorsichtig in eine kleine Wasserpfütze, setzen sich ängstlich hinein, nehmen zwei Holzstöcke, die am Boden herumliegen, und dann rudern sie, die jetzt doch sehr alt geworden sind, neuen Abenteuern und Schrecken entgegen.

Ein paar schöne, melancholische Szenen also. Ein schwacher Trost nur für eine große Enttäuschung. Ich hatte mich sehr auf diesen »Ubu« gefreut. Das war ein Fehler. Schreiße.

(DIE ZEIT, 9. Dezember 1977)

Ein Boulevardier sucht Gott:
Peter Shaffers »Equus«

Es war einmal ein Gerücht – und das Gerücht behauptete, am deutschen Theater herrschten die Ideologen, die sturen Programmatiker. Wer sich heute umsieht in Theaterdeutschland, wird kaum noch irgendwo ideologische Skrupel oder programmatische Prinzipien entdecken – und bestimmt nicht am Deutschen Schauspielhaus in Hamburg. Diese berühmte Bühne ist wahrhaft offen nach allen Seiten, empfänglich für nahezu jede Art Dramatik, nahezu jede Art Philosophie. Das führt zu kuriosen Nachbarschaften im Spielplan; natürlich nicht jener naiven Art, wie sie einem provinziellen Theater passieren: dienstags Peter Weiss, mittwochs »Weißes Rößl«. Am Schauspielhaus Hamburg sieht die Wahllosigkeit sogar aus wie dramaturgisches Denken.

Da hatten nun, kurz hintereinander, zwei neue englische Stücke Premiere: David Rudkins »Asche« im Malersaal, Peter Shaffers »Equus« im Großen Haus. Beide Dramen führen, und das ist auch schon ihre einzige Gemeinsamkeit, ausgefallene sexuelle Konstellationen vor. »Asche« erzählt eine trist-reale Geschichte (ein Ehepaar bemüht sich mit allen Kräften, doch ohne allen Erfolg, um die Zeugung eines Nachkommen), »Equus« eine trivial-schöne: ein Knabe liebt, ja vergöttert die Pferde, reitet nackt durch Nacht und Wind. Bei seinem ersten profanen Liebesversuch mit einem Mädchen scheitert er – weil er nur an seine Pferde denken kann, weil er sich von Equus, dem Pferdegott, beobachtet fühlt. In einem rauschhaften Racheakt sticht der Junge sechs Pferden die Augen aus. »Asche« ist ein Stück, das für den Lebensrealismus plädiert (für das Ende der unfruchtbaren Versuche, fruchtbar zu sein), in »Equus« wird Lebensrealismus als Resignation geschmäht. Kuriose Nachbarschaft: ein Stück, das für die Abschaffung aller Illusionen kämpft, ein anderes, das für die Wiederkehr des Göttlichen wirbt.

»Wirbt« ist genau das richtige Wort. Denn die philosophischen Betrachtungen, die Shaffer in seinem Stück anstellt, lesen sich wie Werbetexte, die ein dionysischer Taumel erfaßt. Wieder (wie Bond in der »See«) tritt ein Dramatiker als dilettierender Weltdenker auf: *»Kein Pferd mehr zu sein? Nicht ewig gebunden zu bleiben an die engen Zügel der eigenen Gattung? Ist es möglich, daß ein Pferd, in gewissen Augenblicken, von denen wir nichts ahnen, seine ganzen Leiden – das endlose Hott und Hüh, das sein Leben ausmacht – zusammenfaßt und in Trauer verwandelt? Was nützt Trauer einem Pferd?«*

Der so für seinen Autor denkt und dichtet, heißt Martin Drysart, ist ein Psychiater in den Vierzigern, dessen Leben und Liebesleben schon in Routine erstorben ist, als ihn doch noch der heiße Atem des Mysteriums berührt. In der wilden, gewalttätigen Liebe des Knaben Alan zu seinen Pferden spürt er eine Leidenschaft des Exzentrischen, eine Magie des Sexuellen, von der sein Leben nie gewußt hat. In Alan begegnet ihm endlich *»die Wirklichkeit des Mythischen«* – und wortreich trauernd erkennt er, daß sein Versuch, den Knaben von seinen religiös-sadistischen Obsessionen zu heilen, ein Mysterium mordet: er raubt Alan sein Geheimnis, um ihn (ja, so erhaben wird hier formuliert) dem »Gott Normalität« zu opfern, um aus ihm ein nützliches, funktionierendes Mitglied der Gesellschaft zu machen.

Leider gibt dem gottesdurstigen Mann kein Gott zu sagen, was er leidet; sondern ein Autor, dessen Situationserfindungen und dessen Sprachschöpfungen die Herkunft vom Boulevard (Shaffers Ruhm begann mit niedlichen Nichtigkeiten wie der »Schwarzen Komödie«) kaum verbergen können. Die entscheidende Szene des Stücks variiert eine geradezu klassische Boulevardkonstellation (der mißglückende Koitus) auf mythisch-pikante Weise. Und Shaffers Sprache (mit Pseudophilosophie parfümierte Prosa) schreitet auf Kothurnen durch den Salon. So macht das Stück sich und seine Sehnsucht nach dem Wilden lächerlich – weil die Formen, die es benützt, von Wildheit nichts wissen, sondern nur etwas von der Verpackungskultur des Kommerztheaters, weil die mysterientrunkenen Sätze von keinerlei Geheimnis gezeichnet sind.

Wie ein Spätprodukt der Jesus-Welle kommt mir »Equus« vor – und das nicht nur, weil das Pferd für den Jungen Lie-

bespartner und Heiland-Ersatz ist. »Equus« gleicht den Je-
sus-Stücken in seiner neuromantischen Verachtung für ein
bloß profanes, jenseitsloses Leben – die es freilich, genau
wie die Werke der Jesus-Welle, mit höchst profanen theatralischen Finessen formuliert. Auch Shaffer gehört zu jenen
schlauen Schwärmern, die mit dem einen Auge Gott suchen,
mit dem anderen nach der Theaterkasse schielen.
Das Stück, das sein schmerzendes Thema so hübsch verpackt
und verplaudert, daß es niemandem mehr weh tut, errang bei
seiner deutschen Erstaufführung einen tumultartigen Erfolg.
Shaffers Verkaufsgeschick allein erklärt diesen Jubel nicht –
»Equus« hatte das Glück, in Hans Schweikart einen Regisseur zu finden, der schon oft seine Meisterschaft im Umgang
mit Machwerken bewiesen hat, der es wie kaum ein anderer
versteht, karge Figurenklischees wie lebende Menschen,
platte Weisheiten wie dezente Intelligenz aussehen zu lassen.
Und der zweite Glücksfall: Schweikart fand in dem Schau-
spielschüler Olaf Salmon einen Darsteller für den Jungen,
der seine Figur nicht als Vorwand für die große Talentprobe
verstand, keinerlei psychopathische Interessantheiten ver-
suchte, sondern seine Schauspielermittel so weich, so zart, so
unfertig ausstellte, wie sie sind, und so ein sensibler Kontrast
wurde zur sensibilistischen Mache des Stücks.
Sein Partner und Psychiater war Will Quadflieg – und diese
Besetzung hätte das Thema des Stücks reizvoll verdoppeln
können. Ein Mann mittleren Alters, eingesperrt in Lebens-
routine, trifft auf ein Wesen voll Lebensangst und wird von
dieser Angst verzaubert. Und: Ein Schauspieler mittleren
Alters, eingesperrt in Theaterroutine, trifft auf einen Anfän-
ger, der noch ganz Unsicherheit ist, von Routine noch nichts
weiß. Doch Quadflieg ließ sich nicht verzaubern. Wohl war
da eine imponierende Anstrengung zu spüren, diesmal ohne
die tausendfach erprobten Fassadengesten und Fanfarentöne
auszukommen; weil aber der Schauspieler kaum einmal auf
den Inhalt seiner Sätze hörte, rasant über alle Tiefen und
Untiefen des Stückes hinwegparlierte, blieb er doch der alte
Quadflieg: das plaudernde Zerkleinern eines Textes erstarrte ihm genauso zur Manier wie sonst das Fest der schönen Töne.
Melancholische Erinnerungen: an einen Film (Truffauts

»Wolfsjunge«), der wie »Equus« darüber trauert, daß Zivilisieren immer auch Entzaubern bedeutet – und dennoch nicht, wie Shaffer dauernd, in antizivilisatorischen Kitsch (Metaphern wie: »diese Welt aus Beton«) verfällt; an ein Stück (den »Sommernachtstraum«), das auch von den Tier- und Nachtseiten des Menschen erzählt und verzückt ist, das nicht bloß, wie »Equus«, verzückt daherredet; an einen Autor (Jean Genet), der über Eros und Schönheit des Verbrechens schreibt, aber aus tiefer Betroffenheit, nicht aus lässiger Distanz.

Das Wagnis, Genet zu spielen: unter anderem dafür wird ein Theater wie das Deutsche Schauspielhaus subventioniert. Es geht also keinesfalls darum, diesem Theater den Umgang mit dem Geheimnis zu verbieten, ihm tägliche, stramme Aufklärungsarbeit anzuempfehlen. Es geht allein darum, gegen die Veranstaltung von Pseudomysterien, gegen das Aufführen von Trivialtexten zu protestieren. Wer »Equus« spielt, darf über Hochhuth nicht mehr spotten.

(DIE ZEIT, 8. Februar 1974)

Selten so gedacht: Hartmut Langes »Aias«

Hartmut Lange, der starke Sätze liebt und schwache Stücke schreibt, hatte damals, zum »Prinz von Homburg«, ein großes Wort gewagt: »Ich sah nie solch einen unpolitischen, rührseligen Abend wie in der Schaubühne.« Heute endlich weiß man in Westberlin, wie sich Hartmut Lange politisches Theater vorstellt. »Die Ermordung des Aias oder Ein Diskurs über das Holzhacken« hatte am letzten Donnerstag Premiere. Ich sah selten solch einen unpolitischen, redseligen Abend wie im Schiller-Theater.

Wieder einmal war Hartmut Lange rechtzeitig vor der Premiere ins Exil gegangen – hatte sich lauthals von der Uraufführung distanziert und sich so um den verdienten Dichterlohn, um das Erlebnis, ausgebuht zu werden, gebracht. Bisher hatte sich Lange damit begnügt, die Erst-Regisseure seiner Stücke mit Worten zu schmähen; diesmal schritt er zur Tat, ging vors Gericht und beantragte eine Einstweilige Verfügung gegen Hans Lietzaus Inszenierung. Der Antrag fiel durch – die Premiere fand statt – die Premiere fiel durch. Am Montag, bei einem neuen Gerichtstermin, zog Hartmut Lange seine Klage gegen das Theater kleinlaut zurück.

Protestiert hatte der Dichter gegen eine Aufführung, der es nicht gelungen war (und nicht gelingen konnte), ein totgeborenes Stück zum Leben zu erwecken. Hartmut Lange wirft Revolutionären gern vor, daß sie ihren Beruf verfehlen, weil sie redend die Revolution versäumen, Moral schon für Politik halten. Im »Aias« verfehlt der Dramatiker Lange seinen Beruf, weil er redend das Drama versäumt, Rhetorik schon für Theater hält.

Das Stück ist ein monströses Selbstgespräch in Kostüm und Maske. Diskutiert wird Langes ewiges Thema und Trauma: daß man sich bei der Veränderung der Welt schmutzig machen muß, daß es die moralisch reine Revolution nicht geben kann; daß Wahrheit, die blind ist für die politische Wirklichkeit, Lüge und Selbstbetrug ist; daß umgekehrt aus Lügen, werden sie mit politischer Gewalt durchgesetzt, historische Wirklichkeit wird. »Die Ermordung des Aias« ist also nur an seiner Oberfläche ein Stück über Troja – es ist ein Stück über Trotzki, antikisch kostümiert.

In »Trotzki in Coyoacan«, das den Oktoberrevolutionär in seinem mexikanischen Exil vorführte, ihn als weltfremden Moralprediger und Karnickelzüchter verhöhnte, hat Lange seinem Thema ein leidlich lebendiges Theaterstück abgezwungen. Im »Aias« aber fand Lange für seine Thesen über Lüge und Wahrheit weder Figuren noch Situationen, nur Sätze. Wohl gibt es das Fragment einer Fabel: Odysseus-Stalin will Troja mit List und Lüge erobern, deshalb läßt er seine Griechen Holz hacken; Aias-Trotzki ist für die konventionelle, offene, ehrliche Art des Kämpfens, scheitert, kapituliert, geht ins Exil. Tapfer predigt er die Wahrheit, feige versäumt er die Revolution. Doch diese Fabel hat Lange mit Sätzen zugeschüttet – Sätzen, die in hundert Denkkurven, mit tausend dialektischen Scherzen eine relativ durchschaubare Sache bis zur Undurchschaubarkeit verwirren. Mit Sätzen wie diesen hier: »Die Tugend brauchts, die selbstlos bis zum Tod ist / Und nebenbei: Wozu taugt sonst die Tugend / Die selbstlos bis zum Tod ist, als zum Tod selbst? / Selbstlos ist nichts, da Nichts wär hier die Tugend. / Nun, Palamedes, zeig uns deine Tugend / Und zeig sie so: Ich hätt gern eine Lüge / Die Lüge brauchts, sie paßt auf deine Tugend / Die Nichts ist, Palamedes zeigt was Nichts ist / So: Seine Tugend ist jetzt diese Lüge!«

Daß dieses Stück nicht etwa einen Philosophenkongreß vor Troja parodiert, sondern Metapher sein will für die blutige Geschichte der KPdSU: das ist Langes labyrinthischen Denkversuchen nur mit Mühe zu entnehmen, da braucht man schon die Hilfe des Programmhefts, wo sich ein Hartmut-Lange-Dechiffrier-Syndikat wort- und gedankenreich des Textes annimmt – und mit jeder nur erdenklichen dialektischen List das Dilemma des Stücks zu seinem Thema erklärt. »Polit-Helden treiben einen tragikomischen Denk-Sport« interpretiert man schlau und meint, dann würde niemand merken, wer hier der tragikomische Sportler ist: Hartmut Lange selbst.

Der Dichter muß gespürt haben, daß sein Stück in hehren Worten und leeren Begriffen vertrocknet ist. Also hat er zum klassischen Personal ein paar Figuren aus dem volkstümli-

chen Theater hinzuerfunden, Holzhacker, richtige Arbeiter
also, Figuren, die vor Lebendigkeit geradezu dampfen. Für
einen Kasten Bier verkaufen sie ihren Charakter: So ist das
Volk! Und so redet das Volk: »Mensch hör doch auf!« Oder
so: »Herr Menelaos, es geht alles bestens.« Man sieht: entweder spricht Langes Sprache von ganz oben herab zum Publikum, von der Höhe eines hegelianischen Bewußtseins,
oder sie klopft ihm kumpelhaft auf die Schulter. Bedrückend
ist beides.

Hans Lietzaus Inszenierung war die Angst vor diesem Text
anzusehen – kein Wunder, daß sie auf Ausweichmanöver
verfiel. Achim Freyer hat die Bühne gebaut: weiß ausge-
schlagene Wände, ein Flügel mit blutrotem Tuch überdeckt.
Langes Griechen steckten (was ihren Autor bitter erboste) in
knallbunten Sport- und Phantasiekostümen, sahen mehr
nach Tauchen und Tennisspiel, Judo und Eishockey aus als
nach Alt-Griechenland, trugen ingeniös erfundene Masken,
die ihre Gesichter verdoppelten und verdreifachten. Das
brachte der Aufführung einen kurzen visuellen Schock –
nach fünf Minuten aber hatte sich der Witz verbraucht,
konnte man getrost die Augen schließen. Denn nun wurde
rezitiert und deklamiert; und Deklamiertheater blieb die
Aufführung auch dort, wo Lietzau seine Deklamatoren lässig
aufs Hügeltuch gruppierte. Die Schauspieler hatten Angst,
retteten sich in ein scheinsouveränes Dauer-Parlando, das
heitere Überlegenheit im Umgang mit dem Text vortäuschen
sollte. Und ein jeder suchte Unterschlupf bei seinen allerver-
trautesten Mitteln: Thomas Holtzmann sorgte, wie gewohnt,
für die klarinettenhaft schönen und für die kasernenhaft
schrillen Töne, Rolf Schult versprühte locker-zynischen
Boulevard, Fritz Lichtenhahn war traurig, sanft und skurril.
Zu retten war das Stück so nicht. Doch auch der Zedern-
wald, den Lange sich wünschte, selbst Holzhacken und Pfer-
debau auf offener Bühne hätten aus dem Schrift-Stück kein
Theaterstück gemacht. Denn die »Schmerzen, Pausen, Menschen, Motivationen«, die Reinhard Baumgart in Lietzaus
Inszenierung vermißte: wie soll man die in den Bastelsätzen,
den Papierfiguren Hartmut Langes überhaupt entdecken?
Ein Stück, das Stalin verharmlost: denn der hat sich nicht mit
tragikomischem Denk-Sport beschäftigt, keine hegeliani-

schen Spiele gespielt. Schlimmer: ein Denktheater, das vor lauter Klugheit und Klugtuerei die Lust am Denken umbringt, das so tut, als sei Dialektik kein Instrument zur Wahrnehmung der Wirklichkeit, sondern Gehirngymnastik.

Odysseus hat nicht nur Hegel studiert, er muß auch Hartmut-Lange-Leser sein. Denn einmal sagt er einen sehr schönen Satz: »So viel Verstand vor Troja macht, Freunde, daß sich der Verstand nicht einstellt.«

(DIE ZEIT, 25. Januar 1974)

Nabelschau mit viel Musik:
Martin Walsers »Sauspiel«

Die dicke Doris, aus ihrem Holzverschlag befreit, umkreiste
einmal gemächlich die Bühne, trottete dann zum Orchester-
graben vor, blickte mit mäßiger Neugier abwärts, dorthin,
wo ein lautes Orchester Musik von Mikis Theodorakis
spielte. Dann ging Doris langsam ab. Martin Walsers »Sauspiel«, vom Nürnberger Theater in Auftrag gegeben, ist nun
endlich, am Deutschen Schauspielhaus in Hamburg, uraufgeführt worden. Und Doris hat die beste Rolle dabei. Denn
Doris ist ein Schwein und hat auch welches: Erstens spielt sie
gewissermaßen die Titelpartie im neuen Stück, und zweitens
ist es eine stumme Rolle. Doris muß nicht Martin Walser
sprechen.
Bevor von den politischen Absichten und den privaten Obsessionen des Stücks zu reden ist, muß etwas peinlich Bana-
les erörtert werden: daß ein Theaterstück aus Figuren und
Dialogen besteht; und daß die Geschichte des Stückeschrei-
bers Martin Walser vor allem deshalb eine Geschichte der
Niederlagen ist, weil Walser ein nur dürftiger Figurenerfin-
der und Dialogschreiber ist. Wer Walser einmal öffentlich
hat reden hören und sehen, ahnt, woran das liegt. Ein Dialogschreiber muß ein großer, geduldiger Zuhörer sein. Walser ist ein, oft brillanter, Selber-Reder. Seine Gescheitheit
und seine Ungeduld machen es ihm furchtbar schwer, Sprache zu finden für andere als sich selber.
Das Stück spielt 1526 in Nürnberg, nach der Reformation,
nach den Bauernkriegen – doch es meint auch eine andere
nachrevolutionäre, nachkulturrevolutionäre Zeit: unser tri-
stes 1975, sieben Jahre nach den Blütenträumen des Mai.
Walser beschreibt, wie sich Intellektuelle, sattgeworden,
fettgeworden, mit dem Status quo arrangieren – und meint
und attackiert damit natürlich auch die Intellektuellen und
die Künstler von heute, die nach kurzen Anstrengungen die
Arbeit an der Veränderung der Welt wieder aufgegeben haben und jetzt die Innenwelt bereisen.

Für den waghalsigen Versuch, mit der Geschichte von damals auch die Geschichte von heute zu erzählen, findet Walser viele Argumente, noch mehr Pointen, leider gar keine Sprache. Walsers Sätze gehen die seltsamsten Bündnisse ein: klingen mal altdeutsch gespreizt, mal neudeutsch beschwingt, mal gravitätisch, mal flott; doch all ihr Wortreichtum macht die Figuren nicht widersprüchlicher, nicht weniger arm – weil beide Sprachen, die altertümelnde wie die neutümelnde, nur wie Stilzitate wirken, wie etwas künstlich an das Stück und die Figuren Hingeklebtes. Da sagt ein Wiedertäufer: »Ja, ihr Schwärmer, sobald ich angefangen habe, praktisch, mit der Liebe, haben mir das die Leute unwahrscheinlich übelgenommen.« Einen anderen Wiedertäufer läßt Walser so reden: »Ich glaub', man kann unheimlich was lernen von ihm.« Von Christus nämlich, denn: »Christus ist konkret.«

Walser ist es leider nicht – und so erlaubt er es in seiner Not den Geschöpfen seiner Sprachphantasie auch noch, sich miteinander zu paaren. So zeugen beispielsweise fränkisches Volksstück und linker Jargon zusammen das folgende Satzungetüm: »Und sobald wos net klappt, rufa's zu anara bschissana Demut af. No solla mir haaßlafa vur Solidarität mit unsre Herrn« (der Wiedertäufer Maier).

Wer das Stück jetzt in der nicht ungeschickten, aber ganz glatten, laschen, verzagten Uraufführungsinszenierung von Alfred Kirchner sieht, der wird es nur schwer von anderen historischen Bilderbogen unterscheiden können; der wird kaum spüren, wie dringlich, ja wie manchmal penetrant Walser von sich selber, von uns selber redet. Gut, man sieht Walsers Figuren: die Nürnberger Bourgeoisie und die ihr ergebenen, ihr innig angehörenden Geistestäter; sieht Pirckheimer, Dürer, Melanchthon, Hans Sachs, sieht die Schauspieler Werner Hinz, Aljoscha Sebald, Wolfgang Kraßnitzer, Charles Brauer: bekannte Gesichter, keine Gefühle. Denn um Walsers Polemik anschaulich zu machen, sind die Hamburger Schauspieler wieder einmal viel zu dezent. Sie tragen Kostüm, sie sprechen Text, aber sie engagieren sich kaum für ihre Figuren, noch weniger für des Autors kritische Leidenschaft.

Daß Walser den Albrecht Dürer als einen Menschen beschreibt, dessen Hauptsorge sein Privateinkommen ist (»wie bring' ich mein Geld heil durch die böse Zeit?«), dessen philosophischer Ehrgeiz sich in der Betrachtung erschöpft: »gegen Pessimismus gibt's Frankenwein« – es mag eine Provokation von bescheidenem Reiz sein, muß aber, wenn man das »Sauspiel« überhaupt spielt, als Provokation wenigstens erkennbar sein. Doch Sebald, der den Dürer spielt, umhüllte die Figur (wie Werner Hinz den Pirckheimer, wie Charles Brauer den Sachs) sogleich mit Wohllaut, Wohlgestalt, mit nobler Staatstheater-Indifferenz. Beliebige Bilder aus der Geschichte – statt Walsers vielleicht primitiven, aber unzweifelhaft präzisen Attacken gegen den Opportunismus von Intellektuellen.

Da, wo es am wütendsten ist, ist das Stück auch am besten: wenn es sich endlich ein wenig aus seiner zähen, opernhaftschweren Bilderbogen-Dramaturgie befreit; wenn man nicht mehr, unfreiwillig, aber unwiderstehlich, bei den Bürgerszenen an die »Meistersinger von Nürnberg«, bei den Szenen der gefangenen Wiedertäufer an »Fidelio« denken muß. Wenn Walser nicht mehr szenisch erzählt (was er mangels Dialog nicht kann), sondern polemisiert, leitartikelt, Kabarett macht, dann endlich spürt man ein leidvolles Subjekt, ein Temperament, etwas durchaus Dramatisches hinter den gravitätischen Szenen aus Alt-Nürnberg.

Ein Intellektueller schreibt über Intellektuelle – dabei muß zwangsläufig etwas Masochistisches, also Verkrampftes herauskommen; vor allem, wenn einer schreibend den Sprung aus der eigenen Klasse (oder Kaste) versucht und dabei schon weiß, daß ihm dies nie gelingen kann. Die große Wut des Martin Walser ist also auch eine Wut über sich selber – und diese Züge von Selbstquälerei machen das Stück doch immerhin zu einem eindrucksvollen persönlichen Dokument. Walser hätte es sich auch bequemer machen können. Wie man mit Geschichte fertig wird, ohne sich selber dabei ins Spiel zu bringen, hat ein anderer deutscher Dramatiker mit einem wahrscheinlich viel erfolgreicheren Stück vorgeführt, Dieter Forte mit »Martin Luther & Thomas Münzer«: Geschichte aus der Perspektive des Witzeerzählers, Engagement für nichts, nur für Pointen.

Walser leidet – das macht auch seine Tiefschläge erträglich.

Was er zum Beispiel für die neue deutsche Innerlichkeit hält, läßt er den Dichter Hans Sachs so sagen: »Das tückische Lächeln meiner Großmutter, wenn sie ihren Daumen leckte, um eine Bibelseite weiterzublättern. Ich könnte verrückt werden, wenn ich an die Samstagabende des vergangenen Jahrhunderts denke.« Hört da nicht jeder, wer gemeint ist? Ist das nicht ein Mund voll Spucke für Peter Handke und alle sogenannten Sensiblen und ihre sentimentale Erinnerungsseligkeit? Walsers Pech dabei ist nur, daß Handke sich selber viel besser, weil subtiler attackiert hat – im Stück von den »Unvernünftigen« etwa, wo sich der Herr Quitt, Ausbeuter und Empfindsamkeitsfanatiker, an »die Buschwindröschen unter den Haselnußsträuchern aus den Vorfrühlingen meiner Kinderzeit« erinnert und sich vom Diener Hans Adalbert Stifter vorlesen läßt.

Walsers Nürnberger Bürger reden manchmal wie Genscher, wie Carstens, und schlimmer. Die Mitte schlägt sich zufrieden auf die Schenkel: »Wir sind, was Freiheit angeht, praktisch führend in der Welt.« Wenn die Radikalenplage (mit Folter und Justizmord) ausgerottet ist, sagt einer von ihnen: »Ruhe. So weit das Ohr reicht. Keine Demonstration. Die Nachtigall gilt wieder was.«So verbünden sich Innerlichkeit und gute Geschäfte. Kapitalismus, aber sensibel.

Das Doppeldrama (immer Zeitstück und Historie zugleich) führt beim Lesen zu sonderbaren Beklemmungen – weil Walser die Parallelen so demonstrativ sichtbar macht, kann man schon nach kurzer Zeit keine Szene mehr spontan verstehen, gerät man andauernd in den Zwang, das Stück in unsere Zeit zu übersetzen. Man sieht nichts mehr, man dechiffriert nur noch. Außerdem: Hohn auf Intellektuelle ist ein beliebtes Spießerspiel. Walsers Stück, wo es nicht selbst quälerisch leidet, nur selbstgerecht witzelt, gerät da manchmal in böse Nachbarschaften.

Das »Sauspiel«, ein Abreaktionsspiel? In Hamburg, wo vieles Polemische gestrichen war, wo in einer elegant stilisierten Büroraum- und Partyszenerie (Fred Berndt) Schauspieler vor allem Redlichkeit übten, war so Privates nicht zu spüren. Ein einziger Schauspieler, E. O. Fuhrmann als alter, angeberischer, aber noch immer stark erotomaner Dr. Faust, brachte ein paar bizarre Heiterkeiten in den Abend: ein kahler, kleiner Schädel, rollende und blitzende Augen, wunderlich zarte, gurrende Liebeslaute. Franziska Walser fand eine schöne Verbindung aus beschränkten und schlauen, aus innigen und trotzigen Momenten. Und Hans-Peter Korff sang und spielte mit großem emotionalen und artistischen (anfangs auch gymnastischen) Einsatz die Hauptfigur des Stücks: den Liedermacher Jörg Graf, der sich blind stellt, um bessere Geschäfte zu machen, der ein Opportunist ist und doch ein guter Mensch – der niemals weiß, an wen er sich in so stürmischen Zeiten halten soll. Beim Sauspiel, wo Blinde ein Schwein jagen und dabei zwangsläufig mit ihren Holzstöcken sich selber treffen, will er seinen lästigen Rivalen endgültig ausschalten. Doch der ist auch nur scheinblind – die beiden Betrüger werden erkannt und zur Strafe geblendet.

Viel Musik von Mikis Theodorakis, so zwittrig wie das ganze Unternehmen: mal altertümelnd, mal schlagerhaft-flott, halb gebildet und halb volkstümlich, also eigentlich gar nichts – eine Musik, in der man weder Theodorakis' politische Leidenschaft noch seinen musikantischen Witz wiederentdecken kann.

Der Beifall war wie der Abend: lang und dünn. Doris verbeugte sich nicht. Martin Walser auch nicht. Der Dichter strafte uns durch Abwesenheit. Seine Hoffnung gilt ohnehin weniger der Premieren-Bourgeoisie als dem revolutionären Abonnement. Dem »stern« hat Walser anvertraut: »Ich freue mich auf die zweite oder dritte Aufführung. Da werde ich im Publikum sitzen, und wenn dann diese Lieder mit ihrer Hoffnung durch den Saal klingen, dann kann ich mir sagen: Das hast du immerhin geschafft, daß hier heute abend Hoffnung zu hören ist.«

Mir macht das Stück wenig Hoffnung. Die zarten, lieben Blumenkinder im Gefängnis, die sich immer anfassen, immer liebhaben: sie sind ja nur eine menschenfreundliche, musicalhafte Zutat zur Veranstaltung. Ihr eigentliches Thema ist ein ganz anderes: die ewige Qualen des Intellektuellen. Ein Autor leidet und bestraft sich selber und straft uns mit einem neuen Stück. Walsers Melanchthon sagt es so: »Meinen Bauchnabel möchte ich sehen. Und zwar genau von vorn. Und so groß als möglich.« *(DIE ZEIT, 26. Dezember 1975)*

V. Kolumnen für »Theater heute«

Theaterschlaf

Zum letzten Mal sah ich den Kritiker R. in Bremen schlafen
– bei einer Uraufführung frei nach Kafka. Während oben auf
der Bühne Kampf und Niederlage des Josef K gegen eine
undurchschaubare Staatsgewalt abgehandelt wurden (sowie
Kampf und Niederlage Franz Kafkas gegen die Bremer
Theaterkunst), ereignete sich im Parkett, schräg hinter mir,
ein Zweikampf, der mich bald mehr faszinierte als alle
Kunstbemühungen vorne: Kritiker R. kämpfte mit dem
Theaterschlaf – und unterlag.
Zunächst hatte er noch tapfer geradeaus gesehen, in Richtung Bühne. Dann waren ihm langsam die Augendeckel zu-
gegangen. So saß er lange, im Halbschlaf vermutlich; doch,
weil Kopf und Körper ihre Position auch nicht im geringsten
verändert hatten, in einer Haltung angespannter Aufmerksamkeit. Plötzlich aber passierte eine jähe Verwandlung: R's
Kopf kippte nach hinten, der Mund öffnete sich weit, aus
dem vorher friedlichen Bild war ein schreckliches geworden:
der eingeschlafene Kritiker sah wie ein entschlafener Kritiker aus. Diese Szene hat mich in den letzten Wochen stärker
beschäftigt als fast alle, die ich auf einer Bühne sah. Erinnerungen kamen herauf: an den alten, trinkfreudigen (inzwischen toten) Kritiker K., der auf seinem Eckplatz im Münchner Residenztheater immer wieder davonsank ins Land seiner Träume – um dann, wieder aufgewacht, den Vorgängen
auf der Bühne mit frisch gestärktem Mißvergnügen zuzusehen. Und an den Kritiker J., der angeblich seine witzigste
Boulevardkritik über eine Aufführung verfaßt hat, die er nur
schlafend durchzustehen vermochte.
Eine Geschichte, der ich gerne glaube – denn als aus dem
Kritiker J. der Dramaturg J. geworden war, sah ich selbst ihn
im Theater schlummern, ein paar Reihen vor mir, man
spielte »Onkel Wanja«. Das Bemerkenswerte an dieser
Schlafaktion war, daß sie nicht (wie der gewöhnliche Theaterschlaf) eine resignierte Reaktion auf schlechte Kunst gewesen ist. J. erprobte den präventiven Theaterschlaf, schlief
gleich ein, als der Vorhang hochgegangen war. So konnte er
vom zweiten Akt an den Bühnenereignissen wach und ange-
spannt folgen. Die sehr positive Haltung dieses Theatermen-

schen zum Theaterschlaf zeigte sich später noch einmal, als der Kritiker und Dramaturg J. zum ersten (bisher einzigen) Mal inszenierte – er tat es so leise, so unauffällig, so unsichtbar, daß in seiner Premiere mehr Zuschauer ihren Frieden fanden als in jeder anderen.

Warum erzähle ich das? Bestimmt nicht aus Bösartigkeit. Bestimmt nicht, um jener sehr konventionellen Meinung rechtzugeben, die behauptet, gerade ein Kritiker dürfe im Theater nie und unter keinen Umständen einschlafen. Was immer passiere, der Kritiker habe seine Kritikerpflicht zu tun, alles schläft, einsam wacht ...

Nein, ich meine genau das Gegenteil: der schlafende Kritiker verfehlt nicht seinen Beruf, er übt ihn auf eine besonders glückliche Weise aus. Er hält seinen Kopf frei von unnützen Bildern und Texten, und so schützt er sich und seine Liebe zum Theater. Weil sich Bitterkeit nicht in ihm sammeln kann, ist er gegen fast jede Theaterkrise gefeit; wenn es schon kein Theater gibt, das ihn um den Schlaf bringt, so gibt es doch immer genügend Theater, das ihn in den Schlaf bringt.

Der schlafende Kritiker ist geradezu eine Vorbildfigur: er realisiert physisch, was er in seinen Artikeln fordert, er demonstriert leibhaftig für einen entspannten, einen nicht mehr bildungsbeflissen-verschwitzten Umgang mit der Kultur. Deshalb ist der schlafende Kritiker der bessere Kritiker – denn ohne Zweifel ist ein genießerischer Umgang mit Kunst allemal besser als ein leidender. Sollte sein Beispiel Schule machen, dann würde es in vielen bedauernswerten Theaterveranstaltungen bald eine so stille wie intensive Gegenaktion im Parkett geben: eine Vorführung der schlafenden Zuschauer für ihre nicht-schlafenden Mitbesucher. Solches Anti-Theater im Parkett hätte durchaus Erfolgsaussichten – denn im provinziellen Normalfall ist ein schlafender Mensch immer noch schöner (und komischer) als ein theaterspielender.

Noch einmal: dies ist kein sogenannter heiterer Beitrag. Und auch kein Produkt jener Jahreszeit, da dem Journalismus, nicht nur dem Theaterjournalismus, die Themen ausgehen. Dies ist eine Hommage an die älteren, die erfahreneren, die schlafenden Kollegen, die so viel weiter sind als ich. Allmäh-

lich nämlich werde ich nervös: bald bin ich fünf Jahre Theaterkritiker und habe noch immer kein Auge zugetan.

(Juli 1975)

Seid umschlungen, Bolschewisten!

Wem nützt eine Theateraufführung, die 1975 den Bolsche-
wisten von 1921 ihre Sympathie erklärt? Ich meine: sie nützt
niemandem, den Bolschewiken von damals nicht, dem Theater von heute erst recht nicht.

Peter Palitzsch hat am Schauspielhaus Frankfurt Heiner
Müllers »Zement« inszeniert – ein Stück über die Frühzeit
der Sowjetunion, über die schwierigen ersten Schritte des
Kommunismus, über die Konflikte zwischen sozialistischer
Pflicht und bourgeoiser Neigung, revolutionärer Härte und
privatem Glücksverlangen. Kein Stück, das die Revolution
oder die Revolutionäre feiert; sondern eines, das sich (und
das Theater und das Theaterpublikum) zur Nüchternheit
zwingt. Tschumalow, der Held des Stücks, das keine Helden
akzeptiert, sagt es so: »Der Kommunismus ist kein Traum,
sondern eine Arbeit, unsre.«

Wie hat nun Palitzsch, dem man gemeinhin Kühle und pädagogische Kargheit vorhält, das Stück inszeniert? Betont
menschlich. Das heißt, die Schauspieler durften sich endlich
einmal emotional richtig ausleben, durften zeigen, wie nah
ihnen doch das Schicksal dieser sowjetischen Menschen ging.
Wie etwa Elisabeth Schwarz, hin- und hergerissen zwischen
der Stimme der Revolution und der ihres Herzens, härmte
und bebte, zagte und zitterte, wie sie dann die Gefühle tapfer
hinunterschluckte, wie sich ihre Stimme festigte, ihr Blick
stählte: es war, das Wort ist leider keine Übertreibung, herz-
zerreißend.

Dies Abgleiten einer intelligenten Schauspielerin ins Gebär-
den- und Gefühlsrepertoire des kleinbürgerlichen Rühr-
stücks, welche Gründe mag es gehabt haben? Ich komme nur
auf einen: schlechtes Gewissen. Der ewige Komplex bürgerlicher Theatermacher vor revolutionären Aktivisten: wenn
man schon nicht mitkämpfen konnte, damals, dann will man
wenigstens heute den Kämpfenden, Ringenden, Scheitern-

den seine Sympathie bekunden. Das tut gut und kostet
wenig.
Eine geheuchelte Nähe, eine falsche Solidarität. Das Stück
»Zement« wäre in der Bundesrepublik Deutschland nur auf
die genau andere Art zu spielen: aus äußerstem Abstand,
einem Abstand, der die Entfernungen zwischen Frankfurt
am Main und Noworossisk, zwischen unserer unheroisch-
neurotischen Gegenwart und den heroischen Kämpfen von
damals nicht gefühlvoll wegleugnet. Beschreibung einer
Welt, so fremd, so fern und (vielleicht) so lehrreich wie die
des »Philoktet«.
Palitzschs vorletzte Inszenierung war die eines bürgerlichen
Dramas: an den Münchner Kammerspielen inszenierte er
Hauptmanns »Einsame Menschen«. Damals wählte er genau
das umgekehrte Verfahren wie in »Zement« – er demon-
strierte seinen kritischen Abstand zu den Figuren des Stücks.
Er parodierte die Gefühle der Figuren nicht (das haben
einige Anhänger des Hauptmannschen Schwulstes mißver-
standen), er dozierte über sie. Hauptmanns Bürger behan-
delte Palitzsch mit maßvoller Rechthaberei, vor Heiner Müllers Proleten hatte er offenbar das Gefühl, im Unrecht zu
sein: zuviel gutes Gewissen damals, zuviel schlechtes Gewissen heute. Doch dies sind nicht nur Palitzschs Haltungen,
Palitzschs Probleme. Die beiden Aufführungen repetieren
nur noch einmal die kritischen Posen eines Theaters, das sich
gerne politisch nennt: Bürger werden »entlarvt«, mit Arbei-
tern wird fraternisiert.
Peter Zadek, ein bürgerlicher Theatermacher wie Palitzsch
(aber ohne dessen Beklemmungen, einer zu sein) hat in seiner Hamburger »Wildente« am entschiedensten und souve-
ränsten die Gegenposition dazu formuliert. Natürlich kann
man seine Inszenierung »unhistorisch« nennen: weil sie auf
endgültige Definitionen und politische Proklamationen
überhaupt keinen Wert legt; weil sie mit den Figuren des
Stücks, mit Bürgern also, nicht lehrerhaft-pseudoobjektiv,
sondern leidenschaftlich subjektiv umgeht – Theater, das Erfahrungen sammeln, nicht Zeugnisse austeilen will. Seltsa-
merweise produziert diese unhistorische Methode Zadeks
ein genaueres, bedrückenderes Bild bürgerlichen Lebens als
die sogenannte historische; weil sie keine Verdrängungsar-

184

beit leisten, weil sie nicht die Lebenslüge des bürgerlichen, das Bürgertum dekouvrierenden Theaters nachbuchstabieren muß: Bürger, das sind nur die anderen.

Die Revolution machen die Revolutionäre. Das Theater machen die Theaterleute. Als die Schaubühne mit der »Mutter« eröffnete, passierten ihr, trotz Stein und trotz der großen Giehse, ein paar Mal die alten vergeblichen Verbrüderungsfloskeln – es kam nicht zu Kitsch wie bei Palitzsch, aber doch zu einer Art diskreter Gerührtheit: ein Hauch von nazarenischer Süße lag über den Bildern aus dem Leben des Proletariats. Wenn die Schaubühne später Labiche inszenierte und Handke und ein Gorki-Stück über Bürger (nein, eben kein Gorki-Stück, sondern eine Gorki-Paraphrase von Botho Strauß), wenn sie mit Grüber ins Ungewisse aufbrach, dann war das keine Flucht ins Private, sondern nur der fällige Abschied von kostenloser Revolutionsromantik. Das bürgerliche Theater Schaubühne lernte es, nicht für andere zu reden, sondern für und über sich selbst – über die Krankheiten des Bürgertums und über die Abenteuer des Theatermachens. Heiner Müller variierend: das Theater ist kein revolutionärer Traum, sondern eine Arbeit. Unsre.

(Oktober 1975)

Mein Vater

Mein Vater, Helmut Henrichs, ist am 1. Oktober in München gestorben. Ich möchte erzählen, was ich durch ihn über das Theater erfahren habe.

Er war kein großer Intendant – so stand es in den Nachrufen, und so war es wohl auch. Aber ich frage mich, ob es an einem Theaterbetrieb wie dem Münchner Residenztheater, das mein Vater vierzehn Jahre lang leitete, einen großen Intendanten überhaupt geben kann – also einen, dessen Theateridee und -leidenschaft in jeder Produktion, auch der mißglückten, zu spüren ist; oder ob der allmächtige Intendant nicht fast immer nur der ohnmächtige Verwalter eines Apparates ist, dessen Gesetze er nicht bestimmt, und die zu ändern er revolutionären (man kann auch sagen: selbstmörderischen) Mut haben müßte.

Mein Vater war kein Revolutionär, sondern, was das Theater betraf, ein Melancholiker. Ich erinnere mich gut an seine leise Wut, wenn ihn wieder einmal einer seiner verdienten Staatsschauspieler aufgesucht und an vertraglich festgelegte Rollenansprüche erinnert hatte – denn dann begann das immer gleiche trostlose Spiel. Damit der verdiente Staatsschauspieler die ihm zustehende Hauptrolle bekam, mußte nun krampfhaft nach einem Stück für ihn gesucht werden, in dem möglichst noch ein paar andere verdiente, gerade schwachbeschäftigte Künstler unterzubringen waren. So kamen dann Spielpläne zustande. Und ich glaube nicht, daß sie heute auf sehr viel andere Art zustande kommen. Oder hat zum Beispiel Ivan Nagel den »Don Carlos« deshalb veranstaltet, weil er sich vom Regisseur Heinrich Koch wichtige Entdeckungen zu einem wichtigen Stück versprach? Oder mußte er einfach kapitulieren vor dem Anspruch des großen, verdienten Werner Hinz auf eine große, stücktragende Rolle?
Mein Vater hat dieses System der Eitelkeiten, der Erpreßbarkeit eines Theaters durch seine Stars, genau durchschaut. Aber er wußte nicht (und ich weiß auch nicht), mit welchen Mitteln dies zu ändern wäre: an einer Bühne, deren politisch Verantwortliche, Leute von der CSU, von ihrem Theater ohnehin nicht mehr erwarten als die möglichst attraktive Ausstellung von Eitelkeiten; bei einem Theaterpublikum, dessen Mehrheit es immer noch am schönsten findet, wenn Schauspieler agieren wie sprechende Sänger; in einer Theaterstadt, in der die Arbeit des Kopfes immer schlechter honoriert worden ist als die des Kehlkopfes.
Mein Vater hat, gegen Bedingungen, die das dumme Theater begünstigten, manchmal intelligentes Theater durchgesetzt. Wendt und Jenny waren seine Dramaturgen, Noelte hat bei ihm inszeniert, Schaaf, Hollmann, Niels-Peter Rudolph. Und vor allem Lietzau: diesem so oft vom Ehrgeiz verzerrten Regisseur gelangen in München seine heitersten, entspanntesten Inszenierungen. Mein Vater war da, denke ich, ein liebevoll Mitschuldiger – weil er nicht ehrgeizig genug war, um Karriereängste zu haben, konnte er anderen aus solchen Ängsten helfen. Schlamperei war an seinem Theater möglich, auch Müdigkeit – finsterer Leistungsfanatismus nie.
Zwei- bis dreimal im Jahr war das Residenztheater ein

Großstadttheater. Aber das schon schreckte die christlichen Kulturpolitiker so sehr, daß sie im Landtag lauthals über die intellektuellen »Nordlichter« klagten, nach mehr Bayerischem, mehr Komödiantischem verlangten. Nun, heute haben sie es ja, wie sie es wollen.

Die Haltung meines Vaters zum Theater hatte sehr viel zu tun mit seiner Art zu leben: er war ein Melancholiker, was das Theater betraf, und ein Genießer, wo es um ihn selber ging. Er schlief lange und ging spät ins Büro. Selbst von Krisen- und Katastrophensituationen ließ er sich dieses morgendliche Privileg nicht wegnehmen: der Intendant betrat als letzter das sinkende Schiff. Und auch wenn er viel arbeiten mußte, was zu seinem Kummer allzu oft vorkam: er machte dabei nie das fleißverzerrte Gesicht des leitenden Angestellten. Er hatte fast immer Zeit. Von ihm wird man nie sagen können, sein Leben habe seiner Arbeit gehört. Sein Leben, das machte er allen unübersehbar klar, gehörte ihm selber. Das Residenztheater hat darunter, vielleicht, manchmal gelitten. Ich habe davon immer sehr profitiert.

Weil mein Vater ein Karrierist nicht werden wollte, ein Komödiant nicht sein konnte, hat er immer sehr viel Abstand zum Theater behalten. Er war ein Intendant und blieb doch immer ein Theaterkritiker. Also wußte er immer, was er angerichtet hatte. Ich kenne nur wenige im Theater, die ihm darin gleichen. Er war kein großer Intendant. Aber er war nie von sich selbst betrunken und nie rücksichtslos gegen andere, nie dumm-euphorisch, nie dumm-fanatisch. Er hat sich nicht und andere nicht belogen. Also war er vielleicht doch ein großer Intendant.

(November 1975)

Franz Josef Noelte

Der Wahlkampf hat begonnen, die Zeit für Einfach-Denker; die Gefahr ist, daß unser aller schlichtes Tun nun noch ein bißchen schlichter wird.

Für die bundesdeutsche Theaterkritik hat ausgerechnet Peter Iden, sonst ein geduldiger Beschreiber komplizierter Gegenstände, den Wahlkampf eröffnet. Er hat sich in München eine Shaw-Inszenierung von Rudolf Noelte angesehen (»Der Arzt am Scheideweg«) und hat hinterher Aufführung und Regisseur an den rechten Platz gerückt: »Es ist fast, als sei er (Noelte) nun auch mit seinem Theater dort angelangt, wo er sich politisch schon lange zu Hause weiß – bei der CSU. Deren vermutbaren Kunsterwartungen hat er mit dieser Aufführung ganz entsprochen.«

Ich vermute, die vermutbaren Kunsterwartungen der CSU sind ganz andere, werden von ganz anderen Theaterleuten als ausgerechnet Noelte erfüllt. Wenn es der Ehrgeiz der CSU wäre, so schwierige Künstler wie Noelte zu fördern und andere, leichtere, seichtere nicht – man müßte vor dieser Partei und ihrem kulturpolitischen Wüten soviel Angst nicht mehr haben.

Aber das sind Vermutungen. Lehrreicher sind Beispiele. Ich hatte das Glück, die letzten künstlerischen Hervorbringungen beider Bündnispartner zu sehen: die letzte Noelte-Inszenierung (Shaw an den Kammerspielen) und, im Fernsehen, die letzte große CSU-Inszenierung: Der Geburtstag des großen Vorsitzenden. Von derselben Welt waren die beiden Veranstaltungen nicht.

Die CSU und ihr sechzig Jahre gewordener Führer: ein groteskes Remmidemmi, vor Rührung zitternde Festredner, Bier, Blasmusik, erwachsene Männer, die ihre wuchtigen Leiber in alpenländische Trachten gezwängt hatten, Ehrenjungfrauen in Weiß, Ehrenknaben im Kommunionsanzug. Der Freistaat feierte ein Familienfest: politisches Theater, wie es nur das Bayernland hervorbringen kann, halb gemütlich und halb zum Grausen.

Und Noeltes Shaw? Eine wie immer sehr leise, sehr ausführliche, sehr differenzierte Aufführung eines sicher beklagenswert undifferenzierten Stücks. Veranstaltet aber bestimmt nicht zum Lobe der CSU oder ihres Vorsitzenden oder eines christlich-sozial gesonnenen Theaterpublikums – veranstaltet allein aus einem anderen, völlig privaten Motiv: Noelte hat im »Arzt am Scheideweg« jene unmögliche Liebesgeschichte weitererzählt, die in allen seinen Inszenierungen vorkommt; hat Leute auf der Bühne beschrieben, die so verhemmt wie fanatisch, so rücksichts- wie aussichtslos ihr Un-

188

glück leben. CSU-Kunst, CSU-Ideologie ist das nicht – es sei denn, man wollte jeden Ausdruck von Fortschritts-Ungläubigkeit so nennen. Dann aber wäre auch William Shakespeare ein (unfreiwilliger) Parteigenosse von Franz Josef Strauß – und das wäre dann doch viel zu viel Ehre für den Herrn aus Bayern.

Rilke, weiß man, hat ein paar emphatische Sätze über Mussolini geschrieben, Dali hat stammelnd den Generalissimus Franco verherrlicht; trotzdem wäre es albern, ihre Künste deswegen faschistisch oder falangistisch zu nennen. Benn war eine Zeitlang Nazi – ein Nazi-Dichter war er nie. Der Kommunist Brecht hat die Dogmen des Sozialistischen Realismus verachtet, verhöhnt und konsequent *nicht* befolgt. Nur kleine Künstler sind als Parteigänger ihrer Ideologien zu brauchen. Das Bündnis phantasiereicher, empfindsamer Leute mit brutalen oder folkloristisch-kraftmeierischen politischen Parteien ist weniger ein politischer als ein tragikomisch privater Vorgang: der extrem Verletzbare sucht Halt und seelischen Unterschlupf bei den scheinbar Unverletzbaren.

Die notwendige Gedankenarbeit, künstlerische Produkte auch ideologiekritisch zu betrachten, kann in den puren Unfug münden, wenn man die Künstler allzuschlicht mit ihren politischen Bekenntnissen (oder Wahnvorstellungen) identifiziert. Iden hat mit einem einzigen Wort, einem zögernden »fast«, seine Unsicherheit zugegeben, hat verraten, wie sehr er seiner fulminanten Schlußfolgerung wohl doch noch mißtraut.

Am Abend nach meinem Ärger über Iden habe ich dann einen gelesen, der sich selber wohl noch nie mißtraut hat – einen, der beispielhaft vorführt, wie man Kunst auf das Format eines politischen Funktionärs herunterdefinieren kann. Er heißt Hans-Jochen Genzel und hat im Dezemberheft von »Theater der Zeit« eine »negative Bilanz des Westberliner Theatertreffens 1975« publiziert. »Theater der Zeit« ist die Theaterzeitschrift der DDR – ein Blatt, das auf grauem Papier graue Fotos und noch grauere Texte veröffentlicht. Daß man dort erst jetzt auf ein Theaterereignis des lange vergangenen Sommers eingeht, ist verwunderlich; wahrscheinlich hat der Rezensent Genzel so lange gebraucht, um seinen

Beschreibungsgegenstand so kurz- und kleinzudenken, bis er in die eigenen, engen Schubladen paßte. Hauptanliegen des Artikels ist das übliche, schon rituelle Schimpfen über den sogenannten Formalismus – laut genug formuliert, so daß es auch die eigentlich Gemeinten nicht überhören können: jene Nest- und Brecht-Beschmutzer am Berliner Ensemble, die es gewagt haben, Strindbergs »Fräulein Julie« zu ihrem eigenen und der Zuschauer Vergnügen, und eben nicht ausdrücklich zum Ruhme der Arbeiterklasse, zu veranstalten. Gottlob hat man in der DDR inzwischen für die gerechte Strafe gesorgt: die Inszenierung wurde nach wenigen Aufführungen bürokratisch liquidiert.

Der stramme Autor gibt aber nicht nur den Unruhestiftern im eigenen Staat eine nützliche Lektion, sondern auch uns im Westen. Denn bei uns gibt es überhaupt nur zwei Sorten Theater: »Erstens das Herausstellen formaler Interessantheiten bis zum inhaltslosen Exzeß (Zadeks ›Lear‹: ›Viereinhalb Stunden Irrsinn‹). Und zweitens der Versuch der BRD-Theater, auf opportunistische Weise die imperialistische Politik der BRD zu unterstützen.«

Entmutigt bringe ich die Kolumne zu Ende. Sie ist mein (zugegeben: bescheidener) Beitrag zur imperialistischen Politik der BRD.

(Januar 1976)

Fräulein-Wunder

Bei ihrer vorletzten Premiere spielte sie, mit ausgestopftem Bauch und Hintern, eine sehr dicke Dame: Hedda in Botho Strauß' Komödie »Bekannte Gesichter, gemischte Gefühle«. Immerzu redend, dauernd kichernd, ewig hungrig: ein Monster, aber eines von den durchschnittlichen, vertrauten, wie man sie in jeder Konditorei, an jedem Badestrand sehen kann. Kirsten Dene gelang in dieser Rolle etwas ganz Außerordentliches sie zeigte den Horror eines entfesselten Kleinbürgerweibs, aber auch dessen hinter Lärm und Schminke und Speck verborgene Zartfühligkeit. Im zweiten Akt hatte sie eine elende Schnulze zu singen (»Nur du, du, du allein«) und tat das so innig, so aufrichtig, als sei dies ein Schubert-Lied. Und man begriff etwas vom Zauber des Allertrivialsten, sah, wie sich schlechter Geschmack und tiefes Gefühl höchst lächerlich und doch ergreifend miteinander paarten.

Bei ihrer letzten Premiere spielte sie wieder ein Brachial-Weib: Kleists Kunigunde von Thurneck. Wieder eine Versammlung von Superlativen: eine lachhaft bizarre Kostümierung, grellste Schminke, lärmende Fröhlichkeit und tiefste Todtraurigkeit – in dieser unangestrengt-heiteren, aber auch heiter-unbedrohten Peymann-Inszenierung der einzige Mensch, der den Sprung vom fröhlichen Ulk in den Irrsinn, in gefährdete, Kleist-nahe Zustände riskierte. Am Ende geht dieses Fräulein, grambgebückt, tödlich gedemütigt über die Bühne: eine Leidensfratze auf dem Gesicht, zum Lachen und zum Fürchten. Auch da ist Kirsten Dene etwas Außerordentliches, alle Peymannschen Nettigkeiten weit Überragendes gelungen: große Trivialkunst. Oder richtiger: große Schauspielkunst, die die Spielwollust, die Gefühlsradikalität des Trivialtheaters auf unsere immer noch viel zu seriösen Bühnen zurückholt.

Kirsten Dene spielt schon ein paar Jahre lang Theater, diese Saison ist ihre Saison: ein Durchbruch, ganz plötzlich, fast überwältigend. Wieder ist es eine Schauspielerin, eine Frau, die das geschafft hat. Und wieder fragt man sich, warum bei den jungen Schauspielern so jähe Entdeckungen fast nie passieren, warum es bei den jungen Herren auf unseren Bühnen so wenig zu erleben gibt, warum da fast alles so langweilig, so ungelenk aussieht.

Ich werde mich hüten, hier irgendeine (Theater-)Theorie der Geschlechter zu verkünden. Daß die jungen Schauspielerinnen zur Zeit viel origineller sind als ihre männlichen Kollegen, kann man auch ganz banal, durch eine Aufzählung belegen. Das Debüt von Eva Mattes im »Stallerhof«, von Pola Kinski in de Boers »The Family«, die Auftritte von Libgart Schwarz (als Marianne in Zankls Stuttgarter »Wienerwald«) und Lore Brunner (Schnitzlers Christine bei Hollmann in Basel), Angela Winkler und Ilse Ritter an der Schaubühne: kein junger Schauspieler fällt mir ein, der mich ähnlich beeindruckt hätte. Selbst in den interessanteren deutschen Filmen sind die Männer hoffnungslos unterlegen: Rainer Werner Fassbinder (Hanna Schygulla und Margit Carstensen) und Werner Schroeter (Magdalena Montezuma, Carla Aulaulu, Christine Kaufmann) sind ausgesprochene Frauenfilmer – die Männer in ihren Filmen bleiben fast immer wehleidige, bleiche, kraftlose Randfiguren.

Erst bei der mittleren Schauspieler-Generation (bei Bruno Ganz, Walter Schmidinger, Martin Benrath) fällt dann der Vergleich für die Männer freundlicher aus. Das kann ein Zufall sein. Kann das ein Zufall sein? Ich erinnere mich daran, wie Eva Mattes einmal in einer ansonsten sehr verkrampften Nestroy-Inszenierung ein Couplet sang: völlig in sich selbst versunken, um ihren »Erfolg« ganz unbesorgt, einfältig und höchst kompliziert: weil sie zeigte, daß Einfalt auch etwas Anmutiges, eine Form von Heiterkeit sein kann. Ich denke daran, wie Libgart Schwarz ihre Texte spricht: fast unhörbar leise, nur mit der Situation der Figur beschäftigt, das Publikum völlig vergessend. Und ich erinnere mich noch einmal an die beiden letzten Rollen der Kirsten Dene: wie sie sich, ganz unbesorgt um die eigene Schönheit, die eigene Kunst, in ihre Rollen hineinstürzte. All diese Schauspielerinnen spielen auf eine ganz körperliche, radikale Weise Theater. Radikalität als Selbstverständlichkeit: als das selbstverständliche Risiko, sich einer Figur ganz, mit allen Sinnen auszuliefern, sie nicht aus der Halbdistanz, halb hochmütig und halb verängstigt, zu beschreiben.

Noch eines fällt mir auf: wie selbstverständlich, wie natürlich sich die jungen Schauspielerinnen auf der Bühne bewegen; so, als sei die Welt des Stücks ihre vertraute Umgebung – und wieviel eckiger, bemühter, stilisierter die jungen Männer mit ihren Armen und Beinen hantieren – so, als könnten sie nie vergessen, daß auf der Bühne harte Arbeit, harte Kunstarbeit zu verrichten sei. Daß die Frauen (aus irgendwelchen dunklen, magisch-biologischen Gründen) die begabteren Theaterspieler sind, wäre eine alberne Behauptung. Die Frauen sind wohl einfach im Augenblick das selbstbewußtere Geschlecht – nicht nur auf dem Theater.

(Februar 1976)

192

Hai und Hölderlin

Natürlich bin auch ich gleich ins Kino gegangen, als Peter Steins erster Film »Sommergäste« Premiere hatte. Von den Kollegen Filmkritikern hatte ich vorher ziemlich Mißvergnügtes gehört und gelesen: eine »akademische Kunstanstrengung« nannte Wolfram Schütte den Film, Wolf Donner hatte heftig unter der »outrierten Schauspielerei«, insbesondere von Edith Clever, gelitten. Beide deuteten diskret an, daß Peter Stein mit dem Medium Kino wohl doch ein bißchen ahnungslos, amateurhaft umgegangen sei.

Gerade das machte mich neugierig auf den Film – weil mich an vielen Produkten des sogenannten jungen deutschen Kinos (an »Lina Braake« und »Berlinger« vor allem) gerade das sogenannte Professionelle furchtbar gestört hatte: die aalglatte, musterschülerhafte Gewandtheit, mit der die Kino-Macher (Betonung auf Macher) auf die Forderung eingegangen waren, der deutsche Film müsse endlich beim großen Publikum ankommen. Nun: er ist jetzt wirklich dort angekommen. Und nochwo ist er angekommen: bei einer Kino-Ästhetik, die irgendwo in der imaginären Mitte zwischen einer Kurt-Hoffmann-Komödie und Hollywood liegt.

Ich war also entschlossen, meine Liebe zu den »Sommergästen« zu verteidigen – auch und gerade gegen die Propheten des professionellen Kinos. Was sind schon handwerkliche Fehler, ungeschickte Schnittfolgen, verkorkste Einstellungen, wenn große, spontane Schauspielerei passiert? Einige der schönsten deutschen Filme (frühe Sachen von Schroeter und Fassbinder, von Vlado Kristl und Rosa von Praunheim) sind gerade deshalb große Kunstwerke, weil sie das »Handwerk« und seine Gesetze heiter mißachten.

Dann aber die »Sommergäste«: ein für mein Gefühl erschreckend fehlerloser Film. Nichts meisterhaft Professionelles (wie der »Weiße Hai«), aber auch nichts entschieden Anti-Professionelles, sondern irgend etwas dazwischen, eine sehenswerte Halbheit: sehenswert mindestens für diejenigen, die die Aufführung an der Schaubühne nicht gesehen haben. Daß Stein vom Kino-Machen zuwenig versteht, kann ich nicht behaupten, und es wäre auch der ganz falsche Vorwurf. Ärgerlich finde ich eher das Gegenteil: wie Stein immer wieder Rituale des bewährten, gut gemachten Kinos nachvollzieht; wie glatt und widerstandslos also dieser Film sich dem einfügt, was man gemeinhin für Kino hält.

Das äußerlichste Kennzeichen: die Aufführung am Halleschen Ufer dauerte über drei Stunden, der Film nur zwei. Schon da folgt Stein einem ungeschriebenen Kinogesetz: Filme dürfen, damit sie verkaufbar sind, nur zwischen 90 und 120 Minuten dauern – nur Monumentales darf eine Ausnahme machen. Natürlich hätte es auch Gegenbeispiele gegeben: Eustaches »Die Mama und die Hure«, Rivettes »Celine und Julie fahren Boot« – großartige Vierstundenfilme, aber natürlich nicht von Constantin vertrieben und nicht fürs große Publikum gedreht.

Ist das ein zu banaler Einwand? Ich glaube nicht: gerade die »Sommergäste« verändern sich durch die Verkürzung völlig. Im Theater hatte man die Möglichkeit, den Figuren eine, fast zwei Stunden lang zuzusehen, ohne sich eine Meinung über sie bilden zu müssen: durch ihre empirische Geduld und Genauigkeit gelang es der Aufführung, die Feriensituation, die das Stück beschreibt, dem Zuschauer physisch mitzuteilen. Man schaute entspannt, fast genießerisch zu, bekam dabei durchaus luxuriöse, ferienbürgerliche Gefühle – und befand sich in genau jener trügerischen Harmonie, deren Zerfall die Inszenierung dann beschreibt. Das schöne, scheinbar harmonische Gruppenbild und die vielen Einzelkatastrophen, die Schauseite einer kleinbürgerlichen Gruppe und ihre verheerende tatsächliche Situation: diese Spannung geht im Film, der viel schneller zur Sache kommen, Story erzählen, Konflikte abhandeln muß, fast völlig verloren.

So macht man das eben im Kino: Stein, von einem Kamera-Profi (Michael Ballhaus) assistiert, findet kaum einmal in einem Bild eine eigene Sprache, sondern immer nur die im Kino schon geläufige. Wenn Jutta Lampe und Edith Clever ein langes Gespräch über die Liebe haben, wird das Bild mit den beiden hell-kostümierten Frauen von einer im Vordergrund emporragenden, grünen, dekorativ halbverschwommenen Pflanze verziert – und zerstört. Wenn sich Jutta Lampe und Michael König küssen, macht Ballhaus' Kamera, ebenfalls stark erotisiert, eine Kreisfahrt um das Paar herum, fotografiert die Liebenden (ein besonders geschmackvolles Bildarrangement) durch Birkenstämme hindurch. Grüne Bäume sehen im Colorfilm gewöhnlich besonders grün, Reynogrün, aus: das hat die kuriose Folge, daß der wirkliche Wald des »Sommergäste«-Films viel unwirklicher, kintopphafter aussieht, einen viel schwächeren Eindruck von Natur vermittelt als die Bühnen-Birken von Karl-Ernst Herrmann.

Ich hatte die »Sommergäste« ein paar Wochen zuvor noch einmal im Theater gesehen: eine Vorstellung, die ganz trübsinnig begann, abgenutzt, lustlos, langweilig. Doch nach einer halben Stunde etwa fand die Aufführung aus ihrer Lethargie heraus – vor allem durch Edith Clever, deren riskantes, von keiner Routine abgesichertes Theaterspiel die anderen fast gewaltsam mitriß. Im Film hat man solche Abenteuer nicht. Der Film ist von Anfang bis Ende ziemlich gleichmäßig gut – wie das bei Konserven gewöhnlich der Fall ist.

Er möchte, hat Peter Stein einem Journalisten gestanden, einen Film machen, der eine Mischung wäre aus Hölderlins »Empedokles« und dem »Weißen Hai«. Ein verwegener Traum: das einsame Kunstwerk und das Massenspektakel, das Esoterische und das Populäre endlich zusammengebracht. Ob Stein diesen Film jemals drehen wird, weiß ich nicht, weiß er wohl selber auch nicht. Aber auf dem Theater wagt er jetzt etwas Vergleichbares. Er wird jetzt endlich den Dramatiker inszenieren, der all diese Widersprüche vereinigt, das Trivialste und das Schwierigste, Hai und Hölderlin: Shakespeare.

(März 1976)

Wut auf Kunst

Was einem gleichgültig ist, das macht einen nicht gewalttätig. Wer Kunstwerke vernichtet, physisch oder verbal, der muß zur Kunst ein besonders intensives, wenn auch besonders verunglücktes Verhältnis haben. Daß die Deutschen so oft vor Kunstwerken in Wut, wahre Vernichtungswut geraten, zeigt nicht, daß wir ein Volk von kulturlosen Banausen sind. Im Gegenteil: es verrät eine heftige, heftig verquälte, ewig unglückliche Liebe, Haßliebe zu den musischen Dingen. Ich habe mich oft gefragt, warum die Nazis Bücher verbrannten – sie nicht einfach beschlagnahmten, wegschafften, einstampften. Warum sie selbst die Vernichtung von Kunst wie ein (billiges) Kunstwerk inszenierten: als nächtliches Festspiel mit Feuer und vaterländischen Gesängen. Vielleicht ist die Lust, Bücher zu verbrennen, ein häßlicher Überrest der Lust, Bücher zu lesen. Und vielleicht ist jeder Anschlag auf ein Kunstwerk ein Akt ohnmächtiger Trauer darüber, daß man selber Kunst nicht hervorbringt. Vielleicht haben die Nazis die »entartete Kunst« auch deshalb ausgerottet, weil sie, in ihrem finsteren Unbewußten, deren Überlegenheit spürten und fürchteten.

Im deutschen Kulturleben, das sich gerade wieder von seinen rückwärtsgewandten Empfindsamkeiten und Wehleidigkeiten erholt, wo das Klima wieder rauher und aggressiver wird, haben in den vergangenen Wochen zwei Künstler die urdeutsche Wut auf Kunst neu mobilisiert. Der Plakatemacher Klaus Staeck zeigte in der Parlamentarischen Gesellschaft zu Bonn seine politischen Poster (wir alle erinnern uns an das berühmteste Staeck-Stück: Strauß als Metzger); Anstoß erregt hatten diese Plakate schon häufig, leibhaftig angegriffen hatte man sie freilich bisher noch nie. Das besorgten jetzt in Bonn entrüstete christliche Parlamentarier: sie rissen die Staeck-Kunst von den Wänden, zerfetzten sie und traten sie mit den Füßen. Eine spontane emotionale Aktion, eine Art Happening, wenn man so will. Spießbürger geraten in eine kurze, künstliche, ganz und gar theatralische Ekstase: Kunstvernichtung als quasikünstlerischer Akt.

Noch mehr Wut erregte Rainer Werner Fassbinder, der unseren philosemitischen Scheinfrieden mit einem ästhetisch dubiosen, ideologisch mißverständlichen Theaterstück (»Der Müll, die Stadt und der Tod«) böse störte. Hauptfigur: der »reiche Jude«, ein skrupelloser Bauspekulant. »Antisemitismus!« schrie es von überallher, und es schrien auch ein paar Antisemiten. Viele, die Fassbinder einen Faschisten schimpften, taten das in einem faschistischen Vernichtungsvokabular. Der allerhäufigste, allertypischste Vorwurf: das sei doch keine Kunst, sondern bloß Pornographie. Von Pornographie (»politischer Pornographie«) sprachen auch die entrüsteten Christenmenschen nach ihrem Anschlag auf Staeck. »Wahrer Kunst« gegenüber hätten sie sich natürlich anders, manierlich, ehrerbietig verhalten.

Die devote Haltung zur Kunst und die destruktive, der Kniefall und der Wutanfall sind nah miteinander verwandt. Historisches Beispiel: die Nazis haben Kunstwerke zerstört, Künstler umgebracht; gleichwohl hatten sie zur Kunst, ihrer Kunst, ein geradezu inbrünstiges Verhältnis. Harmloses Beispiel: in keiner anderen Stadt werden Künstler so untertänigst hofiert wie in Wien; in keiner anderen Stadt aber auch gibt es ein so bösartiges, intrigantes, menschenverachtendes Gerede über Künstler, die gerade in Ungnade gefallen sind. Wer die Anbetung des Publikums nicht mehr verdient, dem bleibt nur noch die öffentliche Hinrichtung.

Der bürgerliche Normalmensch träumt sich den Künstler als einen Idealmenschen – er legt Wert auf den Abstand zur Kunst, der ihm die Anbetung ermöglicht; und er wird wütend, wenn Kunst (tatsächlich oder vermeintlich) diesen Abstand verweigert. »Das ist doch keine Kunst, das kann doch jeder«: so etwa begannen, bei einer Hamburger Pop-art-Ausstellung fast alle Schmähungen auf einer Wandtafel, auf die das Publikum seine Meinung geschrieben und gekritzelt hatte. Statt froh zu sein, daß Kunst einmal nicht als etwas Unerreichbares, Unerlernbares auftritt, statt animiert zu sein, ist man bloß beleidigt. Einen Schauspieler, der »schlecht spricht« (wie Wildgruber zum Beispiel), empfindet mindestens der eine, der feine Teil des Hamburger Theaterpublikums als persönlichen Affront – weil er das Wunschbild vom Künstler als dem schöner sprechenden, edler empfindenden Menschen so gemein beschädigt.

Wut auf Kunst ist immer ein Akt enttäuschter Liebe – weil nicht einmal der Künstler jene Ideale verteidigt, die man selber ständig verrät. Und Wut auf Kunst ist auch eine Art Revolte, ein gewaltsamer Ausbruch aus einem falschen, passiven, subalternen Kunstverständnis – blinde Verehrung schlägt um in blinde Zerstörung. Wut auf Kunst ist die Wut verhinderter Künstler. Die Wut von Untertanen.

(Mai 1976)

Monster

Sie nennt sich selber »Die Fette aus Dingsda«. Sie kokettiert
mit ihrem fortgeschrittenen Alter, sie macht Effekt mit ihrer
Fettleibigkeit: Evelyn Künneke, Tochter von Eduard, Di-
seuse, Selbstdarstellerin, derzeit beschäftigt am Bochumer
Schauspielhaus in einer Inszenierung ihres Ex-Bräutigams
Rosa von Praunheim. Die Künneke spielt dort, in Vicki
Baums Nobelschnulze »Menschen im Hotel«, die alternde
Tänzerin Grusinskaja – ihr zuliebe hat Rosa daraus die alternde Sängerin »Eva Garden« gemacht.
Die Veranstaltung ist erschreckend – und rehabilitiert beinahe eine alte, lächerliche Kritikerfloskel (»er spielt nicht
Hamlet, er *ist* Hamlet« usw.): Frau Künneke ist wirklich
selber diese verwitterte Diseuse; was sie auf der Bühne der
Bochumer Kammerspiele erzählt, ist wirklich ihre ganz eigene Geschichte. Die so sentimentale wie wahre Geschichte
vom grausamen Leben, das unerbittlich den Körper verun-
staltet, das Gesicht verwüstet. Zu besichtigen, zu bestaunen,
zu belachen ist etwas furchterregend Authentisches: eine
ruinierte Künstlerin, eine ruinierte Künstlerin darstellend.
Zu sehen ist ein Schauspielerauftritt, so exhibitionistisch wie
verschämt, so monströs wie jüngferlich; denn so sehr Frau
Künneke ihre welken Reize ausstellt, so sehr verhüllt sie sie
auch wieder. Wenn sie sich vor dem Geliebten aufs Lotter-
bett streckt, in grausige, prall gefüllte schwarze Dessous ge-
hüllt, achtet sie doch sehr sorgfältig darauf, daß wir Voyeure
nicht zu viel von ihrem Elend sehen – immer wieder bedeckt
sie sich schüchtern mit dem Morgenmantel.
Wie soll man das finden? Drei Reaktionen sind denkbar. Die
prüde-entrüstete: man schließt verschämt die Augen vor einer so schamlosen Person, die sich nicht geniert, ihre »Häßlichkeit« auch noch öffentlich auszustellen. Zweitens die
naive Reaktion: man freut sich, daß unter den vielen blassen,
verwechselbaren Schauspielergestalten plötzlich ein so bizar-
res, einzigartiges Wesen auftaucht; man hat, selten genug im
Theater, ein Jahrmarktsgefühl und -glück. Die dritte, inter-
essanteste Reaktion ist die caritative: man fragt besorgt, ob
ein Mensch denn nicht Schaden nehme, dessen leibliche
Schwächen man so hemmungslos zur Schau stellt; und man

wirft dem Regisseur Zynismus vor, weil er Menschen aus-
beute, nur, um einen Theatereffekt zu machen.

Das Theater entdeckt den Zirkus wieder – nicht so sehr den
netten, putzigen, seriösen Zirkus von heute, sondern den
derberen von früher und seinen armen Verwandten, den
Jahrmarkt. Bei dieser Wiederentdeckung mußte das Theater
darauf stoßen, daß der Zirkus nicht nur schöne Künste und
noch schönere Tiere ausgestellt hat, sondern immer auch
häßliche Menschen, Monster, Freaks. Diese menschlichen
Abnormitäten traten meist nicht im Hauptprogramm auf,
sondern in den sogenannten »Side-shows«.

Es gibt jetzt ein wunderschönes, ziemlich schreckliches
Buch, das diese Eigensinnigkeiten der Natur beschreibt und
in Bildern vorstellt: Es heißt »Show Freaks & Monster«, den
Text schrieb Hans Scheugl, die Bilder sammelte Felix Ada-
nos, erschienen ist es bei DuMont Schauberg. Es treten darin
auf: »Haarmenschen, Bartfrauen, Rumpfmenschen, Arm-
lose, Halbmenschen, Zwerge, Riesen, Albinos, Vogelköpfe,
Doppelmenschen, Kolosse, Haut- und Knochenmenschen
und künstliche Freaks«. Es ist ein Buch, das man zunächst
mit Entsetzen, allmählich aber mit einer Art von Zutraulich-
keit liest und beschaut: Die Monster, man merkt es sehr
schnell, waren meist ziemlich nette, überraschend kluge, verblüffend normale Leute. Sie machten mit ihrer Mißbildung
ein Geschäft, das ist wahr – aber ist dieses Geschäft wirklich
schändlicher als jenes, das wir mit unserer Bildung und
Halbbildung machen?

Die ersten Monster meines Lebens habe ich in Wuppertal
gesehen, auf einem schäbigen Jahrmarkt. Als die »dicksten
Menschen der Welt« wurden sie vor der Bude angepriesen,
und innen saßen sie dann fast reglos auf zwei Klappstühlen:
ein Mann und eine Frau, jeder gut 500 Pfund schwer. Sie
saßen da und glotzten – und reagierten auch nicht, wenn ein
ungläubiger Zuschauer auf sie zuging und vorsichtig mit dem
Finger ihre Fleischberge befühlte und befriedigt wieder weg-
ging, weil dies doch kein Schwindel war.

Diese Monster, glaube ich, wurden von ihrem Berufsleben
gedemütigt – weil es sie zur trübsinnigen Passivität zwang,
nicht, weil sie Monster waren. Ein Zwerg aber, der mit dem
Riesen boxen darf, eine dicke Dame, die auf dem Seil tanzt,

ein Armloser, der mit den Füßen Violine spielt: sie alle werden durch die Ausstellung (und artistische Ausnützung) ihres »Gebrechens« nicht gedemütigt, sondern selbstbewußt gemacht. Denn was wären denn die Alternativen: von gnädigen Verwandten in einem Hinterzimmer versteckt oder ins Krüppelheim abgeschoben zu werden.

Zurück zum Theater, wo es zwar keine Monster, dafür aber zunehmend (bei Savary in Paris, bei Zadek in Bochum, bei Peymann in Stuttgart und anderswo auch) Monströses, Jahrmarkthaftes zu begaffen gibt. Ist es zynische Ausbeutung, wenn Zadek eine kolossale Dame (Tana Schanzara) ihre Kolossalität ungehemmt vorführen läßt? Ausbeutung, wenn er seinen Lieblingsschauspieler, Ulrich Wildgruber, immer wieder als brüllendes Ungeheuer, als King-Kong-Variation präsentiert? Zynismus, wenn er einen Schauspieler, der gewiß kein Schönling ist (Hermann Lause), in der »Möwe« auch noch besonders kümmerlich, ja mickrig aussehen läßt? Oder ist dieses Ausbeuten von »Schwächen« nicht ehrlicher, humaner (weil die Individualität des Schauspielers akzeptierend) als die verlogene Tarnung?

Rosa von Praunheim hat in seinem Film »Nicht der Homosexuelle ist pervers, sondern die Situation, in der er lebt« leidenschaftlich dafür plädiert, daß Leute, die ein bißchen anders sind als der Normalbürger, diese Andersartigkeit nicht ängstlich verbergen, sondern selbstbewußt vorzeigen sollen. Das gilt natürlich für Außenseiter aller Art: für Schwule, Fette, Stotterer, Glatzen- wie Brillenträger. Es gilt also für jeden. Und am meisten für die, die auf ihrer Normalität so neurotisch beharren, und so die – wohl begründete – Furcht verdrängen, selber vielleicht doch nicht so normal zu sein.

Will sagen: die Unterscheidung zwischen Normalen und Monstern ist eine völlig dubiose. Kobelkoff, der russische Rumpfmensch, hatte eine brave Frau und zeugte mit ihr elf Kinder und ließ sich gerne, wie ein Kleinbürgervater, im Kreise seiner Lieben photographieren (er selber natürlich in der Mitte, der halbierte Körper auf einem Polsterschemel thronend). Monster sind ziemlich normale Leute. Und aus Botho Strauß' Komödie »Bekannte Gesichter, gemischte Gefühle« ist die notwendige Ergänzung dazu zu lernen: daß sich hinter normalen Leuten, hinter Dutzendgesichtern und Dutzendgefühlen, Monsterhaftes verbergen kann.

Das aber heißt: jeder ist ein Monster. Die meisten haben es nur noch nicht gemerkt.

(Juni 1976)

VI. Büchermacher, Filmemacher

Und wußte nicht mit der Liebe wohin:
Marieluise Fleißers »Gesammelte Werke«

1971, da begann schon ihr neuer Ruhm, fragte man Marieluise Fleißer, welche Stoffe sie denn noch zum Schreiben
reizen könnten. Die Antwort hieß: »Ich könnte natürlich
immer nur etwas zwischen Männern und Frauen machen.«
Immer nur etwas zwischen Männern und Frauen: kürzer und
simpler hat wohl noch kein Dichter sein Gesamtwerk definiert. Und unter allen Fleißer-Geschichten zwischen Männern und Frauen ist eine die kürzeste und simpelste, eine
Geschichte über ihre Eltern, und die geht so: »Heinrich,
auffallend gescheit, stirbt mit zwei Jahren an der Englischen
Krankheit. Die Mutter kann sich vor Schmerz über seinen
Tod nicht fassen. Der Vater tröstet sie: ›Sei still, ich mach
Dir wieder einen Buben.‹ Das wird dann die Fleißer.«
»Sei still!«: So, mit einem patriarchalischen Imperativ, beginnt das Leben der Marieluise Fleißer – und in diesem Moment sind alle späteren Geschichten schon vorweggenommen. Was die Fleißer erlebt und was sie aufgeschrieben hat,
sind Geschichten über die Majestät Mann, die »sei still!«
sagt, und über die trotzige, qualvolle, nie aber aufgegebene
Revolte einer Frau gegen das Stillsein.
Der Soldat Korl in den »Pionieren in Ingolstadt« sagt es am
unverfrorensten, wozu die Frauen da sind: zum Verbrauch,
zum Verzehr, zur Vernichtung. »Den ganzen Tag muß ich
mich schikanieren lassen, bei den Weibern lasse ich mich
aus. Das muß eine einsehen!« Die Fleißerschen Frauen (die
immer auch Selbstporträts ihrer Autorin sind) wollen genau
das nicht einsehen; entweder glauben sie, wie Korls Freundin, das Dienstmädchen Berta, illusionär an das Gute im
Manne, oder sie ziehen sich desillusioniert, verwundet in sich
selbst zurück, wie das Mädchen in der Erzählung »Die
Ziege«: »Sie kam dahinter, daß es Hilfe von anderen nicht
gab und daß dies ein Schlachtfeld war.« Ein Schlachtfeld, das
den Männern gehört, den »entfesselten Barbaren der Kleinstadt«.

Schlachtfeld, Barbaren: Das klingt nach Dämonisierung, nach Mystifikation, nach den panischen Tagebuchgeständnissen eines von den Männern verschreckten, noch nicht erwachsen gewordenen Schulmädchens. Immer wieder (vor allem in den Brecht-Porträts) gibt es Momente, da starrt die Fleißer mit allen Zeichen von Ohnmacht und Angst auf den Männer-Kosmos. Wo aber die Kleinstadt und die Kleinstadtliebe ihr Thema ist, erzählt sie mit höchster Objektivität: In ihrer Ingolstadt-Welt, wo »die natürliche Feindschaft unter den Menschen« herrscht, gibt es keine Böseren, nur Stärkere. Und die Bestie Mann ist kein Dämon, sondern ein Geschäftsmann, der seinen Vorteil sucht und dabei achtlos die Menschen verbraucht. Seine Vernichtungswut ist nicht Blutdurst, sondern die pure Geschäftstüchtigkeit. In der bösen Komödie vom »Starken Stamm« wird lapidar beschrieben, wie das Geschäft Liebe funktioniert: als hartherziges Feilschen um Mitgift, Erbschaft und geschlechtlichen Besitz. Es ist dies wohl die trostloseste aller Fleißer-Geschichten zwischen Männern und Frauen: Weil die Menschen hier nicht viel mehr sind als Handelsobjekte, der Mann ein Stück Geld, die Frau ein Stück Fleisch.

Von der rücksichtslosen Nutzbarmachung der Frauen zu geschäftlichen und geschlechtlichen Zwecken erzählen die »Gesammelten Werke« in nahezu jeder Geschichte. Es findet statt »die Besichtigung der Welt des Mannes« (Günther Rühle), und kein Wort fällt dabei häufiger als das Wort »verbrauchen«. Über Ingolstadt und die Ehe mit dem Tabakhändler Bepp Haindl wird das Urteil gesprochen: »Ich bin in die Grube gefallen und wurde in der Grube verbraucht.« Erschreckend ähnlich klingen die Sätze über Haindls totalen Antipoden, den Dichter Bertolt Brecht, über seinen »Verschleiß an Menschen«: »Er brach sie sofort. Es würde sich zeigen, ob sie es überstand. Wenn nicht, war sie es eben nicht wert.« So viele Lichtjahre auch zwischen dem Provinzler Haindl und dem Weltstädter Brecht liegen mochten: Herrenmenschen, Herrenmännchen zumindest, waren sie beide, »sei still!« sagten sie beide. Wenn man der Erzählung »Avantgarde«, dem großen Brecht-Porträt der Fleißer, glauben darf, dann verhielt sich Sozialist Brecht wie der rüdeste aller Sozialdarwinisten. Einen »Menschenfänger« nennt die

Fleißer den Brecht, und überwältigt beschreibt sie ihn als ihren brutalen Heiland. Berlin, die Großstadt, macht dem Provinzmädchen Angst, und Brecht ist ein Dämon der Großstadt. Das (noch nicht aufgeführte) Stück »Der Tiefseefisch« zeigte Brecht als Herrn »Tütü«, als einen Machtpolitiker und Kulturintriganten großen Stils – als »Paten« einer Literatur-Mafia, als Literaturgeschäftsmann, der alle »Dichter«, alle Metaphernonkels kaltschnäuzig überspielt.

Zu diesem Brecht, ihrem Übermenschen, fallen der Fleißer fast nur Verklärungen, Vergrößerungen, Mystifikationen ein. Doch als die erste Verwirrung vorbei ist, meldet sich bockig ihr Widerstand gegen eine solch totale Überwältigung und Unterwerfung. Und so kehrt sie nach einigen Zwischenspielen (wie der Verlobung mit dem Schriftsteller Draws-Tychsen) schließlich nach Ingolstadt zurück und heiratet den Herrn Haindl, ehemals Meisterschwimmer, nun Händler in Tabak. In »Mehlreisende Frieda Geier«, ihrem einzigen Roman, und in »Avantgarde« hat sie dem Schwimmer ein Denkmal gesetzt; und während ihre Sprache für Brecht oft nur merkwürdig verzückte, lyrische Umschreibungen fand oder bombastischen Schwulst (in des Dichters Augen entdeckte sie »Pupillen voll satanischem Glanz«), bekam sie ihren Schwimmer beschreibend in den Griff: »Die Brauen wuchsen ihm über der Nasenwurzel üppig zusammen, fast wild. Sein Köpfchen aus Eisen war für den Körper zu klein, darunter die Armmuskeln wuchtig gepackt, sie schnellten. Er war auf eine zum Lachen reizende Weise ein wenig grotesk, man merkte sich ihn unwillkürlich, auf den ersten Blick fiel er auf. Die Häßlichkeit war wie der letzte Pfiff, als er noch jung war und frisch, alles echt und hingewachsen, er machte sich darüber lustig.«

In den Haindl-Beschreibungen scheint sie zum erstenmal einem Mann überlegen, und sie genießt ihre Überlegenheit, und zum erstenmal auch spielt sie mit einer Figur: mit dem leisen Hochmut, der satirischen Selbstsicherheit, mit der man ein komisches, monströses Insekt beschreibt. Doch bald ist es mit der Überlegenheit zu Ende, Frieda Geier (-Fleißer) spürt, welche Bedrohung von jenem groben, selbstzufriedenen Stück Natur ausgeht. Auf die Liebesverwirrung folgt ein prosaischer zweiter Akt: »Gustl drängt weiter. Er drängt nach der ökonomischen Verwertung. Er ist so gesund, ein Barbar. Der Spießer bricht durch. Er ist verliebt, aber keine Ausnahme unter den Menschen. Er kann sich die Ausnahme einfach nicht leisten. Sein ökonomischer Alltag erteilt ihm die Lehre, daß er eine andere Frau braucht.« Und: »Für ihn sind die Zeiten vorbei, in denen man sein Seil am Mond befestigt.«

Zwischen Berlin und Ingolstadt, Großstadt und Provinz, zwischen Brecht und dem Schwimmer steht das »verdammte Stück«, die »Pioniere in Ingolstadt«: das berühmteste Fleißer-Stück und doch fast kein Fleißer-Stück mehr. Der Text in seiner dramaturgischen Klarheit und Knappheit, in seiner simplen, überschaubaren Dramaturgie zeigt die Distanz, welche die Fleißer (mit Brechts Hilfe) zu Ingolstadt gewonnen hat. Die »Pioniere« sind das einzige beinahe großstädtische Stück der Fleißer: Die Provinz wird von außen beschrieben, teils liebevoll, teils satirisch gezeichnet; sie wird nicht mehr (wie noch im »Fegefeuer«) unter Qualen erlitten. Auch die Sätze tragen die Spuren der neuen Freiheit: Souverän ist die Sprache der Provinz stilisiert, da gibt es kaum noch ein Stolpern oder Stottern. Doch die Fleißer muß gespürt haben, daß Brecht dabei war, ihr Ingolstadt wegzunehmen, daß ihre Sprache schmerzlos, wesenlos zu werden drohte. Die Rückkehr nach Ingolstadt, in die Heimatstadt, die sich über die »Pioniere« jaulend entrüstet hatte, war also nicht bloß die kleinmütige Kapitulation einer Provinzlerin vor der Großstadt und ihren Genies, sondern war mindestens genauso stark ein störrischer Protest dagegen, von Brecht indoktriniert, dressiert, »gefressen« zu werden. (»Ich will mich nie wieder fressen lassen«, sagt das Mädchen Gesine im »Tiefseefisch«, als sie am Ende des Stücks ihren despotischen Verlobten verläßt.) Weg von Brecht hieß also auch: weg von der drohenden Glätte und Geschicklichkeit, zurück in die Sprachprovinz, zu ihrer eigenen Sprache, zu ihren »ungelenken Zeichen«. Schon 1925, in der Erzählung »Der Apfel«, einem ihrer frühesten Selbstporträts, hatte sie geahnt, daß ihrer Sprache schmerzlose Schönheit nie zufallen werde: »Sie hatte so wenig Wirklichkeitssinn. Sie war wie in einem großen Wald, aus dem sie nicht herausfand. Oder sie war wie ein Taubstummer auf der Straße, und wen sie in der ihr eigentümlichen Sprache ansprach, siehe er ging weiter und machte sich nichts zu wissen von ihren ungelenken Zeichen.«

Diese Sprache hat Beulen und Wunden: eine Sprache, die sich herumschlägt mit ihren Konventionen, in der psychische Not ·auf die offiziellen, andressierten Sprachposen (Bibelpathos, Bürokratenjargon, Lesebuchdeutsch) aufprallt und diese Posen zu den wunderlichsten Sprachungetümen verformt. Fast jeder Satz trägt die Spuren von Leiden und Gefängnis, von Aggression, die sich vergeblich befreien will. Dauernd kommt es zu kuriosen Kollisionen zwischen pubertärer Emphase und provinzieller Enge. Fast jeder Satz rennt an gegen die Provinz und stößt sich den Kopf dabei blutig; fast jeder Satz beschreibt eine gescheiterte Rebellion, einen vergeblichen Ausbruchsversuch. (Deshalb ist fast jeder Fleißer-Satz auch ein Miniaturmodell des Fleißerschen Lebens.)

»Dies sage ich mit einer stillen Hartnäckigkeit« – »Hier stehe ich und lächle mit Sanftmut und geborstenen Lippen«: So grotesk stilisiert, so verstiegen redet im »Fegefeuer« ein Schuljunge zu seinem Mädchen. Die Bibelzitate, die Sprachposen, mit denen sich der Knabe Roelle kostümiert: Fortwährend werden sie demoliert von pubertärem Jammer. Eben noch spielte sich Roelle auf, souverän wie Gottvater – doch schon im nächsten Satz bricht seine Attitüde kläglich zusammen, und er sagt über das Mädchen Olga den verzweifeltsten Satz, der in einer Liebesgeschichte vorkommen kann: »Der Hals und die Arme sind mein. Das ist was zum Hinhängen für mich.« (So trostlos klingt dieses »hinhängen«, als sagte er »aufhängen«.) Olgas und Roelles Liebesgespräche: lauter Bisse, Verwundungen, Exekutionen (»Für mich sind Sie kein Mensch mehr«) – jeder Dialog eine kurze, gehässige Paarung.

Hinhängen, Einkrallen, Fressen: Das sind die Fleißer-Vokabeln für körperliche Liebe. Dies ist eine Sprache, in der selbst die Euphorie noch Krallen und Zähne hat. Über Glücksgefühle am Meer schreibt die Fleißer so (in »Sandsturm über Perpignan«): »Ich möchte ganz anders an das Wasser heran. Ich möchte es kratzen, beißen, festhalten. Hier ist es herrlich. Der Wind will einen fressen. Die Sonne

will einen fressen. Das Wasser will einen fressen. Und der Sand wird einem unterm Leib weggefressen.«
Sätze wie Exekutionen, wie Begräbnisse: Da beginnt ein Text (»Mehlreisende Frieda Geier«) mit harmlosestem Lokalkolorit, wie ein behäbiges Sonntagnachmittagsfeuilleton (Thema: Alltag eines Tabakhändlers in der Kleinstadt). Doch plötzlich, mitten in das Genrebild hinein, spricht die Fleißer eines ihrer ungeheuerlichen, endgültigen Gleichnisse: »Die Menschen sind ja Steine« – und so ein Satz fällt auch wie ein Stein, zertrümmert die kleine behäbige Idylle, die sich da kurz ausbreiten durfte.
Ein Märchen geht bei der Fleißer schon im ersten Satz trostlos zugrunde. Die Geschichte »Der Apfel« beginnt so: »Da war einmal ein Mädchen, dem ging es schlecht.« Liebesgespräche werden lakonisch begraben: »Dann wird es ein Schweigen.« Und ein Lebensroman, eine Familientragödie ist in einem Satz, mit siebzehn Wörtern zu Ende erzählt: »Sie hatte neun Kinder geboren und hatte kein einziges mehr und wußte nicht mit der Liebe wohin.«
Von mißglückten Revolten, von Ausbrüchen aus der Kleinstadt, die in der Kleinstadt wieder enden, hat die Fleißer ihr Leben lang erzählt. Die große, die geglückte, die konsequente Rebellion hat sie an einem anderen Autor, einem anderen »Ausgestoßenen« entdeckt. »Findelkind und Rebell«, ihr Genet-Essay, ist noch einmal ein großes Fleißer-Porträt geworden. »Ungeheuer in sein eigenes Ich verstrickt« – »ein verzweifeltes Ausweichen aus der Verletzlichkeit in die Härte« – »in der Erniedrigung hebt ein rettender Hochmut das Haupt«: Der Genet-Essay ist die romantische Verklärung und Vergrößerung jener Rebellion, die sie selbst nie riskiert hat, der totalen Verweigerung vor den Gesetzen einer kleinkrämerischen Welt: »Nie wird er ein Angestellter, Vertreter, Beamter werden, nie ein Bürger sein.«
Marieluise Fleißer war nie etwas anderes als eine Bürgerin, eine Bürgerin aus Ingolstadt. Trotzdem hat sie über den väterlichen Imperativ, über das »sei still!«, gründlich triumphiert. Und auch über die pädagogische Mahnung des Kritikers Ihering, der ihr zuriet: »Ingolstadt ist keine Lebensaufgabe. Ingolstadt erschöpft sich.«
Ingolstadt hat sich nicht erschöpft; denn in Ingolstadt hat die

Fleißer ihre Sprache gefunden, eine Sprache, wie es sonst keine gibt, und sie hat ihre Entdeckung bockig ein Leben lang verteidigt: vor der Glätte des Intellektualismus wie vor der Plumpheit der Provinz, vor allen Brechts und allen Haindls. Es ist eine Sprache voller Magie, eine Sprache, die abfärbt, die zur Nachahmung verleitet. Günther Rühle, der Herausgeber der »gesammelten Werke« hat das erfahren: In seinem Fleißer-Essay (der sorgsame Analyse und liebende Prosa zugleich ist) sind ihm ein paar regelrechte Fleißer-Sätze gelungen, so verbogen wie schön. Und selbst Kerr, der Bittere, konnte sich dem Zauber dieser Sprache nicht entziehen und schrieb über die Fleißer einen Fleißer-Satz, selbst Kerr machte ein »ungelenkes Zeichen«. Er erkannte: »Marieluise Fleißer hat eine Sprachkraft.«

(Süddeutsche Zeitung, 25./26. Mai 1973)

Als wenn von nichts die Rede wäre:
Peter Handkes »Die linkshändige Frau«

Der Anfang: *»Sie war dreißig Jahre alt und lebte in einer terrassenförmig angelegten Bungalowsiedlung am südlichen Abhang eines Mittelgebirges, gerade über dem Dunst einer großen Stadt. Sie hatte braune Haare und graue Augen, die, auch wenn sie niemanden anschaute, manchmal aufstrahlten, ohne daß ihr Gesicht sich sonst veränderte. An einem Winterspätnachmittag saß sie in dem gelben Licht, das von außen kam, am Fenster des ausgedehnten Wohnraums an einer elektrischen Nähmaschine, daneben ihr achtjähriger Sohn, der einen Schulaufsatz schrieb. Die eine Längsseite des Raums war eine einzige Glasfront vor einer grasbewachsenen Terrasse mit einem weggeworfenen Christbaum und der fensterlosen Mauer des Nachbarhauses. Das Kind saß an einem braungebeizten Tisch über das Schulheft gebeugt und schrieb mit kratzender Füllfeder, wobei seine Zunge zwischen den Lippen hervorleckte.«*

Der Anfang einer Geschichte ist fast immer erschreckend. Und weil man erschrickt, geht man sofort in Abwehrhaltung. Jede Eigenart eines Satzes, eines Wortes kommt einem übertrieben, gekünstelt vor. Wer will, kann schon auf den ersten Seiten dieses Buches* so erschrecken, daß er es gar nicht mehr lesen kann – sondern nur noch Indizien sucht, um sich das erste, abweisende Gefühl zu bestätigen. Wer auf Handke eine Wut hat (und es gibt bemerkenswert viele, die geradezu eine Vernichtungswut auf ihn haben), der hat hier schnell seine Munition beisammen. Nicht wahr, so schlicht und gravitätisch und geziert schreibt man doch heute nicht mehr? Es sei denn, man ist ein »Prophet des Subjektivismus«, ein »Innerlichkeitsapostel«, ein »Rilke-Epigone«, und wie die billig zu habenden Etikette alle heißen.

Dieses Buch wird viele Feinde haben, denn es ist ein angreifbares, ein unzulängliches Buch (jedenfalls keines, das zu-

* Peter Handke: »Die linkshändige Frau«, Erzählung; Suhrkamp Verlag, Frankfurt, 1976; 133 S., 14,80 DM

langt). Dieser Schulaufsatz-Ton am Anfang, diese auffällige Unauffälligkeit, diese provozierend konventionelle Wortwahl (»*braune Haare und graue Augen*«, »*kratzende Füllfeder*«): unoriginell ist das, fast eigenschaftslos. Ein paar Seiten später versucht der Mann der Frau, ein großes Gefühl zu beschreiben: »*Heute abend kommt es mir vor, als ob sich alles erfüllte, was ich mir je gewünscht habe. Als ob ich mich von einem Glücksort zum anderen zaubern könnte; ohne Zwischenstrecke. Ich fühle jetzt eine Zauberkraft, Marianne. Und ich brauche dich. Und ich bin glücklich. Es sirrt alles in mir nur so vor Glück.*«

Wer Handke liest, um Beweisstücke gegen ihn zu finden: hier hat er sie. Wer aber das Buch ein zweites Mal anfängt, wird es anders lesen. Daß der Mann in einer solchen Situation fast genau die für eine solche Situation vorgesehenen Sätze und Floskeln sagt, ist vielleicht ein richtigerer Ausdruck für sein Gefühl, als wenn er sich die Mühe machte, nach originelleren, gewählteren Vokabeln zu suchen. In großen Gemütsbewegungen ist man schutzlos; äußert sich eher trivial als ausgewogen. Genauere Wörter wären ein ungenaueres Abbild der Situation. Die unzulänglichen Wörter in Handkes Geschichte handeln auch von der Unzulänglichkeit der Wörter. Es ist einem bei all diesen simplen Sätzen (»*Im Lift, der zur Tiefgarage hinunterführte, schaute er sie an, während sie ihn betrachtete*«) viel weniger geheuer, als es einem bei glanzvoller formulierten wäre.

Handke macht keinen Versuch, sich seiner Hauptfigur schreibend, formulierend, interpretierend (was alles hieße: gewalttätig) zu bemächtigen. Man hört Sätze, schaut Vorgängen zu (am Anfang ganz undramatischen) – aber die eben nicht definierten, die nur unzulänglich erzählten Figuren werden einem nicht mit Wörtern vertraut gemacht; – sie bleiben wie »verwunschen«. Das neue Handke-Buch ist, gerade nach den fast exhibitionistischen Öffnungen und Offenbarungen des vorigen (»Die Stunde der wahren Empfindung«) von einer großen Verschlossenheit. Früher hätte man gesagt: Es hat ein Geheimnis.

»Die linkshändige Frau« erzählt wie »Die Stunde der wahren Empfindung« (und wie schon das Amerika-Buch »Der kurze Brief zum langen Abschied«) von einer Trennung –

und jedesmal ist es die Frau, die den Anstoß dazu gibt. Das neue Buch ist fast eine Umkehrung des vorigen: Während in der »Stunde der wahren Empfindung« die unscheinbarsten Vorgänge und Gegenstände ein Anlaß wurden für extreme Gefühls- und Schreibanstrengungen, passieren diesmal die ungeheuerlichsten Geschehnisse in den unscheinbarsten Sätzen.

Handkes letzte Bücher waren immer sehr zwiespältige, angestrengte, komplizierte Unternehmungen. Mit dem Jubelruf »Es wird wieder erzählt!« können diese Bücher jedenfalls nicht gemeint sein. Wohl war es ihr Ziel, ihre Utopie, »ohne Anstrengung wahrzunehmen« – doch handelten sie alle auch von der Anstrengung des Wahrnehmens. Das Erzählen und das Nachdenken über das Erzählen, das Sehen und die Theorie des Sehens, die Literatur und die Literaturkritik: kein Handke-Buch »erzählt« einfach, jedes ist auch ein Stück Poetik und Dramaturgie.

In der »Stunde der wahren Empfindung« kam dieser Versuch, nachdenkend zu erzählen, an einen Wendepunkt. Aus Handkes Lust, Einzelheiten wahrzunehmen und zu beschreiben, wurde eine Art Wahrnehmungskrampf: »Er sagte sich alles wörtlich vor, was zu sehen war – damit er es überhaupt wahrnahm.« Das Buch führte, erregend und peinigend, vor, wie aus einer Schreibweise eine Neurose werden kann: Handkes Held, Gregor Keuschnig, und Handkes Buch erkannten, daß es eine Wahrnehmungsvirtuosität gibt, die nichts mehr wahrnimmt. Keuschnig nämlich sieht nur noch wie auf Befehl; er registriert die Wirklichkeit nur noch, statt sie zu erleben. An vielen Stellen hatte ich beim Lesen ähnliche Depressionen wie in Handkes Theaterstücken (und daß das Buch selber ständig diese Depressionen aussprach, nützte mir nur wenig) – Handkes Empfindlichkeit schien verdrängt von einer Wahrnehmungstechnik, die wie fanatisierte Buchhalterei wirkte; verdrängt von einem zwanghaften, beflissenen Beobachtungseifer, der sich auf alles, auch auf die eigenen Sätze, die eigene Schreibweise ausdehnte. Mit Schrecken zu erleben war, wie man mit lauter Gefühlsvokabeln die Gefühle zerschlagen kann; wie aus seelischen Katastrophen bloße Wortgewitter werden; wie Sätze nur noch Theater machen, wie Formulierungen ein bloß noch

gourmethaftes oder affektiert angeekeltes Verhältnis zu
Empfindungen (und zur Sprache) verraten. Ob es das Aller-
wichtigste oder das Allermüßigste ist, immer wieder »ich« zu
schreiben: es war nach diesem ärgerlichsten, deshalb nütz-
lichsten Handke-Buch plötzlich wieder ganz zweifelhaft geworden. Am Ende endlich war Gregor Keuschnig von aller
Quälerei erlöst worden: »Er erlebte sich plötzlich als der
Held einer unbekannten Geschichte.«

Ist »Die linkshändige Frau« eine von diesen unbekannten
Geschichten? »Ein neuer Peter Handke« etwa? (Die Kritiker und die anderen PR-Leute hätten es natürlich gern,
wenn eine Künstlerbiographie aus lauter dramatischen Wen-
depunkten, ständigen Zusammenbrüchen und Neuanfängen
bestünde.) Als ich, nach den früheren Büchern, noch einmal
»Die linkshändige Frau« las, sah ich plötzlich nicht mehr die
neuen Errungenschaften darin, sondern die alten Motive.
Zum Beispiel: wenn in einer Handke-Geschichte photogra-
phiert wird, dann ist es eine »Polaroid«. Oder: immer wieder
»stolpern« Leute, sind »ungeschickt«, verstoßen so, aus Ver-
sehen wenigstens, gegen die Dramaturgien des Alltags. »Die
Angst, ertappt zu werden«: ein Satz, der so ähnlich in jeder
Handke-Geschichte steht. »Niemand wird mich mehr demü-
tigen!« sagt die linkshändige Frau. »Nichts mehr konnte ihr
etwas anhaben. Sie würde es den Leuten noch zeigen! Aber
wie?«: das steht in »Wunschloses Unglück«, Handkes Buch
über den Selbstmord seiner Mutter. Die linkshändige Frau
will nicht erklären, warum sie plötzlich ohne ihren Mann
leben möchte. Schon Judith (»Der kurze Brief ...«) haßte
Erklärungen, »nicht weil sie ihr falsch vorkamen, sondern
weil es Erklärungen waren«.

So könnte man die Sätze und Motive austauschen zwischen
den Geschichten. Wichtiger ist, zu merken, daß Handkes
Bücher nie solipsistische Veranstaltungen waren. Die empfindsamen, wortmächtigen und wortkranken männlichen Figuren kommen einem plötzlich viel schwächer, sentimentaler
vor als die Frauen. Mit einer seltsamen, wortkargen Entschlossenheit tun sie, wovon die Männer nur reden. Die
Männer wollen immer gleich *sich selber* verändern. Die
Frauen, viel konkreter, verändern *etwas,* beenden etwas
(eine Beziehung zu einem Mann, oder auch: ihr Leben).

»*Ich kann jetzt nicht reden*«, sagt die Frau, als sie nach dem Grund für die jähe Trennung von ihrem Mann gefragt wird. Sie kann und sie will sich nicht erklären – weil die Erklärungen sich doch alle gleichen, würde auch ihr Entschluß (ihre »*Erleuchtung*« nennt sie es) verwechselbar werden. Sie ist auf eine schlafwandlerische Weise entschlossen, auch zum Unglück. Was sie denn tun will ohne den Mann? »*Im Zimmer sitzen und weder aus noch ein wissen*«, sagt sie. Sie entdeckt und verteidigt ihre Unverwechselbarkeit, ihr Geheimnis. Sie fängt an, Selbstgespräche zu führen: »*Meint, was ihr wollt. Je mehr ihr glaubt, über mich sagen zu können, desto freier werde ich von euch ... Wenn mir in Zukunft jemand erklärt, wie ich bin – auch wenn er mir schmeicheln oder mich bestärken will – werde ich mir diese Frechheit verbitten.*« Handke, der Erzähler, nimmt diese Warnung ganz ernst.

Dafür laufen dann ein paar andere Figuren durch die Geschichte, zu denen er schon zudringlicher ist mit seinen Formulierungen.

Die Frau hat wieder angefangen, für einen Verlag zu übersetzen. Der Verleger besucht sie, hat wohl auch Lust auf eine Liebesgeschichte mit ihr, ist aber schließlich doch nicht sehr entschlossen. »*Es schien für ihn jedesmal um etwas zu gehen, und er entfaltete sich nur, wenn es gelang, ihn spüren zu lassen, daß er sich nicht zu beweisen brauchte. Auch denen, mit denen er am vertrautesten war, begegnete er immer von neuem mit der Fahrigkeit eines aus dem Schlaf Gerissenen, der erst, wenn er ganz wach geworden ist, wieder zu sich findet. Wo er auch war, trat er auf, als sei er der Gastgeber, und seine sich selber immer wieder sichtliche Rucke gebende und dadurch erst recht befremdende Kontaktfreudigkeit wich nur durch die Ruhe eines Gegenüber einer Gelöstheit, in der er sich dann von seiner ständigen Kommunikationsbereitschaft zu erholen schien.*«

Das ist plötzlich ein ganz anderes Erzählen – eine scharfe, witzige, aber auch ziemlich definitive Kurzcharakteristik. (Mehr will man dann auch gar nicht wissen von dem Herrn – so kann Virtuosität Neugier töten). Der Verleger erzählt von einem Autor, der ihm Sorgen macht: »*Er schreibt nichts mehr, und ich fürchte, daß auch nichts mehr kommt ... er redet mit niemandem mehr, stößt nur noch Geräusche aus.*«

Das, dachte ich, könnte eine Horror-Karikatur von Peter Handke selber sein. Plötzlich, ein paar Seiten lang, wird das Buch ganz brillant, lustig und harmlos.

Alle bemühen sich jetzt wortreich um die »einsame« Frau. Keiner kommt an sie heran. Mit ihrem Kind gelingt es ihr manchmal, freundschaftlich vertraut zu sein. Der Vater der Frau kommt zu Besuch – er hilft ihr gerade dadurch, daß ihm nichts Hilfreiches zu reden einfällt. »*Er machte verschiedene Gesten.*« Außerdem ist er wie immer äußerst ungeschickt. »*Es hat mir gutgetan, daß du hier warst, Vater!*«, sagt die Frau, als er wegfährt.

Sie arbeitet viel und ist oft müde. Einmal hört sie nachts Musik, immer dieselbe Platte: »*The Lefthanded Woman*«. Auch nach ihrer »Erleuchtung« macht sie die täglichen Arbeiten im Haushalt unverändert weiter. Sie tut etwas; sie ist entschlossen, ohne genau zu wissen, wozu; über große emanzipatorische Perspektiven, über Schlagwörter verfügt sie nicht. Selbst ihr schlimmstes Unglück ist ein wortloses: Plötzlich macht sie Hausarbeiten in hektischem, fast verrücktem Eifer, plötzlich greift sie das Kind an. Oder sie läuft über die Straße, ohne Ziel, »*immer weiter, immer geradeaus*«. »*Ich möchte nicht glücklich sein*«, sagt sie, »*höchstens zufrieden.*«

Als der Vater abgereist ist, bekommt sie auf einmal Lust auf etwas: einen Berg hinaufzusteigen, Menschen zu sehen. An einem Abend (»*draußen war Sturm*«) kommen viele Leute, ohne eigentlich verabredet zu sein, in ihrer Wohnung zusammen: der Ehemann, ein stellungsloser Schauspieler, der sich in die Frau verliebt hat (das mindestens tönend behauptet), der Verleger, der Fahrer des Verlegers, eine Verkäuferin. Man redet wenig, und so kommt zeitweise eine selbstverständliche, herdenhafte Zusammengehörigkeit zustande. Der Schauspieler wird ein bißchen sentimental; wird zudringlich und sagt: »*Ich möchte jetzt mit Ihnen woanders sein.*« »*Die Frau antwortet sofort: ›Bitte machen Sie keine Projekte mit mir.‹*« Sie weiß jetzt, daß es besser ist, nicht zu wissen, wie es weitergehen soll; daß jede flüchtige, vorläufige Freude eher zu ertragen ist als ein weiter Blick in die Zukunft.

Das Ende, wie in jedem Handke-Buch, ist ein Aufatmen, ein

Moment der Erleichterung: »*Am hellen Tag saß sie auf der Terrasse im Schaukelstuhl. Die Fichtenkronen bewegten sich hinter ihr in der spiegelnden Fensterscheibe. Sie begann zu schaukeln; hob die Arme. Sie war leicht angezogen, ohne Decke auf den Knien.*« Damit aber ist das Buch nicht zu Ende. Auf der allerletzten Seite steht ein Satz aus Goethes »Wahlverwandtschaften«: »So setzen alle zusammen, jeder auf seine Weise, das tägliche Leben fort, mit und ohne Nachdenken; alles scheint seinen gewöhnlichen Gang zu gehen, wie man auch in ungeheuren Fällen, wo alles auf dem Spiel steht, noch immer so fort lebt, als wenn von nichts die Rede wäre.«

Ich finde es sehr schön, wie Handkes Erzählung die Haltung ihrer Hauptfigur einnimmt: wie schutzlos sie ist. Bei den früheren Büchern standen alle Sätze, die einem gegen diese Bücher hätten einfallen können, in den Geschichten selber schon irgendwo drin; wenn man gerade dachte, daß ein Gefühl mit solchen Wörtern doch wohl nicht zu beschreiben ist, teilte einem das Buch dieselben Zweifel spätestens auf der nächsten Seite auch mit. Natürlich ist dieses Verfahren, auf jeden Angriff gefaßt zu sein, immer schlauer zu sein als der schlaueste Feind, für die Kritiker demoralisierend (schadet nichts!); wichtiger ist, daß diese Art des skrupulösen Erzählens auch Ausdruck einer Obsession sein könnte, die fast alle Handke-Figuren haben: der »*Angst, ertappt zu werden*«.

»Die linkshändige Frau« ist freigegeben zur Besichtigung, zur Beschimpfung, zur Parodie. »*In der Nacht, auf dem Rücken im Bett liegend, öffnete die Frau einmal ganz weit die Augen. Es war kein anderes Geräusch zu hören als ihr Atem an der Bettdecke und eine Ahnung ihres klopfenden Herzens.*« Wer da selbstzufrieden grinst, weil ihm solche Formulierungen nie passieren, der sollte auch lesen, wie dieser Abschnitt weitergeht. »*Sie ging ins Zimmer des Kindes, ihre Decke im Arm, und legte sich neben dessen Bett auf den Boden.*« Genauer, heftiger als mit dieser wortlosen Szene läßt sich nicht beschreiben, wie es ist, wenn man auf einmal allein ist.

Als ich die früheren Bücher las, bekam ich immer gleich Lust, Handke (oder die Helden der Bücher) zu imitieren: also plötzlich alles ganz aufmerksam anzuschauen, süchtig zu werden auf Einzelheiten, empfindlich für Nebensachen. Man läuft dann manchmal wie eine Handke-Imitation durch die Straßen und staunt, was einem alles auffällt. Man merkt natürlich auch bald, wie diese ständige, vorsätzliche Aufmerksamkeit zu einem Tick wird: »*Er sagte sich alles wörtlich vor, was zu sehen war – damit er es überhaupt wahrnahm.*«

Den Helden eines Buches nachmachen wollen: das hat mit ganz frühen Leseerlebnissen zu tun – man wird ganz unternehmungslustig dabei, möchte gleich verreisen oder selber so ein Buch schreiben. (Man wird auch gleich merkwürdig bekennerisch.) Aber am Ende verflüchtigt sich alles zu einer Art Spiel: der Held, der seine immer neuen Gemütsbewegungen vorführt, wird immer unsichtbarer, immer unspürbarer – eine Kunstfigur.

Am Ende von Handkes Ich-Büchern ist man erschöpft. Man bekam eine Figur *vorgeführt,* Ende der Vorstellung. Im neuen Buch *erlebt* man eine Figur. Man vergißt sie so schnell nicht, es bleibt eine Unruhe.

(DIE ZEIT, 17. September 1976)

Wohnung gegen den Tod:
Karin Strucks »lieben«

Das erste, was ich von Karin Strucks neuem Buch zu Gesicht bekam, war ein kleines Schild, das der Verlag vorne auf das Leseexemplar draufgeklebt hatte. »Auslieferung voraussichtlich 30. 3. 77« stand da, und die Aufforderung, vorher doch bitte keine Rezension zu veröffentlichen.

»Auslieferung 30. März« – zum erstenmal ist mir der Doppelsinn des Wortes aufgefallen: Ausgeliefert und verschickt wird ja nicht nur ein Bündel bedrucktes Papier. Ausgeliefert wird, und ausgeliefert hat sich der Autor selber: Wenn das Buch erscheint, die ersten Leser es anfassen, ist er erst einmal bloßgestellt – vor der kritischen und vor der nicht so kritischen Öffentlichkeit. Daß der Autor es selber so gewollt hat, macht die Sache nicht einfacher: sich bloßzustellen und dann warten müssen, auf die Urteile der Kunstrichter, des Publikums, das muß eine Situation sein zum Fürchten. Vor allem für eine Autorin wie Karin Struck, die von sich schreibt, und man glaubt ihr den Satz: »*Sie war durch alles zerstörbar, immer noch hautlos preisgegeben.*« Jetzt erscheinen die ersten Rezensionen. Und schon fliegen die ersten Steine.

Der Titel des Buches ist auch schon seine Inhaltsangabe.* »*lieben*« handelt vom Lieben, von nichts sonst. »*Aber was ist Liebe?*«, fragt Karin Struck, fragt es sicher hundertmal. Und: »*Wie kann man über Liebe schreiben?*« Damit ist gleich die ganze trostlose, tollkühne Aussichtslosigkeit des Unternehmens zugegeben: natürlich gibt es keine definitive Antwort, nur tausend Versuche dazu. Ein Nicht-Entwicklungsroman: ein Buch, das immer wieder auf der Stelle tritt und redet, das immer wieder zu denselben Schmerzen, denselben Schmerzenssätzen zurückkehrt.

So ist man am Ende zwar um keine Erkenntnis reicher, zumindest aber um ein paar Geschichten, Bruchstücke von ih-

*Karin Struck: »lieben«, Roman; Suhrkamp Verlag, Frankfurt, 1977; 451 S., 34,– DM.

nen. »Lotte« (eine Anspielung auf den »Werther«) nennt Karin Struck ihre Hauptfigur. »Eine Frau im dreißigsten Jahr« (wie Buch und Klappentext gravitätisch mitteilen). Eine Frau mit zwei kleinen Kindern. Von ihrem Ehemann (»Johannes«) versucht sie sich zu trennen; an einen Schriftsteller (»Jochen«) will sie sich binden. Dieser Jochen schwängert sie, entzieht sich ihr, bringt es gerade noch fertig, sie auf die Fahrt zur Abtreibung nach Holland zu begleiten. Versuche Lottes, Jochen aus ihrem Kopf und ihren Gefühlen zu verdrängen. Spaziergänge über Friedhöfe. Gedanken an den Tod. Auf einer Insel, im Schnee, ein scheiternder Selbstmord. Der Versuch, ohne Männer zu leben; der Versuch, eine Frau (»Sonja«) zu lieben. Dann ein Rückweg zu den Männern. Viele, flüchtige Beziehungen. Am Ende die Hoffnung auf ein Gefühl, das Dauer hat.

Karin Struck ist Ende zwanzig, hat zwei kleine Kinder, ist von ihrem Mann geschieden; auch wer von ihrem Leben nicht mehr weiß, als sie selbst in ihren Büchern und in Interviews preisgegeben hat, wird ihrer vor einigen Wochen trotzig in die Welt gesetzten Behauptung (»Es genügt mir heute nicht mehr, mich persönlich darzustellen. Sozusagen ein Selbstbildnis zu machen«) nicht glauben. Weil das Buch gleich auf den ersten Seiten alle Spekulationen, die man sonst mit Literatur anstellen mag (Autobiographie? Verwandelte Autobiographie? Oder bloße Fiktion?), abwegig macht; weil es den Leser (auf eine durchaus gewalttätige Weise) sofort anredet, anpackt, wie nur eine Person und nicht ein Phantasieprodukt einen anpacken kann.

»Warum mache ich die Menschen mit meiner Gegenwart immer so stumm? Ich habe etwas Einschüchterndes. Vielleicht ist meine Offenheit nichts als Angst.« Das beschreibt ziemlich genau die ersten Empfindungen beim Lesen: Man fühlt sich bedrängt, belästigt von Karin Struck und ihren Sätzen. Ist erleichtert, aufhören zu können. Die Flucht zu ergreifen vor solchen Sätzen: *»Einflößen will ich dir die Sprache wie Wein, wie Wollust, Wohl-Lust, gedehnte herrliche Lust des Leibes. Die Wollust des einen löst sich in der Wollust des anderen auf.«* Meine Lust hört auf bei solchen verbalen Ekstasen – bei Gefühlausbrüchen, die ich nur noch als Wortausbrüche erleben kann.

Karin Struck versucht, starke Gefühle mit starken Vokabeln zu beschwören. Da ist eine Leidenschaft, ein Lärm in den Sätzen, daß einem Hören und Sehen und Fühlen vergehen kann. »*Entsetzliche Langeweile*«, »*öde*«, »*irrsinnig*«, »*tot*«, »*Verbrechen*«, »*sich schämen*«, »*sich ekeln*«: all diese starken, lauten Wörter stehen auf einer einzigen Seite des Buchs, auf nur fünfzehn Zeilen. Ich weiß nicht, ob man beim Betrachten solcher Wörter noch irgend etwas empfinden kann. Ich erschrecke vor diesen Papier-Ekstasen, die ja doch wohl Imitationen von wirklichen, gelebten Gefühlen sein sollen.

Daß Lesen ein besserer, mindestens konzentrierterer Zustand ist als bloß Leben: von diesem Trugschluß wird man in »lieben« erst einmal geheilt. Hier fühlt man sich auf fast jeder Seite wie an einem schlimmen Tag. Ein zermürbendes Leben ist zu besichtigen: in einer genauso zermürbenden Lektüre.

»*Liebe ist*«, »*Das Leben ist*«, »*Liebe ist der Tod*«: Immer wieder fängt Karin Struck ihre Sätze so sieges- und erkenntnissicher an, im Prediger- und Verkündigungston. Sprache, die nicht spricht, sondern deklamiert: »*Ein Essigschwamm, die Liebe ist ein Essigschwamm, ein bittrer Trank, ein Giftpilz, ein Todestrank, eine Folter, sie ist ein Schlag ins Gesicht, ein Zustand, als ob du dich in einen Garten voller Brennesseln geworfen hättest, und sie ist honigsüß, die Liebe, die Liebe.*« Wenn Liebe so viel ist, dann ist sie gar nichts mehr. Nur noch ein Anlaß zum Wortgetöse. Aber während man sich noch wehrt gegen solche Sätze, gegen Karin Strucks Ehrgeiz, Erlösung ausgerechnet in Parolen, Merksprüchen, zitierten und nachgemachten Bibelworten zu finden, gegen diese ständige Flucht ins Große, Pauschale, Beliebige, ahnt man doch auch schon, daß solche Sätze nicht nur Sätze sind. Sondern Zeugnis einer fast panischen Angst: der Versuch, in starken Formulierungen Halt zu finden, wenn einen die eigene Schwäche überrennt; der Versuch, wenigstens in den Sätzen etwas von Dauer zu schaffen; die Angst, der Leser könnte sich abwenden, ihn deshalb immer heftig, flehend anreden. Eine Angst, in der sich die andere, größere Angst spiegelt: immer reden müssen, damit sich der Geliebte nicht abwendet. Man könnte die 451 Seiten von »lieben« ziemlich mühelos zur eigenen Erheiterung mißbrauchen: durch einen Garten gehen voll bunter, wilder Stilblüten. Aber das Buch vertreibt einem gleich die Lust zu solch frivolen Spielen. Denn verhandelt wird da immer auch, nicht sehr subtil, dafür in größter Offenheit, was jeden Leser tief innen treffen müßte: wie die Sprache vor der Liebe versagt.

Hat man einmal aufgehört, sich über die immer wieder losbrechenden, leeren, weltweisen Predigten, die das Buch hält, zu entsetzen, wird man für anderes aufmerksam. Der grelle, deklamatorische Grundton überdröhnt dann nicht mehr die anderen, leiseren, genaueren Sätze. Es gibt da inmitten des Wortgewitters wunderbare Momente von Ruhe und Erschöpfung: die Sätze, nicht mehr stark genug, sich aufzublasen, kommen zu sich selber. Eine Fähigkeit zur Selbstbeobachtung wird sichtbar, nicht nur zur Selbstrezitation. *»Auch habe ich immer Angst, künstlich zu sein, bei dem übergroßen Selbstbewußtsein, das ich ständig von mir selber fordere.«* Ein ruhiger, lapidarer Bibelton plötzlich: *»Ich sinne und schaue herum, bin so unendlich müde angesichts der Mühsal der Liebe. Warum bin ich abhängig von den Worten eines Menschen? Alles bedeutet mir jetzt nichts.«* Hilflose, aber ihre Hilflosigkeit nicht gleich herausschreiende Sätze: *»Mein ewig jammernder Körper ist mir zuviel; die Kinderkörper, deren wunderbarer Duft mich sonst zärtlich machte, sind mir abstoßend.« »Wie oft kommt sie sich ganz einfach falsch vor, als sei ihr ganzer Körper irgendwie falsch.«* Sätze mit Wunden, wie ich sie bisher nur bei Marieluise Fleißer gefunden habe: *»Das Gespräch mit dem Geistlichen wirft sie nieder. Er verfocht einen hohen ethischen Standpunkt gegen die Abtreibung. Es ist ja ihr eigener Standpunkt, der aber von der Wirklichkeit niedergeworfen wurde.«*

Ich hoffe, man wird auch über solche Sätze reden, sie sind die eigentlichen Sensationen des Buches – und nicht nur über die provokanten, als Provokation gewollten, sogenannten radikalen Stellen – mit denen sich manche Rezensenten, schlaff und deshalb gierig auf vordergründige Reizungen, so gern befassen. Man wird Karin Struck auf die Schulter klopfen (und manchmal tut sie es in ihrem Buch auch gleich selber), weil sie so herrlich unerschrocken schreibt, unerschrocken vor allen Tabus. Das Buch hat tatsächlich einen großen Benennungsmut: Es redet heftig von Dingen, über die gemeinhin eher heftig geschwiegen wird. Vom Körper. Von den Ausscheidungen des Körpers. Vom spritzenden Glied und vom fließenden Schoß. Vom Schmutz in einem Männernabel sogar. Vom Ekel vor dem eigenen und vor den anderen Körpern. Und von der Hoffnung, aus diesem Ekel befreit zu werden.

Diesem totalen Benennungsmut entspricht aber eine fast ebenso totale Beobachtungsohnmacht. Der Blick auf die eigenen und die anderen nackten Körper bringt ein paar grimmige Radikalismen zutage und viel verbalen Schwulst, Sprache fast gar nicht. *»Wie kann man über die Liebe schreiben?«,* fragt Karin Struck verzweifelt, und ich glaube ihr diese Verzweiflung – auch wenn mir die Radikalität des Buches an vielen Stellen vorkommt wie eine literarische Pose; wie unter dem Zwang entstanden, radikale Sätze in möglichst großer Zahl zu produzieren. Was ist das, die Wollust? Dies sicher nicht: *»Wenn ich bei dir liege, Sonja, ist es, als schlügen mich zarte Flügel tausender seidiger Schmetterlinge am ganzen Leib, an ganzer Hautoberfläche Hautinnenfläche. Dein seidiges Gesicht, Sonja, deine seidige Haut, Sonja.«* Und dies sicher auch nicht: *»O wie meine Brüste glühten, als er sie zum erstenmal wirklich berührte und küßte, brennende Eisflocken prickelten in meinen Brüsten. Die grenzenloseste Sehnsucht nach vollkommener Verzückung, ein gleichsam mystisches Verlangen, Verlangen nach psychedelischer Liebeserfahrung.«*

Einmal schreibt Karin Struck von unseren *»nordischen«,* verschlossenen Körpern und ihrer Unfähigkeit zur *»Ekstase«.* Ich frage mich, ob das wirklich ein Gegensatz ist. Ob nicht der gewöhnlich *»Ekstase«* genannte Wunsch, in der Liebe Sprache und Verstand zu verlieren, bis man nur noch lallen und schreien kann, ein sehr nordischer, gewalttätiger, menschenfeindlicher Wunsch ist. Aber wer Fragen stellen möchte, der bleibt in diesem Buch der entschlossenen Indikative und der theatralischen Metaphern meist ziemlich verloren.

»Sie geht mit den Kindern auf den Friedhof. Mutterschaft und Tod« – das ist eine sehr bezeichnende Stelle für *»lieben«.* Eine Geschichte wird angefangen – und bekommt sofort

eine feierliche Überschrift verliehen. Bevor das Beschreiben anfängt, hat schon das Räsonnieren begonnen. Alles Gesehene wird sogleich mit tieferer Bedeutung gesalbt. *»Ich sehe im gegenüberliegenden Haus einen 'Vogelkäfig im Fenster, verharre lange an der Fensterscheibe und starre auf den Käfig und denke: immer noch sind wir in solchen Käfigen und binden uns selber noch zusätzlich fest.«* So lauthals sich Karin Struck Geduld und Formgefühl herbeisehnt: in solchen Sätzen, wo eine subjektive Beobachtung verschwindet in der Deklamation von Subjektivismen, wo das Persönliche verschluckt wird vom Grundsätzlichen, läßt sich miterleben, wie Sprache Form und Geduld verliert.

»Sonja oder das Glück« nennt Karin Struck die Geschichte einer lesbischen Liebe – genauer: die Geschichte keiner Liebe, sondern des forcierten Versuchs dazu. Etwas Experimentelles, verzweifelt Vorsätzliches hat diese Frauenliebe – und vielleicht wirkt deshalb die Sprache des Buches hier am künstlichsten und aufgeplustertsten. Ein neuer Mensch, eine neue Art von Gefühl fängt an; doch Karin Struck, auch da unerschrocken prinzipiell, nimmt diesen neuen Menschen schreibend kaum wahr. Bevor man irgendwas über Sonja erfährt, das im Gedächtnis bleiben könnte, hält das Buch emphatisch Vorträge über die Frauenliebe und die Unnötigkeit von Männern. Lotte, die sich am *»Kreuzweg des Geschlechts«* sieht (auch eine von diesen theatralischen, selbstinszenatorischen Formulierungen), verfällt gleich wieder in ihren Belehrungs- und Selbstbelehrungston: *»Ich möchte Liebe nicht in Rationen, aber dann könnte ich Liebe zum Beruf machen. Die Liebende. Lebensbeschäftigung. Nein. Ich bin eine Trinkerin der Liebe. Ich muß aufhören, eine Trinkerin zu sein.«* Das sind die deprimierendsten Erfahrungen in diesem Buch: wenn es konkrete Personen dazu verurteilt, nur noch Anlaß zu sein zur Verkündigung von Allgemeinheiten.

Hauptthema des Buches ist aber nicht Sonja oder die Liebe zwischen zwei Frauen, sondern der Abbruch der Liebe zu einem Mann. Er wird »Jochen« genannt, wird mit Wörtern angehimmelt und fertiggemacht, durch Beschreibung sichtbar wird er fast nie. Es ist eine Art verbaler Exorzismus, der hier vorgeführt wird: der verzweifelte Versuch, ein Gefühl wegzureden, totzureden. Die Befreiung von einem Mann: das Buch ist auch da wieder peinlich und ehrlich genug, eine solche Befreiung nicht als heroischen Akt vorzuführen, sondern als häßliche, qualvolle Arbeit.

Jochen, »dieses Schwein«, »dieser Schuft«, »Rinnsal-Mensch«, wird zur Strafe vorgeführt als lächerliche Figur: als komische Requisiten dienen ein immer wieder erschlaffendes Glied und ein gestreifter Schlafanzug, den sich Jochen immer gleich nach Erledigung seiner Lüste anzieht. Es hat wohl noch kein Buch, das die Befreiung einer Frau von einem Mann erzählt, so viele Männerhaltungen dabei eingenommen: Als Jochen zum Beispiel bei einer Liebesszene im Grünen keine glanzvolle Erektion zustande bringt, weil er an seinen toten Vater denkt, von seinem Vater reden möchte, fällt Karin Struck dazu tatsächlich nur die Vokabel »Versagen« ein. »Sein Körper blieb still, sein Glied fühlte sich in ihrer Hand an wie das Glied eines kleinen Jungen, den die Mutter badet.« Und eine Seite später: »Sie still, konzentriert, ihren Leib öffnend, er im Moment des Eindringens erschlaffend, sein Glied weich werdend wie das eines Säuglings, und sie im Rausch ...« Der Gedanke, daß in bestimmten Situationen Gespräche über den Vater wichtiger sein könnten als ein ordentlich zu Ende gebrachter Beischlaf, kommt der Autorin nicht – wenn sie triumphierend ihren kraftvoll fließenden weiblichen Schoß gegen das kraftlos hängende männliche Glied ausspielt.

Aber es macht doch auch Respekt, daß das Buch all solche Widerwärtigkeiten preisgibt, daß es die Gedanken eines Unglücklichen nicht schöner macht als sie sind. Der Mangel an Selbstkritik, Selbstdistanz, den der Roman vorführt und selber bitter beklagt, ist auch ein Talent, das man bewundern kann: eine Unfähigkeit zur Selbstzensur.

Gegen Ende geistern noch ein paar gesichtslose Statisten durch das Buch: ein paar rasche Liebhaber, rasch mit Wörterkränzen geschmückt, rasch wieder verschwindend. Erst der letzte Mensch (»Lenz«) ist wirklich einer: ein 19jähriger Arbeitsloser, dem Bier, den Drogen, den Depressionen ausgeliefert. Der andere Kranke macht Lotte die eigene Krankheit leichter; plötzlich sagt das Buch »er«, nicht immer nur »ich«, plötzlich werden Sätze Beobachtungen. Das Buch und seine Heldin kommen an das Ende einer schlimmen Reise: *»Im dreißigsten Jahr, nach langer Irrfahrt, entschließe ich mich, bei einem Menschen zu bleiben.«* Der letzte Sinnspruch, der erste, mit dem man leben könnte. *»Liebe ist: praktisch für einen Menschen etwas tun. Nicht: sich in schönen Reden erschöpfen.«*

Aber auch damit ist das Buch noch nicht zu Ende. Noch einmal reißt es sich aus der Erschöpfung wach, noch einmal eine große Inszenierung, eine Apotheose: in der Leichenkammer des Krankenhauses schläft Lotte mit Lenz, *»und er sagte: wir müßten, wenn wir einmal sterben, so ineinander verschlungen sterben, und die Leichenwäscher müßten uns erst mühselig auseinanderziehen.«* Die Liebe und der Tod: nochmal, auf der allerletzten Seite, wird das Gefühl zu einem großen, ewigen Thema verklärt, statt als praktische Erfahrung angenommen. Ein pompöses Finale, symbolhaft und laut: zum letztenmal verschwindet Leben in einem literaturhaften Spektakel.

So wie Lotte in »lieben« immer neue Rollen ausprobiert (die Liebende und die Klagende, die Mutter und die Selbstmörderin), immer neue Tonfälle anstimmt, von der Euphorie bis zum Heulen und Zähneklappern, so wird auch der Leser zu immer neuen Beziehungen zu dem Buch gezwungen – und selten weiß man genau, welche Rolle man gerade einnimmt: Rezensent oder Beichtvater, Bruder oder Kind, Feind oder Freund.

Es ist nicht wenig, was man mit diesem Buch erlebt. Keine große Literatur (was auch hieße: schon bewältigte Biographie), sondern Arbeit, Schwerarbeit am eigenen Leben. *»Versuche, eine Person zu werden, die in der Welt gehen kann und ein Gesicht hat.«* Und immer noch die Hoffnung, die Liebe könnte eine *»Wohnung gegen den Tod«* werden. Ein fürchterliches Buch und eines zum Fürchten. Es ist gut, daß es geschrieben wurde.

(DIE ZEIT, 29. April 1977)

Narziß wird fünfzig:
Martin Walsers »Ein fliehendes Pferd«

Als Frank Horn, Angestellter, 44 Jahre alt war, merkte er eines Tages, daß er keine Lust mehr hatte. Er schluckte Schlaftabletten und nahm sich das Leben. Doch sogar der Selbstmord mißlang ihm. Das war 1967 und passierte in Martin Walsers Roman »Jenseits der Liebe«.

Zwei Jahre später betritt ein neuer Walser-Held die Szene: Helmut Halm, 46 Jahre alt, Oberstudienrat in Stuttgart. Ein freundlicher Mensch, einer, der sich beherrschen kann. Doch eines Tages verübt auch er eine Art Gewalttat. Bei einem Segelausflug auf dem stürmischen Bodensee stößt er seinem Jugendfreund Klaus Buch die Pinne aus der Hand, der Freund stürzt rückwärts ins Wasser, versinkt in den Fluten. Doch auch Helmut Halms Gewaltakt mißlingt, der Freund kann sich retten. Man wird also wieder mal, ein bißchen beschämt vermutlich, weiterleben. So steht es in Martin Walsers neuem Buch »Ein fliehendes Pferd«.*

Helmut Halm lebt, wie Franz Horn, längst »jenseits der Liebe«: Ein Mann, den Fünfzig nahe, ein Mann mit Bauch, dem der eigene Körper längst fremd, ja widerwärtig geworden ist. Das Sexualleben mit seiner Frau (Sabine) ist im beiderseitigen stillschweigenden Einvernehmen seit längerem beendet. Sie sind ein »alt werdendes Paar«, haben das gleiche »abschüssige Lächeln im Gesicht.« Helmut weiß, daß für ihn die Zeit der Siege, der Eroberungen vorbei ist; weil er aber kein besonders tapferer Mensch ist, Niederlagen nach Möglichkeit gerne vermeidet, geht er längst kein Risiko mehr ein, sich irgendeinem anderen Menschen zu öffnen. Er ahnt, daß jede Bekanntschaft, Freundschaft, Liebe nur ein verräterisches Ereignis werden kann, eines, an dessen Ende er besiegt und kläglich dastehen würde. Also legt er auf Bekanntschaft, Freundschaft, Liebe scheinbar keinen Wert mehr, nicht einmal auf die Erinnerung daran. Fast fünfzig

* Martin Walser: »Ein fliehendes Pferd«, Novelle; Suhrkamp Verlag, Frankfurt, 1978; 151 S., 17,80 DM.

Jahre alt, ist er fast schon gestorben: »*Er hatte praktisch nicht gelebt. Es war nichts übrig geblieben. Hinter ihm war so ziemlich nichts. Wenn er sich erinnern wollte, sah er reglose Bilder von Straßen, Plätzen, Zimmern. Keine Handlungen. In seinen Erinnerungsbildern herrschte eine Leblosigkeit wie nach einer Katastrophe ... Er spürte, daß in ihm das Abenteuer endgültig zu Ende gegangen war. Das Erzählbare überhaupt.*«

Helmut ist, wie alle Walserschen Helden seit Anselm Kristlein, ein Verlierer. Sein einziger Genuß ist es, seiner täglichen Niederlage mit grimmiger Befriedigung zuzusehen. Seine einzige Angst, daß man ihm auch diesen bescheidenen Selbstgenuß noch zerstören könnte. Er wünscht sich nur noch, daß man ihn in Ruhe läßt. Am besten für immer.

Doch Helmuts Ruhe wird gestört, seine Weltflucht vereitelt. Am Bodensee, wo die Halms wie immer seit elf Jahren Urlaub machen, trifft man auf ein anderes Paar, auf Klaus Buch, Journalist für Umweltfragen, und Frau Helene. Die sehen nicht wie Verlierer aus, im Gegenteil: der Mann schlank, blond, jünglingshaft, braungebrannt, durchtrainiert, weiße Zähne; seine Frau auf nicht näher beschriebene Weise attraktiv, »*sanft und rund*«. Zunächst meint Helmut, ein ehemaliger Schüler habe ihn angesprochen. Bis sich herausstellt, daß dieser Klaus Buch ein ehemaliger Mitschüler und Kommilitone ist, also auch wohl 46 Jahre alt. Helmut empfindet die zufällige Begegnung wie einen höchst absichtsvollen Angriff auf sich. Ist nicht schon das Aussehen dieses schönen, schlanken Paares eine Provokation? Führt dieser längst vergessene Schulfreund seine Frau nicht vor »*wie eine Trophäe*«? Sind diese beiden jugendlichen, aktiven, sportlichen Leute nicht der fleischgewordene Hinweis auf die eigenen Versäumnisse und Bitterkeiten? Helmut Halm spürt sofort und spürt es bald deutlicher, welches Gefühl diese Urlaubsbekanntschaft in ihm auslösen wird: »*einen brennenden Neid*«.

Das ist die Ausgangssituation der Novelle. Zwei Ehepaare schließen Ferienfreundschaft. Wahlverwandtschaften. Doch während die gegenseitigen Herzlichkeiten zunehmen (bei gemeinsamen Kneipenbesuchen, Segelpartien, Waldwanderungen), nimmt auch die heimliche, hintergründige Feindseligkeit zu. Schlimmer: jede Freundschaftsgeste ist in Wahrheit eine Droh- und Renommiergebärde. Helmut jedenfalls, der Verletzbare, auf Verletzungen ständig Wartende, erlebt das so. Wenn die beiden Buchs ihre mit Sport, Frohsinn und Liebe erfüllten Tage beschreiben: ist das nicht ein versteckter Angriff auf Sabines und Helmuts ziemlich unsportliches, unfrohsinniges, liebearm gewordenes Leben? Wenn die Buchs beim Segeln fröhlich das Kommando führen, kann das doch nur ein Versuch sein, die Halms lächerlich zu machen, *»in die Großelternrolle zu drängen«*.

Herr Buch erzählt von seinen früheren und seinen derzeitigen Sexualheldentaten: das kann nur als Kränkung gemeint sein für Helmut, der doch nicht vielleicht impotent ...? Frau Buch entblößt beim Segeln und beim Wandern ihre Brüste: das soll wohl einerseits den Herrn Helmut in Verwirrung bringen, andererseits ein Hinweis darauf sein, daß sich Frau Sabine solches kaum noch leisten könne. Es ist, als würde dies andere Paar die Lebenskrise der Halms ahnen und instinktiv immer das am meisten verletzende tun. Helmut spürt, wie diese Freundschaft in Wahrheit ein harter, zunehmend erbarmungsloser Macht- und Selbstbehauptungskampf wird: *»Er hatte Angst, er könne seine Gewohnheiten gegen dieses Paar nicht verteidigen. Die griffen ihn ununterbrochen an. Beide. Die machten ihn fertig.«*

Gleichzeitig aber, das macht das Duell spannend und kompliziert, gibt es so etwas wie gegenseitige Anziehung. Die Buchs genießen es, jemanden gefunden zu haben, der offenbar wehrlos-bewundernd ihren Angebereien ausgeliefert ist. Und die Halms sind auf zaghafte Weise erotisiert: Helmut fragt sich schon mal, ob er nicht in Helene Buch verliebt sei, Sabine droht schon mal halbherzig, sie werde Klaus Buch zum Beischlaf auffordern. Was sie beide schon resigniert verabschiedet hatten, ihre Sexualität, macht sich auf störende Weise wieder bemerkbar. Die allgemeine Fühllosigkeit, die sich Helmut so schwer erarbeitet hatte, schwindet. Die Ferien sind dahin, die Katastrophe rückt näher.

Besser, bösartiger als es Walser in knappen Szenen und kargen Sätzen (und fast ohne die oft entnervende Walsersche Eloquenz) tut, kann man so eine Novellensituation gar nicht erzählen. Wie da jeder Austausch von Freundlichkeiten einer von Feindseligkeiten wird. Wie furchterregend genau

Walser das Liebesleben von Älterwerdenden beschreibt: diese erschöpfte, fast schon abwesende Sexualität des einen Paares, diese hysterisch herbeigeredete des anderen. Der eine Mann (Helmut) fühlt sich, als sei er schon 70, der andere (Klaus) mimt hektisch noch immer den stürmischen Twen.

Helmut Halm richtet sich ein auf die Zeit der Impotenz, mag von seinem Körper gar nicht mehr reden. »*Wollte er wettbewerbsfähig sein? Wenn er in den Druckwaren die Zahlen las, die man erbringen mußte, wenn man nicht als impotent gelten wollte, kam er sich vor wie am Pranger. Er fühlte sich schon seit Monaten nicht mehr aufgelegt, seiner Geschlechtlichkeit zu entsprechen. Er hoffte, das läge bald ganz hinter ihm.*«

Klaus Buch dagegen tut so, als läge alles noch vor ihm; deshalb redet er zwanghaft von Sexualität und seinen eigenen Höchstleistungen dabei. Vielleicht lügt er gar nicht einmal – doch eine Lust kann ihm seine Lust nicht sein, diese ständige Sexual-Schwerarbeit, dieser tägliche Kampf ums Überleben, ums Jungbleiben. Klaus' Weltbild ist das pubertäre des Männermagazins: immer frisch sein, immer potent, immer ein Sieger. Helmut findet das lächerlich. Er will nicht mehr »*zurück in die Lustfront, Freizeitfront, Scheinproduktionsfront*«. Sein Weltbild ist nicht pubertär, sondern senil: er kämpft nicht mehr gegen seine Niederlagen, fast ist er stolz auf sie – so feiert nur einer das Verlieren, der auch gern ein Sieger wäre.

Zwei etwas lächerliche Herren also, Lebenslügner beide – und dann fahren sie zusammen in einem Segelboot, und der Bodensee tobt. Und Klaus führt von all seinen Mannbarkeitsproben die tollste vor: singend und schreiend vor Begeisterung im wildesten Sturm. Doch während das harmlose Großmaul immer nur radikal redet, radikal posiert, tut der bescheidene Helmut plötzlich wirklich etwas Kühnes: tritt Klaus mit einem Fußtritt die Pinne aus der Hand, der Rivale stürzt ins Wasser. Das könnte auch eine Rettungsaktion gewesen sein für das hilflos schlingernde Boot. Doch wahrscheinlich, Helmut weiß das, war es blanker Totschlag. Lange freilich darf er seine Tat nicht bereuen (oder genießen) – unversehens steht der Totgeglaubte vor der Tür, holt seine Ehefrau ab, die Ferienfreundschaft ist zu Ende.

Eine Novelle, die mit dem Wort »meisterhaft« eher karg gelobt wäre. Ein Lesevergnügen, wie es in diesem Literaturjahr 1978 bestimmmt nicht viele geben wird. Ein Buch, auf dessen 151 Seiten man mehr über die sogenannte Krise der Lebensmitte (und andere Krisen auch) lernen kann als in den fetten Aufklärungsbüchern mit all ihren Statistiken und aufdringlichen Bekenntnissen.

Und trotzdem: eine stärkere Empfindung, mehr als dieses schnelle, zustimmende Vergnügen, habe ich beim ersten Lesen nicht gehabt. Erzählungen, die »schlechter«, zögernder geschrieben sind, wie Handkes »Linkshändige Frau«, haben mich nachher viel länger beschäftigt. Es gibt einige mögliche Gründe für eine solche Ernüchterung.

»Ein fliehendes Pferd« ist eine Komödie der Erniedrigungen, mehr noch: der erniedrigenden Freundlichkeiten. Je profaner, kleinbürgerlicher die Szenen, desto vernichtender Walsers Befunde. Leider hat das Buch dann doch auch einen Drang ins Poetische, in die symbolische Überhöhung. Wenn Helmut träumt, träumt er gleich, er läge in einem Sarg. Wenn er nach seiner Mordtat in die Ferienwohnung zurückkehrt, findet er auf seinem Bettvorleger »*ein schönes grünes Heupferd*«, natürlich tot. Auf einer gemeinsamen Wanderung widerfährt den beiden Ehepaaren Erschreckendes: »*Sie waren gerade aus der Ortschaft draußen, da hörten sie hinter sich Schreie, Rufe, hallende Hufschläge. Sie rannten sofort zur Seite. Durch den Ort kam ein Pferd. In wilder Flucht.*«

Dies fliehende Pferd, auf seiner Flucht vor den Menschen, ist natürlich nicht bloß ein Pferd, sondern ein Symbol-Gaul: Helmut identifiziert sich sofort mit diesem Fluchtversuch, für Klaus ist auch das Tier nur ein Anlaß, seine männlichen Kräfte zu beweisen – also springt er ihm kühn und lächerlich auf den Rücken, bringt es schließlich bezwungen zu seinem Besitzer zurück. Da hat Walser, offenbar in Sorge, nur eine bösartige Gesellschaftskomödie und Sexualsatire zu schreiben, arg viel Literatur gemacht, eine Situation nicht beschrieben, sondern bedeutungsschwanger in Szene gesetzt.

Störender als das fliehende Pferd, das nur ein paar Seiten lang durchs Buch galoppiert, ist das Ungleichgewicht der vier Figuren. Während die Leiden des alten H. auf nahezu jeder Seite beredsam zur Sprache gebracht werden, schrumpft der

Rivale Klaus zur Spottfigur, verblassen die Frauen zu Schatten. Von Helene Buch, in die sich Helmut auf so angenehm untätige Weise verliebt, teilt die Novelle nicht viel mehr mit, als daß sie über »*neugierige Brüste*« verfügt – was immer das sein mag. Und Sabine, die Ehefrau, wird in allerhöchstens einer Eigenschaft, einer seltsam wesenlosen Mütterlichkeit, erkennbar. Im Schlußkapitel versucht Walser, das alles wettzumachen, riskiert das Buch ein ziemlich fatales Lob auf die tapferen Frauen, die ihren kaputten Männern heroisch durchs Leben helfen. Sabine, die eine Erzählung lang fast Übersehene, wird plötzlich zur heimlichen Heldin der Novelle hinaufformuliert: »*Du Angeschienene, du, sagte er. Mit deiner Stärke, von der du nichts weißt. Aus den Jahren herausschauen wie aus Rosen, das sieht dir gleich.*«

Das sei eben, könnte man sagen, studienrätlicher Kitsch, also kritische Beschreibung der Figur. Ich zweifle, ob das richtig ist. Denn Helmut hat auf den 150 Seiten vorher so wenig lehrerhaft-schwülstig, so walserhaft-bitter geredet und gedacht, daß dieser späte Schmus aus der Figur kaum zu erklären ist, nur aus einer Art Trostbedürfnis ihres Autors.

So blaß, beinahe eigenschaftslos die beiden Frauen, so grell und effektvoll Helmuts Gegner und Haßobjekt, »*dieser Klaus Buch*«. Aber ist der wirklich ein ernstzunehmender Widerpart? Klaus Buchs Vorzüge, Walser macht das sofort und unmißverständlich klar, sind allesamt Schein-Vorzüge. Mit Klaus Buchs glänzenden Eigenschaften verglichen, wirken selbst Helmuts schlechte Eigenschaften verständlich, ja liebenswert. Diese lächerliche Braungebranntheit und Fitness, diese albern strahlenden Zähne: wirkt daneben ein netter Endvierziger mit Bauch wie Helmut nicht gleich viel vorteilhafter? Dieses tönende, oft törichte Gerede – machte es Helmuts Maulfaulheit nicht geradezu zur Weisheit? Dies ekelhafte Potenzgeprotze, läßt es Impotenz nicht wie ein Zeichen von Kultur erscheinen? Der flotte Spott von Klaus über die langweiligen Kleinbürger – macht er Kleinbürger Helmut und seine kleinbürgerlichen Leser nicht geradezu stolz auf ihre Klasse? »*Helmut dachte: Wenn ich überhaupt etwas bin, dann ein Kleinbürger. Und wenn ich überhaupt auf etwas stolz bin, dann darauf.*«

Im Grunde hat Helmut Glück gehabt mit diesem Gegner. Es

hätte ja auch einer kommen können, der nicht nur braungebrannt und schön, sondern vielleicht auch intelligent gewesen wäre. Das hätte einen schwereren Kampf für Helmut gegeben – und vermutlich ein noch komplizierteres, grausameres, nicht nur bösartig-virtuoses Buch.

So erweist sich die ganze Versuchsanordnung der Geschichte als raffiniert, doch überaus künstlich. Eine Erzählung ist die Novelle vom »Fliehenden Pferd« weniger als ein strategisches Spiel – an dessen Ende mindestens die beiden männlichen Hauptfiguren mattgesetzt, erledigt, restlos entlarvt sind. »*Inkognito*« möchte Helmut Halm gern bleiben, ein Mann mit Geheimnis. Doch ein Geheimnis gönnt Walser niemandem, seinen Figuren nicht und nicht seinen Lesern. Daß man zu den Personen einer Novelle nur Vermutungen hätte: dies Glück und diese Ungewißheit erlaubt einem Walser nicht. Sein Erzählen ist ein Beweisführen, jedes Detail ein Indiz. Dieser Hang zum Übermotivieren, Überpointieren gibt der Novelle etwas Maschinenhaft-Ernüchterndes – wenngleich meine Bewunderung dafür, wie diese Maschine funktioniert, ziemlich grenzenlos ist.

Wie gleich beim ersten Zusammentreffen der Paare unscheinbare Einzelheiten Beweiskraft bekommen: die Halms trinken schweren, teuren Spätburgunder, die beiden Buchs immer nur Mineralwasser (dieses nahezu sinnliche Wohlleben der Resignierenden, diese triste Askese der immerzu Sinnlichen!). Oder wie sie einander bis in Winzigkeiten bekämpfen: bei einem Ausflug gibt Helmut plötzlich ein viel zu hohes Trinkgeld, auch so eine Lebemann-Geste. Oder: nach Klaus' scheinbarem Ende fühlt sich Helmut seltsam beschwingt, übernimmt sofort des »Verstorbenen« Rolle und Attitüde: Gleich geht man Fahrräder kaufen, jetzt will er doch nochmal die Welt erobern. Das alles ist so entlarvend wie witzig.

Entlarvend, aber nur noch öde ist das Schlußkapitel, in dem (mit Hilfe der trivialsten Enthüllungsdramaturgie) alles aufgedeckt, Gerichtstag gehalten wird. Klaus, das war ja klar, ist in Wahrheit nicht der Lebenskünstler, den er spielt, sondern ein schwer arbeitender, schwer neurotischer, im Grunde jammervoller Mann. Es ist, als wolle Walser mit dieser Schlußenthüllung auch noch den unbelehrbarsten Leser belehren: daß die, die wie Sieger aussehen, in Wahrheit die Besiegten sind. Das ist eine traurige, überflüssige Veranstaltung: Ein bereits Erledigter wird noch einmal vom Boden hochgerissen und, obwohl längst knockout, nochmal k. o. geschlagen. Hat es auch jeder begriffen?

Danach, etwas verkatert, habe ich die Novelle gleich nochmal gelesen. Und gemerkt, daß man sie auch anders verstehen kann, daß man sie nicht nur bewundern, sondern regelrecht gernhaben kann. Dieser Helmut Halm unterscheidet sich nämlich durchaus von den früheren Walserschen Helden (Versagern). Ist weniger larmoyant. Macht für seinen Abstieg nicht mehr so oft die Gesellschaft (die »Wettbewerbsgesellschaft«) verantwortlich, macht uns alle nicht mehr haftbar für sein drohendes Ende. Sondern geht diesem Ende irgendwie heroisch und ziemlich witzig entgegen. Nur keine Lüge mehr: auch nicht die, daß der Kapitalismus am Altwerden schuld ist, und nicht die elende Biologie. Beim zweiten Lesen habe ich mich wie ein Komplize dieses Menschen gefühlt – und seinen Mordanschlag, auf dem Segelboot, zustimmend genossen. Vielleicht ist dieser Oberstudienrat, der allen Heldentaten, auch den erotischen, entsagt hat, ein wahrer Held – der erste, der damit anfängt, das Altern nicht nur zu ertragen, sondern es zu lernen. Und vielleicht, nein: wahrscheinlich ist seine schroffe Absage an die Lügen des Liebeslebens seine Art, um Liebe zu werben. Es ist fast wie in den alten Stummfilmen: wo man die Ungeschickten, die Verlierer liebt und die Siegreichen haßt; wo das Versagen eine komische Geste ist und eine rührende – und für den Starken bleibt nur der Stumpfsinn.

So ist dieser Helmut Halm, der scheinbar niemanden mehr liebt, von niemandem mehr geliebt werden will, doch auch eine sehr liebebedürftige Figur. Und bestimmt gefällt er sich in seinem unerschrockenen Kampf für mehr Feigheit und Ehrlichkeit. Narziß wird bald fünfzig sein. Doch noch immer liebt er sich und macht liebenswerte Gebärden – und hofft, daß die anderen seine Gefühle teilen. Vielleicht also ist »Ein fliehendes Pferd« gar kein so bösartiges Buch, sondern ein zuversichtliches, überlebens-lustiges. Diesseits der Liebe.

(DIE ZEIT, 24. Februar 1978)

Komik ist Chaos:
der Filmemacher Jerry Lewis

Die einzige neuere deutsche Filmgeschichte, die von Ulrich Gregor und Enno Patalas, hat nur ein Wort für ihn übrig: Grimassenschneider. Damit schien der Komiker Jerry Lewis hinlänglich definiert. Grimasse: hierzulande ist das noch immer ein Synonym für hektische, primitive, letztlich unseriöse Schauspielerei.

1966 entstand der Film »Drei auf einer Couch«. Produzent, Regisseur, Hauptdarsteller: Jerry Lewis. Komischer Gipfelpunkt des Films sind zwei körperliche Zusammenbrüche. Zweimal geht Jerry zu Boden – einmal vom Sport, das andere Mal von der Erotik überfordert. Schuld an den Katastrophen dieses Komikers sind fast immer die Frauen. Eine von ihnen, eine eisenharte Sportlerin, hat ihn in den Karate-Club mitgeschleppt. Natürlich darf Jerry seiner tollkühnen Freundin nicht nachstehen; also läßt er zwei Holzscheite aufeinanderlegen – und dann holt er aus zum Schlag.

Ein Film bleibt stehen

Was nun folgt, die nächsten fünf Filmminuten: Kein Vorurteil gegen Jerry Lewis wird sie unversehrt überstehen. Wer meinte, Jerrys Komik sei hektisch und primitiv, wird hier das verblüffende Gegenteil beobachten: Wie kompliziert und wie langsam Jerrys Komik sein kann – so langsam, daß der Film mitunter stehenbleibt.

Das Vorspiel zum großen Karateschlag ist noch vergleichsweise harmlos: Jerry tänzelt, macht ein bißchen Schattenboxen und grinst dabei mit triumphierender Selbstgewißheit ins Publikum. Da er, der schmalbrüstige Dilettant, genau weiß, daß ihm der Schlag niemals gelingen kann, daß die Blamage sicher ist, betrügt er die Wirklichkeit auf seine Weise; wenigstens vorher will er Glück und Posen des Triumphators genießen. Als er das Siegesritual beendet hat, schlägt er zu.

Natürlich überstehen die beiden Holzscheite unversehrt den mickrigen Hieb.

Wie reagieren Komiker auf Schrecken und Schmerz? Manche fallen einfach um. Andere reagieren überhaupt nicht. (Im »Brillantfeuerwerk« wird Karl Valentin ein Bierschlegel über den Kopf gehauen. Im Wirtshaus bricht Tumult aus. Nur einer bleibt ruhig: Valentin selbst. Denn der hat den Schlag überhaupt nicht gespürt.) Das beliebteste Verfahren ist aber doch die Verzögerung: Man kriegt einen Schlag und kippt erst eine Minute später um, man verbrennt sich (so Lewis in »Der Babysitter«) die Finger an der glühenden Kochplatte, lächelt, spaziert vergnügt durch die Küche, erst viel später kommt der fürchterliche Schmerzensschrei. Nach dem Karateschlag aber zeigt Lewis die radikalste und genialste Version des uralten Verzögerungstricks. Er verlangsamt das Zeitmaß der Reaktion bis zum Stillstand des Films. Nach dem mißglückten Hieb macht er erst einmal eine Generalpause. Ausdruckslos und blöde starrt er ins Leere. Dann, ganz langsam, zeichnet der Schreck seine Spuren in das Gesicht. Zunächst sind es nur kleine Erschütterungen: ein verwundertes Glotzen, ein zages, verschämtes Lächeln. Dann, in einem gewaltigen Crescendo, beginnt das Gesicht zu wandern, sich in alle Richtungen zu verformen. Die Augen werden immer größer, immer glasiger, langsam wächst das Gebiß aus dem Gesicht heraus. Noch einmal eine Fermate: Nun ist aller Schmerz gewichen, aus der Schreckensfratze ist wieder ein entspanntes, beinahe zufriedenes Gesicht geworden. Doch nun hat auch der Körper begriffen, was passiert ist: Krachend, wie vom Blitz getroffen, fällt Jerry zu Boden.

Nur wenige Filmminuten später erleidet Jerry einen neuen Kollaps – diesmal auf der Tanzfläche. Wieder wird der Zusammenbruch mit zeremonieller Langsamkeit vorbereitet. Den Tanz hat Lewis scheinbar langweilig und konventionell inszeniert: Man sieht nur das Mädchen, ihre schmachtenden Blicke. Dazu spielt eine Kapelle klebrige Tanzmusik. Die quälende Fadheit, mit der das heruntergefilmt ist, erweist sich als pure Arglist. Als der Tanz zu Ende ist, bleibt Jerry allein auf der Tanzfläche zurück – restlos erschöpft, denn er hat es in diesem Film mit vier liebenden Frauen gleichzeitig zu tun. Diesmal zerfällt nicht das Gesicht, sondern gleich der ganze Körper. Die Knie werden weich, die Beine verformen sich zu biegsamen Schläuchen. Dann erstarrt der Gummimann und kippt, steif wie ein Mehlsack, seitwärts zu Boden.

Lewis wurde bei uns lange Zeit geringgeschätzt. Die Kritiker nahmen ihn nie besonders ernst; seine Filme liefen meist in trüben Kinos: Für den Olymp schien dieser Komiker nicht bestimmt. Warum das so war, warum erst heute die Urteile allmählich revidiert werden, läßt sich allenfalls vermuten. Die Vokabel »Grimassenschneider« ist immerhin ein Indiz: Den deutschen Filmintellektuellen war Lewis' Komik zu vulgär. Chaplin und Keaton hatte man akzeptiert – aber das waren ja auch Melancholiker, Aristokraten. Komik braucht bei uns noch immer die höheren Weihen – ein Komiker wird erst dann anerkannt, wenn man sich einreden kann, daß er gar kein Komiker ist, sondern mindestens ein heimlicher Tragöde. Man *belachte* zwar die komischen Aktionen von Chaplin und Keaton, aber man *verehrte* etwas Höheres: die Person, das »Wesen« des Schauspielers.

Die Sehnsucht nach Transzendenz, nach Metaphysik: niemand hat dieses aristokratische Bedürfnis so konsequent mißachtet wie Jerry Lewis. An seiner Komik ist nichts hintergründig, alles vordergründig, nichts Metaphysik, alles Physik. Lewis' Komik ist eine Komik der physischen Aktionen – vor allem in ihrer infantilsten, anarchischsten Form: der Zerstörung. Ein Gesicht entgleist, ein Körper verfällt, eine Dekoration wird zertrümmert – fast jeder Jerry-Lewis-Film ließe sich im Stil der Schlachtbeschreibung erzählen: als eine Folge von Vernichtungswerken.

Ein Gesicht wird zerstört

Gesicht und Körper sind Instrument wie Objekt dieser zerstörerischen Komik. Bei den aristokratischen Komikern blieb das Gesicht in allen Katastrophen unzerstört. Im Film »The Champion« geht Chaplin, von gewaltigen Schwingern getroffen, sicher zwanzigmal zu Boden; doch keine Schramme, kein bißchen Blut, keine Spur von Zerstörung zeigt sich auf seinem Gesicht. Welche Qualen Buster Keaton auch erduldete: sein Gesicht, immer gleich traurig, immer gleich schön, nahm einfach nicht zur Kenntnis, was dem Körper zustieß.

Plebejische Komiker (wie Laurel und Hardy) verunstalteten ihr Gesicht von außen: mit Torten, Soßen, schmutzigem Schlamm. Jerry Lewis aber führt die Selbstzerstörung eines Gesichtes vor. Bei ihm ist das Gesicht nicht mehr Ausdruck einer unverwechselbaren, unzerstörbaren Identität, sondern zunächst einmal das gleiche wie der Körper: artistisches Instrument. Jerrys Fratzen sind nicht einfach wahllose Grimassenspäße, sondern kalkulierte Virtuosenstücke, die zwei mimische Techniken bis zur Perfektion steigern: Beschleunigung und Vergrößerung. Der Schrecken von Lewis' Komik beruht auf der rapiden, nicht mehr nachvollziehbaren Schnelligkeit, mit der ein durchschnittliches Gesicht zur Fratze verzerrt wird. Lewis hat da, auch ohne Zeitraffertricks, eine Geschwindigkeit der Zerstörung und einen Grad komischer Entstellung erreicht, der vorher Privileg der Zeichentrickfilm-Stars war.

Die zweite Technik: Vergrößerung. Im Film »Der Ladenhüter« bohrt sich Jerry in den Zähnen; aus dem Zahnbohren wird ein Vorgang, so aufwendig und so schrecklich wie eine Gesichtsoperation. Immer wieder wachsen Einzelheiten in Jerrys Gesicht zu furchterregender Größe an. Aus den Augen werden rotierende, schielende Riesenkugeln, die jeden Moment aus dem Kopf zu platzen drohen. Im »Froschmann an der Angel« zählt Jerry Geld, und die Zunge zählt mit, wird zu einem wirbelnden Fleischklumpen, zu einer perfekten, kleinen Horrormaschine. Auch Jerrys Lieblingsmaske (mit den riesigen Fangzähnen und der viel zu großen, auf der Nasenspitze hängenden Brille) ist nichts anderes als Deformation: Aus einem Dutzendgesicht wird ein häßliches, hilfloses Äffchen.

Ein Körper verfällt

Den Körper malträtiert Lewis nicht weniger rigoros als das Gesicht. Wenn Jerry rennt, dann niemals in der Geraden, sondern mit vielen abrupten Richtungswechseln – eine Linie entsteht, so kantig und zackig wie der Blitz auf Kinderzeichnungen. Ob Jerry Eifersucht spielt oder Glück: bei ihm wird jede Emotion zum physischen Exzeß. Im »Babysitter« glaubt er sich am Ziel seiner Liebeswünsche. Das Mädchen Carla sagt zu ihm, und es ist Nacht, und es ist Mondschein: »Willst du der Vater meiner Kinder sein?« Da stürmt Jerry davon, taumelt im Kreise, stolpert über Carlas Koffer, die am Boden liegen, dreht noch ein paar wilde Spiralen und fällt zuletzt in einen Tümpel.

Unglück sieht bei diesem Komiker nicht weniger chaotisch aus. In »Zu heiß gebadet« muß Jerry mitansehen, wie das Mädchen, das er liebt, einen anderen küßt. Schauplatz: der Park in einem amerikanischen College. Zeitlupenhaft langsam fällt Jerry in den Gartenstrauch, vor dem er gerade steht, immer weicher, immer schlaffer werden die Glieder, der Körper zerfließt ins Formlose: eine Gummipuppe, der man die Luft ausgelassen hat.

Jerry spielt Tennis (»Ein Froschmann an der Angel«): Auf krummen, verbogenen Beinen steht er da, die Augen schielen, die Arme schwingen wüst ins Leere: ein chaotischer Hampelmann aus lauter kaputten, verrücktgewordenen Einzelteilen, die allesamt in eine andere Richtung weisen. Die Szene, in Zeitlupe gedreht, verrät zweierlei: die kalkulierte Präzision, mit der Lewis' Körper solchen Hampelmann-Irrsinn vollführt und die grausame Lustigkeit einer Komik, die ein Gesicht bis zur Debilität, einen Körper bis zur Verkrüppelung entstellt.

Jerry schläft (»Der Tolpatsch«): Wie er daliegt, die Arme verbogen, den Mund aufgerissen, das Gesicht zur hilflosblöden Grimasse verzerrt: das sieht aus wie ein groteskes Zerrbild zu allen Familienphotos mit süßen, schlafenden Säuglingen. Lewis' Komik ist also nicht nur eine debile, eine Krüppelkomik, sondern auch eine Komik der infantilen Regressionen.

Kinderwelt mit Schrecken

So, wie Jerry schläft, kindlich, doch ohne Anmut, sieht auch die Welt in seinen Filmen aus: eine Kinderwelt voller Schrecken. Die Stories beuten unzählige naive Trivialmuster aus. Da gibt es den verborgenen Schatz (»Ein Froschmann an der Angel«), die Liebe zu einem Filmstar (»Der Babysitter«), die Schnulze vom Sterbenden, der vor seinem Tode die Welt sehen darf (»Der Herzpatient«) und auch die uralte Story vom armen Findelkind, das in Wahrheit ein Millionenerbe ist (»Geld spielt keine Rolle«). Natürlich müssen derartige Filme gut ausgehen: Das häßliche Entlein, so will es das Trivialkino, wird zum Märchenprinz. Doch selbst Jerrys Glück hat mitunter alptraumhafte Züge. Im »Babysitter« gebiert ihm die Gattin Fünflinge: Ist dies nun ein Happy-End oder ein Ende mit Schrecken?

Tarnkappen gibt es nicht in der Kinderwelt dieser Filme, dafür aber undurchdringliche Panzer. Jerry ist (wie alle Groteskkomiker) unzerstörbar. Autos rollen über ihn hinweg, Raketen verfehlen ihr Ziel, eine Zeitbombe explodiert umsonst, nicht einmal ein Gartentor, mit Starkstrom geladen, bringt ihn um. Wenn gar nichts hilft, hilft dem Hilflosen die pure Unlogik.

Zerstörbar ist Jerry nicht – wohl aber dehnbar. Im »Verrückten Professor«, dem schönsten seiner Filme, trainiert er das Gewichtheben. Die schwächlichen Arme, von der Last überfordert, werden zu meterlangen Schläuchen. Doch selbst solche Entstellungen haben ihre Vorteile. In der nächsten Szene liegt Jerry im Bett, platt auf dem Rücken und kratzt sich gemütlich die Füße. Im »Froschmann« klammert er sich an ein davonfahrendes Segelschiff. Da hängt er zwischen Kaimauer und Boot, und sein Körper wird wie Kaugummi auseinandergezogen. Also doch Metaphysik? Nein: Überphysik.

Aus dem Kinderland kommen auch die Schurken. Einer fängt gleich an zu weinen, wenn man ihm bloß den Hut verbeult. Ein anderer, ein glückloser Killer, wird, sooft er nach Hause kommt, vom Obergangster durchgehauen. An Jerrys monumentaler Unschuld zerbrechen sie alle – denn es sind (wie Disneys Panzerknacker) ewig erfolglose, infantile und neurotische Gangster – Männer eben, in einer von Schreckensweibern bevölkerten und beherrschten Welt.

Das apokalyptische Kaufhaus

Die Frauen in Lewis' Filmen: lauter Zoogeschichten, lauter pubertäre Alpträume. Das schrecklichste aller Weiber tritt im »Ladenhüter« auf: eine Meisterringerin mit Riesenfüßen. Die hüpft auf Jerrys Bauch herum und wälzt sich zentnerschwer über ihn hinweg. Dabei zeigt die Kamera auch ihre Beine, ein Gebirge aus schwabbeligen Speckwülsten. In diesem Film erreicht Jerrys Frauenfurcht ihren einsamen, geschmacklosen Höhepunkt. Neben der Ringerin treten auf: die rothaarige, grausame Mutter, so lachhaft böse wie im Märchen, eine herbe Dame, die Elefanten tötet, und viele, viele Furien und Mänaden, die Jerrys Arbeitsplatz, ein riesiges Kaufhaus, zum Schlachtfeld und zur Hölle verwandeln. Jerry, der alles gut machen will, vergrößert nur noch das Chaos. Als er einen Staubsauger repariert hat, saugt der plötzlich mit fürchterlicher Gewalt, verschluckt Perücken, Porzellan und auch das Schoßhündchen einer alten Dame. Zuletzt wird der Staubsauger zum Fesselballon und schwebt hinauf an die Decke; dann explodiert er: das apokalyptische Kaufhaus.

Im »Babysitter« sagt ein Mädchen über Jerry: »Er ist der einzige Mensch, dem ich restlos vertrauen kann.« Damit meint sie aber: Jerry tut alles, was man von ihm will. Gegen keinen Auftrag, auch nicht den absurdesten, wehrt er sich. Jerry Lewis ist der scheinbar perfekte Untertan – strenge Kritiker haben seine Filme deshalb reaktionär genannt. Nur: ein Untertan funktioniert, Jerry funktioniert nicht. Was immer er anfaßt, das zerstört er. Bei einer Dame will er die Fernsehantenne reparieren, fällt in den Schornstein, verwüstet die ganze Wohnung – und die Goldfische schwimmen schwarz in einem verrußten Becken. Verzweifelt bemüht sich Jerry, die Konventionen einer properen, aufgeräumten Kleinbürgerwelt zu erfüllen – doch dabei sabotiert er sie fortwährend. Der Untertan ist in Wahrheit ein Rebell – und seine Filme sind nicht reaktionär, sondern anarchisch.

(Süddeutsche Zeitung, 15./16. Januar 1972)

Das Kino in meinem Kopf:
Achternbusch – ein bayerisches Genie

Zweimal habe ich Herbert Achternbusch in München gesehen, beide Male hatte er die Idee, wo wir uns treffen sollten: Einmal saßen wir in einer Bierwirtschaft an der Leopoldstraße, das zweite Mal in einem Bräuhaus im Tal. Achternbusch mag solche Gasthäuser: große Tische, Lärm in der Luft, der Rauch von Zigarren, der Dunst von Bier. »Bier«, sagte Achternbusch irgendwann, »macht alles intensiver.«
Leute am Biertisch, redend, schweigend, brütend: die Situation kommt vor in jedem Film, den Herbert Achternbusch bisher gedreht hat. Der Biertisch ist so etwas wie das Zentrum des Achternbusch'schen Kosmos – hier fangen die Geschichten an. »Das Andechser Gefühl«, Achternbuschs erster Film, beginnt so: Der Lehrer Herbert sitzt vor einem halbausgetrunkenen Bierglas, in dem schon fette, tote Fliegen schwimmen, und starrt mit wäßrigem Blick ins Ferne, vielleicht auch nur ins Leere. Er sieht hoffnungslos aus und doch sehr sehnsüchtig; er hat einen schlimmen Beruf, eine schlimmere Ehe, und nun wartet er: auf die große Liebe, die rettende Idee, vielleicht auch nur auf den Tod. In »Atlantikschwimmer«, Achternbuschs zweitem Film, ist der Gasthof »Würmbad« in Gauting der Mittelpunkt der Welt. Hier treffen sich Heinz und Herbert, beide in der Liebe von Niederlagen geschlagen, »haben Tränen in den Augen«, schütten sich Bier in den Bauch und träumen dumpf von einem besseren Leben. In »Bierkampf«, Achternbuschs drittem Film (der diese Woche in München anläuft), ist fast die ganze Geschichte ins Innere einer monumentalen Bierwirtschaft verlegt, in die Zelte und Gassen des Münchner Oktoberfestes. »Hölle und Paradies der Bevölkerung ist das Oktoberfest: Blicke auf die Massen, die sich durch die Hauptstraße wälzen. Auch Würmer in Mengen sehen so aus, kein Mensch ist zu unterscheiden und kein Laut, nur Luftballons kommen aus.«

*

Beim Bier hocken, damit fängt es an: nichts tun, aber alles denken; die Realität löst sich langsam auf, der Blick geht nach innen und in die Ferne. Es ist nicht gemütlich an diesen Biertischen, sondern dunstig, bedrohlich. Schwer und schwermütig fangen Achternbuschs Filme an – und enden tödlich. Herbert (im »Andechser Gefühl«) erlebt einen Traum: der »Filmstar« kommt nach Andechs, eine Frau, so schön, so blond, so irreal, wie es sie eben nur in Träumen und in Filmen gibt. Es ist, als habe Herbert sie allein mit der Kraft seiner Wünsche herbeigeholt – auf daß er erlöst werde von seiner verbitterten Frau und seiner häßlichen Geliebten. Doch Erlösung gibt es nicht, außer durch den Tod. Mit einem riesigen Küchenmesser ersticht Herberts Frau den untreuen Ehemann. Der hatte dies Ende vorher schon geahnt: »Heut ist ein schöner Tag zum Sterben.«
Nicht weniger pathetisch (und nicht weniger lachhaft) die Geschichte der »Atlantikschwimmer«. Heinz und Herbert (die so etwas sind wie das bayerische, satyrhafte Gegenstück zu den beiden liebeskranken Männern aus Wim Wenders' »Im Lauf der Zeit«) entrinnen ihrem Elend durch einen tollkühnen Plan: Sie wollen für 100000 Mark, die das Kaufhaus Mixwix als Prämie ausgesetzt hat, den Atlantik durchschwimmen. Am Ende wagt nur Herbert die große Tat; in den Kleidern seiner gestorbenen Mutter schreitet er in den Atlantik hinein. Letzte Einstellung: »Der graue Atlantik, inmitten Herberts kleiner Kopf.«
Im »Bierkampf« hat sich Herbert eine Polizeiuniform gestohlen – einmal in seinem Leben will er Macht und Würde eines öffentlichen Amtes genießen. Am Ende des Films, nach ein paar verwirrten, rauschhaften Stunden, liegt er erschossen am Boden. Um seinen Leichnam stehen die Überlebenden und sprechen ihr Urteil über den Toten. Annamirl, Herberts Frau: »Wir haben zusammen nichts ergeben. Die Birken hat er mögen, aber nicht die Nacht, die dunkle, die blutige.«

*

Man kann sich wundern über diese Geschichten, so verrückt und so pathetisch, so bierselig und so fromm. Mehr noch wundern kann man sich über Achternbuschs Behauptung, daß all dies Realismus sei: »Das ist Realismus, mit seinem Kopf zu denken, was er kann.«

Achternbusch kann es nicht leiden, ständig mit Karl Valentin verglichen zu werden. Das ist natürlich auch Selbstschutz – sich nicht ständig einschüchtern zu lassen durch den Hinweis auf große, angeblich unerreichbare Vorgänger. Es steckt aber noch was anderes in seinem Widerwillen: Achternbusch fürchtet sich davor, man werde ihn genau dorthin abschieben, wohin man schon Valentin abgeschoben hat. Ihn bestaunen als eine bizarre, exotische, typisch bayerische Randerscheinung im Literatur- und Filmbetrieb. Bestaunen und bald wieder vergessen. Begönnern und begraben mit Vokabeln wie Blödsinn, Unsinn, Jux.

Achternbusch besteht darauf, daß er kein dämonischer Kasperl ist, sondern ein Realist – und er hat recht damit. Als er dem Bayerischen Fernsehen sein Drehbuch »Die Atlantikschwimmer« schickte, bekam er diese denkwürdige Antwort: »Herr Achternbusch, Sie müßten einmal zu einem realistischen Drehbuch gezwungen werden.« Achternbuschs Kommentar dazu: »Das mußt du erst merken, daß du in einer gespreizten Kultur bist, in der du so viel denken mußt, weil es so wenig zu leben gibt.«

*

Es ist wahr, in Achternbuschs Büchern und Filmen gibt es viele verrückte Sätze, und Achternbuschs Geschichten sind ein einziger mutwilliger Verstoß gegen die Gesetze von Logik und Dramaturgie. Aber Blödsinn ist das doch nirgendwo: Achternbusch ist kein Witzemacher, der sich mit verbalen und optischen Scherzen feige aus der Wirklichkeit davonstiehlt. Sein Witz ist vielmehr einer, der die Wirklichkeit zu Trümmern zerschlägt – noch die Trümmerstücke aber sind Abbilder der Realität. Weniger seminarhaft: in Achternbuschs Sätzen, ihren tollkühnen Assoziationen und Volten, Widersprüchen und Wutausbrüchen, ist immer auch Achternbusch selber mitsamt seinen Hoffnungen, Ängsten, Heiterkeiten erkennbar. Achternbuschs Biographie ist in jedem Satz enthalten – auch wenn kein Satz sie wirklich entschlüsselt. Im Schutthaufen seiner Prosa, im Labyrinth seiner Filme ist mehr Realität zu finden (und mit Schmerzen und

Gelächter zu erleben) als in jenen Kunstwerken, die ihre Kraft darin verausgaben, die Wirklichkeit zu ordnen, durch Erklärungen in Ordnung zu bringen.

Achternbuschs Chaos ist ein Anschlag auf jede Didaktik in der Poesie: »Nie wollte ich durch längere Betrachtung des sozialen Dauerschadens stumpfsinnig werden. Ein Mensch, der lebt, will uferlos schauen.« Trotzdem ist von Achternbusch viel über Realität zu lernen: über den Biertisch-Faschismus seiner bayerischen Laienschauspieler genausoviel wie über ihre Biertisch-Sehnsüchte; über den alltäglichen Fluch verunglückter Lieben, erstorbener Ehen (»Das, was man möchte, das kriegt man nicht. Und das, was man hat, das mag man nicht.«); über Kinderängste, die einen noch als erwachsenen Menschen verfolgen – die verstümmelten Leichen, die am Königsplatz lagen, die Kriegsversehrten und Krüppel, die bei der Mutter im Nordbad Schwimmunterricht bekamen. Erinnerungen sogar an die Zeit vor der Geburt, als die Demütigungen und Schrecken schon begannen: »Unruhig war ich und fragte: Was, in dem schwarzen Ozean herinnen?! Da stampfte ein kleiner Dampfer daher, eine kleine weiße Frau stand an Bord. Das zitternde Figürchen hielt sich an der Reling, ließ seine goldblonden Haare flattern und schaute in die Sonne. Ich ließ mich einfach sinken und wachte nach fünf Monaten im festen Bauch der schönen Frau wieder auf. Sie konnte ihr Zimmer im fünften Stock nicht zahlen, und ein Mann ließ sich nicht blicken. Sie konnte im Schlachthofviertel am wenigsten die Luft aushalten, die süßliche. Sie setzte ein weißes, so gewöhnliches Kopftuch auf und glotzte wie ein Besuch aus der Provinz. Was wollte sie werden und war jetzt zur Frau erniedrigt! Ihre Erniedrigung pulsierte durch meinen weißen durchsichtigen Kopf. ›Nur sterben können mit meinem Kind!‹ Von der Brücke wollte sie sich in die Isar schmeißen. Wenn ich in deinen Büchern lese, sagte sie später, in deinen Büchern geht es zu wie damals in meinem Kopf.«

*

Achternbuschs Schauplätze sind also nur vordergründig bajuwarische. Das eigentliche Drama passiert in einer anderen Realität: in der schwer zugänglichen, oft erschreckenden

Welt unterhalb der Schädeldecke. Achternbusch ist ein Realist; doch jede seiner Geschichten handelt auch davon, wie man sich aus dieser Realität befreit. Man kann es ruhig auch frommer sagen: wie man von dieser schlechten Welt erlöst wird.

Achternbuschs Helden wollen keinesfalls am Bierkrug verdämmern; sie wollen das Größte und Letzte erreichen, was es zu erreichen gibt, die Liebe, den Ozean, den Tod. Man mag ein kleiner Angestellter sein, aber der Kopf kann große Sprünge machen.

So wird mitten unter tausend Possen eine Art Erlösungsdrama erzählt. Das kann man sentimental nennen, aber auch utopisch. Einzigartig ist es in jedem Fall (dieser Zug ins Große, Großartige, auch Pauschale) in einer Zeit, da Literatur, Theater und Film vornehmlich kleine Schritte machen. Achternbuschs Poesie ist weit weg von den Miniaturen der Handkeschen Prosa (die sich die Welt ganz neu, aus lauter kleinen Beobachtungen und Einzelerkenntnissen zusammensetzen möchte); weit auch weg von kleinen politischen Lösungen (Kroetz schickt seine Helden in die Gewerkschaft, Achternbusch schickt sie in den Atlantik).

Genauso fremd und einsam steht Achternbusch in der deutschen Filmlandschaft da. Daß hier einer kein Meisterwerk herstellen will (das sich auf den Festivals behaupten kann), sondern mit dem Kino einen ganz privaten, egozentrischen Traum verwirklicht, weniger Kunst macht als Amok läuft: Achternbuschs Kino ist auch ein Hinweis darauf, was der neue deutsche Film in den letzten Jahren, seit er um Weltgeltung kämpft, an subversiven Kräften verloren hat. In den späten sechziger Jahren sprach man so gerne vom Untergrund-Film. Heute ist der Untergrund entvölkert, Achternbusch der einzige Maulwurf. Stolz, wenn auch nicht grundlos stolz behauptet er nun: »Ich habe meine Kollegen weit hinter mir gelassen, denn während ich Filme mache, spielen sie sich im Trab Theater vor. Jetzt liegt Schnee, die einzige wirkliche Veränderung. Es lebe der Maulwurf, der mit seinen schwarzen Haufen leichtsinnig die Leichendecke durchbricht!«

*

Achternbuschs Liebe zum Kino trägt Züge von Raserei –
kein Wunder, wenn man bedenkt, daß dies eine immer
schwer erkämpfte, ständig von Vernichtung bedrohte Liebe
ist. Bei Achternbusch erweist sich die angebliche Macht der
Kritik bisher immer nur als Ohnmacht. Als er seine Bücher
veröffentlichte (ein paar Titel, als Hinweis und Erinnerung:
»Die Macht des Löwengebrülls«, »Die Alexanderschlacht«,
»Der Tag wird kommen«, »Die Stunde des Todes«), sangen
Achternbuschs Kritiker Hymnen – doch die Kritiker blieben
fast seine einzigen Leser. Daß ein (geschäftlich) erfolgloser
Schriftsteller sich dann dem Kino zuwandte (wo man mehr
braucht als Papier, einen Bleistift und einen Stuhl, wo man
viel Geld vor allem braucht), hat schon etwas mit jenem
Todesmut zu tun, von dem alle Achternbusch-Geschichten
erzählen, von der Entschlossenheit, ausgerechnet das Unerreichbare zu erreichen.
»Im Kino will ich mich spüren«, schrieb Achternbusch, »zur
Erhaltung meines Lebens war immer das Kino nötig.« So
etwa spricht ein Gläubiger von seiner Kirche. Kein Zweifel,
für Achternbusch sind die Kinos heute die eigentlichen Ka-
thedralen. Hier allein noch ist man mit irgendeiner Art von
Metaphysik verbunden, hier allein noch hat man rauschhafte
Empfindungen. Wenn er vom Kino spricht, seinem Kino,
dann redet er wie von einer Religion, kriegt er einen richtigen, manchmal auch penetranten Predigerton. »Ich habe immer eine simple Geschichte, aber ich erzähle so phantastisch
und heftig und zärtlich und fluchend und verbrannt und lie-
besbedürftig, daß man ein Stück Leben vor sich hat. Eine
gute Geschichte ist eben nur schlecht erzählt und läßt sich
leicht an die in Zeitungen geordneten Gehirne an-
schließen.«

*

Der Roman »Land in Sicht« (jetzt bei Suhrkamp erschienen)
ist alles andere als ein richtiger Roman. Er ist die Dokumen-
tation von Achternbuschs Kino-Liebe (neben deren wahn-
hafter Kraft die durchschnittliche Cinéphilie wie eine nur
harmlose Geistesverwirrung wirkt): Zwei Drehbücher sind
darin abgedruckt (»Die Atlantikschwimmer« und »Bierkampf«), dazu eine Reihe von Filmaufsätzen, die zuerst in

Zeitungen erschienen sind, Achternbuschs Auseinandersetzung mit Kurosawa, Valentin, Werner Herzog. Ein autobiographischer Text (»Land in Sicht«) und ein beinahe dokumentarischer, »Blutentnahme«.

Man kann es eine Frechheit finden, wie hier eine Sammlung von Filmtexten als »Roman« verkauft wird (160 Seiten, 18 Mark). Aber wenn die Wut verraucht ist, wird man merken, daß dies tatsächlich eine Art Roman ist. »»Land in Sicht‹ ist ein Roman, ein Entwicklungsroman, ein Kapitel, ein Stück des Weges, den ich gehe. Wieder habe ich einiges notiert, wieder habe ich mich ins Allgemeine ergeben, das im Verrecken liegt. Offensichtlich war ich unterwegs nach Grönland, offensichtlich war ich nur noch ein Seehund, der unterm Eis von Luftloch zu Luftloch durchtaucht.«

*

Für einen genialen Selbstdarsteller wie Achternbusch ist jedes Medium nur ein Vorwand: Man kann seine Romane mit ihren Wort- und Bilderfluten erleben wie Filme, ein Kino im Inneren des Kopfes; man kann seine Filme mit ihren absonderlichen Dialogen und Rezitationen anschauen wie auf die Leinwand projizierte Literatur. Achternbuschs Regisseurporträts sind genausogut Selbstporträts wie eigene, selbständige Achternbusch-Geschichten. Und die Darsteller, mit denen er filmt, sind keine Schauspieler und sind doch welche: die Bekannten, die mitspielen, die Freunde von Gauting und Ambach, die Ehefrau und die eigenen vier Kinder, sie alle bewegen sich so selbstverständlich und kunstlos vor der Kamera, verraten bei ihren kurzen Auftritten so viel von ihrer Eigenart und ihrer Biographie, daß plötzlich eine gelernte Schauspielerin (Margarethe von Trotta, die in allen Achternbusch-Filmen mitspielt) aussieht wie gar keine Schauspielerin.

Achternbuschs liebste Einstellung: der Schauspieler von unten aufgenommen, die Umgebung verschwindet, weit oben zwischen Wolken und Himmel der Kopf. »Das macht die Figuren einsamer.« Achternbuschs Kameramann ist ein Profi (Jörg Schmidt-Reitwein, der auch mit Herzog arbeitet) – wie aber Achternbusch den belichteten Film zerschneidet, das hat mit Profibräuchen nichts zu tun. Grob gesagt: Achternbusch macht meist dann einen Schnitt, wenn man ihn nicht erwartet. Dieses Verfahren hat etwas planvoll Destruktives: Kein Kunstwerk wird am Schneidetisch erschaffen, sondern ein Stück Film, also ein Stück Leben, zerschnitten. In Achternbuschs Kino können sich die Augen nicht ausruhen, sie kriegen dauernd einen Stoß.

Eine lange Szene in »Bierkampf«, acht Minuten lang, ist überhaupt nicht geschnitten – es ist die großartigste Szene des Films, sie wird in die Filmgeschichte eingehen (wenn nicht, dann ist die Filmgeschichte nichts wert). Herbert, der falsche Polizist, rennt vor seinen Verfolgern davon. Geduckt hastet er durch die schmalen Gassen des Oktoberfestzeltes, mitten durch eine bierselige Menschenmasse hindurch. Herbert streckt Leuten die Zunge raus, säuft aus einem Bierkrug, beißt in eine fremde Käsesemmel, rennt, taumelt, tanzt plötzlich mit einem Oktoberfest-Gast einen Charleston, fängt eine Schlägerei an, stiehlt einen Maßkrug, rennt wieder, rauft sich, macht Witze, rennt wieder; selbst die Kamera gerät bei der Verfolgungsjagd ins Taumeln. Es ist eine ganz euphorische Szene und doch auch eine voller Angst: Achternbusch, der einsame Polizist, inmitten seiner bayerischen Mitbürger und auf der Flucht vor ihnen; eine große Verbrüderung findet statt, und doch ist der Totschlag nicht fern. Das Oktoberfest, dieses bizarre Spektakel aus Gemüt und Gewalt, Seligkeit und Kater, Rausch und Tod (»Bierleiche« ist das passende Wort), ist mit diesem Film, mit diesen acht Filmminuten vor allem, ein bißchen unsterblich geworden, wie Dublin durch »Ulysses«.

Ich weiß, das ist ein pathetischer Vergleich, und weil Achternbusch Vergleiche haßt (Pathos weniger), noch ein paar Achternbusch-Sätze aus dem neuen Buch: »Saudumm ist Valentins gebräuchlichstes Wort. Und oft schimpft (flucht) er so was von bayrisch (man brächte ihn lieber mit diesem James Juice in Verbindung) ... so unerbittlich grausam wild (das ist nur in den Filmen zu erfahren, weil das entbrannte Geschau dazugehört), so daß er nicht nur alles zerdenkt, sondern auch verflucht (und seine eigene Weltanschauung), weil es so saudumm ist.«

Der nächste Achternbusch-Film spielt in Grönland.

(DIE ZEIT, 11. März 1977)

Epilog

Liebe geht nicht – Sterben lohnt nicht:
Über Bosc

In seinen Zeichnungen ist sehr viel Müdigkeit und sehr viel Leidenschaft. Boscs Figuren sind depressiv oder aggressiv, schwermütig oder übermütig – solide, adrett, besonnen (mit einem Wort: vernünftig) sind sie nie. Obwohl in den meisten Bosc-Geschichten extrem wenig passiert, erzählen sie doch von den extremsten Dingen der Welt: von Selbstmord (vollendetem und lebenslangem) und selbstmörderischer Liebe. Manche Geschichten sind so müde, daß sie sich nicht einmal zu einer Geschichte, geschweige denn zu einer Pointe aufraffen mögen. Zu müde, einen Witz zu erzählen, erzählen sie die Wahrheit.

Ein Mann sitzt auf einem Sessel, vornübergebeugt, guckt, glotzt auf den Boden. Aus seinem Kopf wächst eine unförmige Nase heraus, größer, wuchtiger als der ganze Schädel. Wie ein schweres Gewicht hängt diese Nase am Gesicht, scheint den dürftigen Körper des Mannes hinab zur Erde ziehen zu wollen. Das ist das Anfangsbild.

Und das ist, ein paar Zeichnungen später, das Schlußbild: der Mann sitzt auf einem Sessel, vornübergebeugt ... Das Schlußbild ist das Anfangsbild. Mag sein, daß die Nase nun dem Erdboden noch ein Stück nähergerückt ist.

Der Weg aus dem Sessel heraus in den Sessel zurück: das ist die Strecke, die das Boscsche Bilderdrama zurückzulegen hat. Manchmal ist dieser Weg ziemlich weit – dann dauert die Geschichte mehrere mißglückte Liebesabenteuer lang. Die Geschichte mit dem kürzesten Weg aber ist die beste und radikalste, die Bosc je erfunden hat: Ein Mann sitzt in einem Sessel. Nach langem, verzweifeltem Überlegen scheint er einen Entschluß gefaßt zu haben; er steht auf, schreitet entschlossen vorwärts und sitzt eine Zeichnung, zwei Schritte später – im Sessel gegenüber. Weiter hat Bosc seine Geschichte (von der er zahllose Varianten hergestellt hat) nicht mehr verkürzen können. Nach diesem Cartoon ist kein Drama, keine Bewegung mehr möglich, nur noch ein regloses Ende: danach kommen dann nur noch die Bilder, wo der Bosc-Mensch, das Nasenmännchen, an einem Baum hängt und tot ist.

Dabei scheint der Bosc-Figur ganz anderes vorherbestimmt zu sein als die Tragödie: ein Leben in Frieden und Durchschnitt. Ein Tausendgesicht, mittleres Alter, mittlere Intelligenz, mittlere Häßlichkeit. Alles mittel. Doch da ist die Nase, und sie macht alles anders – allein mit der Nase hat Bosc seiner Figur ein Stück Kühnheit und Romanze ins Gesicht hineingedichtet.

Die Nase macht alles größer. Sie vergrößert die falsche Euphorie des Aufbruchs: wenn sie phallisch und unternehmungslustig ins Weite ragt, täuscht sie Kräfte vor, die es überhaupt nicht gibt. (Immerhin: einen Moment lang sieht Herr Durchschnitt aus wie ein Abenteurer.) Und genauso vergrößert die Nase den Jammer der Niederlage – hängt dann wie eine riesige, sinnlose Last, wie kiloschwere Traurigkeit an einem kläglichen, nur noch von zittrigen Strichen zusammengehaltenen Körper.

Fast jede Bosc-Geschichte zwischen Sessel und Sessel ist eine Liebesgeschichte. Zwischen apathischem Anfang und apathischem Ende erlebt der Bosc-Mensch seinen kurzen pathetischen Aufschwung. Doch weil seine große Liebeskraft nicht ins Ziel findet, bleibt am Ende wieder nur die große Depression. Oder ein neuer, genauso sinnloser Neuanfang.

»Susanne, ich liebe Sie!«, »Ingrid, ich liebe Sie!« ... neunmal, neun Bilder lang wagt der Nasenmensch den gleichen, verzweifelten, immer erfolglosen Anlauf. Neunmal ergreift das geliebte Wesen vor dem Liebesgeständnis die Flucht. Bild zehn: Schluß damit, ein Pistolenschuß. Doch weil es nicht mal mit dem Selbstmord klappt, wacht der Mensch in einem Krankenhausbett auf. Vor einem Bett steht die besorgte Krankenschwester. Ein Mädchen! Erste Frage des aus der Bewußtlosigkeit Erwachten: »Wie ist Ihr Vorname?«

Damit wissen wir schon das Wichtigste über Boscs Figuren: sie haben das Leben satt und sind doch grenzenlos hungrig auf die Liebe. Der Bosc-Mensch ist ein lebensmüder Erotomane.

Jedes Mikrodrama endet mit der Niederlage seines Hauptdarstellers. Boscs Sessel ist wie Becketts Mülltonne: das Bühnenbild zu einsamen Endspielen, wo man hockt, wenn alles Denken, alles Leben schwindet.

Es gibt allerdings auch Geschichten mit zwei Sesseln. Die enden dann nicht in Einsamkeit, sondern in trübsinniger Zweisamkeit – an der Seite eines jener Schreckensgeschöpfe, die dem Bosc-Menschen zuletzt übrigbleiben. Bei der Frau, die er bekommen hat, rächt er sich dann für die Mißerfolge bei all denen, die er nicht bekommen hat. Siege in der Liebe gibt es für ihn nicht – nur das endlose Unentschieden (Ehe genannt) oder die totale Niederlage.

Zwei Sessel einander gegenüber, zwei Leute, der Mann, die Frau und an der Wand hinter der Frau die Fotografie der Frau. Alle lächeln: ein Frühlingsbild, der erste Akt. Auf den nächsten Bildern wird die Frau unaufhaltsam älter, ihr wächst ein Doppelkinn, sie fließt auseinander, ihre Umrisse verschwimmen, zerlaufen, die Figur schmilzt dahin, ihre Schönheit auch. Der Bosc-Mann wird komischerweise nicht älter, nur verdrossener. Jetzt lächelt nur noch das Foto an der Wand. Sechstes und letztes Bild: der zweite Sessel ist leer, der Mann trägt eine Trauerbinde um den Arm. Nun ist er mit dem Jugendfoto der Frau allein, und nun freut er sich auch wieder. Was da in sechs flüchtig, fast erschöpft gezeichneten Bildern über das Altern und das Altern der Liebe erzählt wird: gegen solch grausame Objektivität sind sechs Akte Strindberg pathetischer, trostreicher Kitsch. Zeichnungen reden nicht, deshalb lügen sie weniger.

Man könnte einwenden: eine reichlich konventionelle Lebens- und Ehephilosophie, gar nicht so weit entfernt von der vulgären Misanthropie des Spießerwitzes mit seinem ewigen stereotypen Gespann: dem Mäusemann und dem Weib mit dem Nudelwalker. Doch Boscs Zeichnungen sind nicht hämisch, sondern verzweifelt – und wenn man genau hinsieht, entdeckt man noch in den pessimistischsten, brutalsten Ehedramen einen Zug von erotischer Besessenheit, einen glühenden Rest von Romanze.

Ein Mann sitzt auf einem Sessel, hat sich hinter seiner Zeitung versteckt. Die Frau kippt den Mann aus seinem Sessel heraus, tritt ihm an die Nase, rammt ihm ihren Kopf in den Bauch, schubst ihn die Treppe runter, läßt ihn den Boden

aufwischen und gießt ihm zuletzt das schmutzige Putzwasser über den Kopf. Der Mann ergreift seine Aktenmappe und entflieht. Wenn die Lüste abgebrannt sind, bleibt offenbar nur noch die Unlust oder die Mordlust übrig. Plötzlich aber steht das Teufelsweib da wie ein kleines, hilfloses Mädchen – sehr kläglich, sehr liebebedürftig. Und dann reißt sie die Tür

auf, durch die der geprügelte Mann soeben abgegangen ist, und ruft ihm sehnend nach: »Und mein Kuß?«

Natürlich hat Bosc auch anderes gezeichnet: Wie alle großen Cartoonisten war er ein bißchen sentimental, mißtraute den zivilisatorischen Fortschritten – und so entwarf er, zum Hohn auf den modernen Straßenbau, monsterhaft verschlungene Tunnel- und Brückenbauwerke, die, statt abzukürzen, alle Wege nur länger machten. Und wie alle großen Cartoonisten war er ein Pazifist – und hat es in diesem Beruf zu beachtlichen Ehren gebracht, zu einer Strafandrohung wegen Beleidigung der Armee.

Bosc hat also nicht nur die Endspiele der Erotik erzählt, er war auch ein Zeichner des entschiedenen Engagements. Doch selbst seine Militär-Cartoons sind Paraphrasen zu seinen beiden einzigen großen Themen: Besessenheit und Alleinsein.

Ein Soldat, dem man die Beine weggeschossen hat, will dennoch nicht auf die nächste Schlacht verzichten – also läßt er

257

sich von den Kameraden in einem kleinen Krüppelkarren aufs Schlachtfeld ziehen. Oder er hockt, wie ein anderer Beinloser, gravitätisch in seinem Karren, die Brust und das Wägelchen mit Orden überladen. Die Kriegslustigen bei Bosc sind wie die Liebeslustigen: Besessene, durch keine Niederlage von ihrer Monomanie abzubringen.

Und die Kriegsmüden sind so einsam wie die Liebes- und Lebensmüden. Militär ist kollektives Alleinsein, Einsamkeit in der Horde. Denn alles tut man hier gemeinsam: marschiert gemeinsam, ißt, schläft und stirbt gemeinsam, und am Ende liegt man hübsch gemeinsam auf dem Soldatenfriedhof, Kreuz neben Kreuz.

Zivile Leichen haben es bei Bosc ein bißchen besser – sie werden wenigstens mit einem prunkvollen Trauerkondukt geehrt. Tote werden mit dem Pferdewagen durch die Stadt gezogen, nicht einfach vom schwarzen Lieferwagen abgeholt: der Leichenzug ist das einzige Stück Ausstattungstheater auf Boscs karger Weltbühne.

Aber lohnt sich deswegen das Sterben? An einem Baum hängen zwei Lebewesen. Ein Affe hängt an seinem Schwanz und grinst. Ein Mensch hängt an einem Seil und ist tot – und sieht noch im Tode unendlich müde und mürrisch aus – so, als sei er auch bei diesem, seinem letzten, Drama ums Drama betrogen worden. Der Selbstmord hat sich offenbar nicht gelohnt.

Bosc wurde 1924 in Nîmes geboren, wurde einer der größten Cartoonisten unserer Zeit und starb im Mai 1973 an Selbstmord. Einer der wenigen kargen Nachrufe damals hieß so: »Bosc, der sich vor allem durch seine humorvollen und lebensfreudigen Zeichnungen einen Namen gemacht hatte, beging die Verzweiflungstat vermutlich in einem Anfall von Depression als Folge eines Nervenleidens.«

Kein schlechter Nachruf. Nur vergaß er, zu erwähnen, wann der Anfall von Depression vermutlich begann: als Bosc seine erste Zeichnung machte.

(Süddeutsche Zeitung, 23./24. Februar 1974)